La **Guía** Esencial para

El Catecismo Católico

por Mary DeTurris Poust
con la asesoría teológica de
David I. Fulton, STD, JCD

A
ALPHA

Un miembro de Penguin Group (USA) Inc.

ALPHA BOOKS

Publicado por Penguin Group

Penguin Group (USA) Inc., 375 Hudson Street, New York, New York 10014, USA

Penguin Group (Canada), 90 Eglinton Avenue East, Suite 700, Toronto, Ontario M4P 2Y3, Canada (a division of Pearson Penguin Canada Inc.)

Penguin Books Ltd., 80 Strand, London WC2R 0RL, England

Penguin Ireland, 25 St. Stephen's Green, Dublin 2, Ireland (a division of Penguin Books Ltd.)

Penguin Group (Australia), 250 Camberwell Road, Camberwell, Victoria 3124, Australia (a division of Pearson Australia Group Pty. Ltd.)

Penguin Books India Pvt. Ltd., 11 Community Centre, Panchsheel Park, New Delhi—110 017, India

Penguin Group (NZ), 67 Apollo Drive, Rosedale, North Shore, Auckland 1311, New Zealand (a division of Pearson New Zealand Ltd.)

Penguin Books (South Africa) (Pty.) Ltd., 24 Sturdee Avenue, Rosebank, Johannesburg 2196, South Africa

Penguin Books Ltd., Registered Offices: 80 Strand, London WC2R 0RL, England

International Standard Book Number: 978-0-451-23707-1

Library of Congress Catalog Card Number: Available on request.

13   12   11   8   7   6   5   4   3   2   1

Interpretation of the printing code: The rightmost number of the first series of numbers is the year of the book's printing; the rightmost number of the second series of numbers is the number of the book's printing. For example, a printing code of 11-1 shows that the first printing occurred in 2011.

Impreso en los Estados Unidos de América

Publisher: *Marie Butler-Knight*

Associate Publisher: *Mike Sanders*

Senior Managing Editor: *Billy Fields*

Executive Editor: *Randy Ladenheim-Gil*

Development Editor: *Susan Zingraf*

Production Editor: *Megan Douglass*

Cover Designer: *Rebecca Batchelor*

Book Designer: *Rebecca Batchelor*

Indexer: *Johanna VanHoose Dinse*

Layout: *Rebecca Batchelor*

A mi esposo, Dennis, y a nuestros hijos, Noah, Olivia y Chiara. —MDP

A mi madre, a la madre de mi madre, y a Santa María, la Madre de todos los cristianos. —DIF

Nihil Obstat: Rev. John N. Fell, S.T.D.

Imprimatur: @ Paul G. Bootkoski,
Obispo de Metuchen,
Septiembre 19, 2007

Contenido

Anexos

Prefacio

Cualquier institución con una historia larga e influyente como la Iglesia Católica Romana merece ser mejor conocida, sobre todo porque con frecuencia, sus enseñanzas han sido objeto de malentendidos y malas interpretaciones. Independientemente de que seas un católico que busca conocer más sobre esta religión que los creyentes consideran de inspiración divina, o simplemente sientes curiosidad por esta Iglesia que tiene más de mil millones de miembros, sospecho que te verás favorecido, sorprendido, desafiado, e incluso inspirado por el *Catecismo de la Iglesia Católica*, el texto oficial de lo que la Iglesia Católica cree y enseña.

Sin embargo, ¿no es cierto acaso que los documentos oficiales, no suele ser fáciles de leer debido a su naturaleza? No hay que preocuparse. Esta adición a la serie de las *Guías Esenciales* ofrece una mirada al Catecismo por parte de un amiga y ex colega cuya escritura combina la inteligencia y la claridad, el respeto por lo que enseña la Iglesia, y el aprecio por las preocupaciones y las dificultades que enfrentan las personas de carne y hueso. Mary DeTurris Poust es una esposa, madre, creyente, investigadora y periodista con más de dos décadas de experiencia escribiendo sobre temas católicos. Ella es, en mi opinión, la persona que los guiará a través del Catecismo. Su asesor técnico, Monseñor David Fulton, es un hermano sacerdote y teólogo distinguido con un profundo conocimiento de la fe y la fidelidad a la doctrina de la Iglesia.

Espero que disfruten de esta guía accesible y entretenida de las riquezas de la fe católica. Más importante aún, espero que, al igual que todas las buenas guías de estudio, ésta también los mueva a conseguir y a leer el original, a aumentando así sus conocimientos, y enriqueciendo sus vidas.

Monseñor William Benwell, J.C.L.
Vicario General de la Diócesis de Metuchen

Introducción

¿Qué es exactamente el *Catecismo de la Iglesia Católica*? Se trata de un libro de reglas? No. ¿Es un programa de educación religiosa? No. ¿Es una larga lista de cosas para hacer y no hacer? No.

Muchas personas católicas y no católicas por igual, realmente no saben en qué consiste el Catecismo. Su tema y su gran tamaño puede ser un poco desagradable para el lector promedio. Pero el tiempo que se requiere para estudiar las enseñanzas y creencias que explora y nos explica es algo que vale la pena.

Este libro tomará todo el misterio del Catecismo y te dejará con un conocimiento sólido y fácil de entender de todo lo que enseña la Iglesia Católica. En el momento en que lo hayas terminado, tendrás una valoración en profundidad de lo que significa ser católico.

¿Cómo está organizado este libro?

Este libro está dividido en cinco secciones. Su estructura es paralela a la del *Catecismo* completo de la Iglesia Católica con el fin de hacer que este libro sea más eficaz.

1ª parte, "Descifrando el Catecismo", sienta las bases para el estudio del Catecismo. Aquí es donde obtendrás la formación básica que necesitas para entender por qué existe el Catecismo, para quién es, por qué es importante, y cómo leerlo. En esta parte, también encontrarás una pequeña prueba para evaluar tus conocimientos de todo lo católico.

2ª parte, "Una profesión de fe", ofrece una mirada en profundidad en el Credo de los Apóstoles, que resume las creencias de la fe católica en forma de oración. Veremos el credo renglón por renglón, y exploraremos algunas de las creencias más difíciles de entender de la Iglesia Católica.

3ª parte, "Un misterio que no está destinado a ser resuelto", se centra en los siete sacramentos, que fueron instituidos por Cristo y confiados a la Iglesia. Estos sacramentos se dividen en tres categorías: los sacramentos de iniciación, los sacramentos de la sanación, y de los sacramentos de compromiso o de servicios. En esta parte, también veremos la liturgia en profundidad, que es el acto central de la fe católica.

4ª parte, "Llevando una vida buena", examina cómo las creencias católicas se ponen en práctica en la vida cotidiana. Aquí es donde miramos los Diez Mandamientos del Antiguo Testamento y reflexionamos sobre cómo Jesús los expandió y transformó en leyes del amor. Si alguna parte del Catecismo es como un libro de reglas, es precisamente esta.

5ª parte, "Recurriendo al cielo", aborda la práctica de la oración, y responde a las preguntas ¿por qué oramos?, ¿cómo oramos?, ¿y cuándo oramos? Esta parte te dará algunos consejos sobre cómo llevar una vida de oración y dónde ir para recibir ayuda. Termina con una reflexión del Padre Nuestro renglón por renglón, la oración perfecta de la fe cristiana.

Un poco de ayuda adicional

A lo largo de cada capítulo, encontrarás mensajes especiales que ofrecen perspectivas o información adicional.

Cualquier palabra o frases que puedan ser desconocidas o difíciles de entender se definen y se explican aquí.

A veces tenemos que tomar una enseñanza del Catecismo y ponerla bajo el microscopio con el fin de entenderla mejor. Estos consejos responderán algunas de las preguntas más comunes que tienen las personas sobre enseñanzas católicas específicas.

Todas las personas tienen ideas erróneas acerca de la doctrina católica. Es aquí donde obtendrás la verdadera primicia de lo que creen los católicos sobre algunas de las enseñanzas más controvertidas e incomprendidas.

verdaderas confesiones

Te sorprenderás con algunas de las cosas que dice y hace la Iglesia Católica. Estos consejos te darán una visión desde adentro de la vida en la Iglesia Católica.

Agradecimientos

Tengo que dar las gracias a mi amiga y colega María Ruiz Scaperlanda, quien me conectó con este proyecto y puso toda marcha. A través de ella conseguí a mi agente, Marilyn Allen, cuya confianza en mí y cuyo apoyo han sido fundamentales en cada etapa de este esfuerzo. También estoy muy agradecida con Randy Ladenheim-Gil, director ejecutivo de Alfa, Susan Zingraf, editora de desarrollo; Megan Douglass, directora de producción, y Jan Zoya, editor, por su apoyo, orientación y paciencia. Gracias a todos en Alfa por trabajar tan duro para hacer de este libro todo lo que es.

En cuanto a lo doméstico, quiero agradecer a mi amigo y mejor esposo, Dennis, cuyo conocimiento de la Iglesia Católica y talento como escritor fueron de gran valor para mí mientras trabajé en este libro. Más importante, sin embargo, fue su amor constante y su voluntad de asumir muchos trabajos adicionales en la casa durante los meses en que yo estaba investigando y escribiendo en el sótano o en la biblioteca local. Nuestros hijos, Noah, Olivia, y Chiara, también merecen un agradecimiento especial por ser tan comprensivos con mi apretada agenda y mi petición constante de "unos minutos más" para poder terminar una frase, una página, un capítulo.

Fueron muchas las personas que me ofrecieron su apoyo, oraciones y sugerencias sobre la marcha, pero hay varias que merecen un agradecimiento personal:

Monseñor David Fulton, mi asesor teológico, ha sido un tesoro absoluto. No nos conocemos personalmente, y sin embargo, se lanzó a este trabajo, revisando de los capítulos en un tiempo récord, ya estuviera luchando contra la gripe, calificando exámenes finales o guiando a su parroquia durante la Semana Santa. Estoy impresionada con su brillantez, pero más aún, con su amabilidad.

Nunca hubiera "conocido" al Monseñor Fulton sin la ayuda de mi querido amigo, Monseñor William Benwell, quien escribió el prólogo de este libro. A lo largo de este proyecto, Bill me dio su asesoramiento profesional y sacerdotal, ideas y sugerencias, por lo cual estoy muy agradecida, pero estoy aún más agradecida por su amistad, ánimo y sentido del humor. Tengo la suerte de tener un amigo como él en mi vida.

Mis compañeras de trabajo Joyce Duriga y Donna Shelley-Baumler merecen una nota especial de gratitud por su paciencia y apoyo. Tuve que poner en pagos a una gran parte de mi trabajo para ellas durante este proceso, y con mucho gusto me dieron el tiempo y el espacio que necesitaba para terminar este libro, porque sabían lo importante que era para mí.

Por último, me gustaría agradecer a toda mi familia por su amor incondicional y por el pilar de fe que construyeron para mí cuando yo era joven. Esta fe que me encanta, esta Iglesia que no sólo es en el centro de mi carrera, sino que es el centro de todo lo que hago, comenzó con mi familia, y particularmente con mi madre. Simplemente no puedo agradecerles como es debido por iniciarme en este viaje increíble hacia Dios.

Un agradecimiento especial al revisor técnico

La guía esencial para el Catecismo Católico fue revisadà por un experto que revisó cuidadosamente la exactitud de lo que ustedes aprenderán aquí, para ayudarnos a garantizar que este libro les ofrezca todo lo que necesitan saber sobre el Catecismo de la Iglesia Católica. Un agradecimiento especial a Monseñor David I. Fulton.

Marcas

Todos los términos mencionados en este libro que se sabe que están o son sospechosos de ser marcas comerciales o marcas de servicio, aparecen debidamente. Alfa Libros y Penguin Group Inc. (EE.UU.) no pueden dar fe de la exactitud de esta información. El uso de cualquier término contenido en este libro no debe suponer que afecte la validez de cualquier marca comercial o de servicio.

Descifrando el Catecismo

Leer todo el Catecismo "oficial" de la Iglesia Católica de principio a fin sería un proyecto monumental. No es exactamente una lectura fácil, razón por la cual la mayoría de las personas intentan hacerla por sus propios medios. Es ahí donde entra en juego este libro.

Analizaremos todo el Catecismo, aclarando todo lo que pueda ser confuso, y explicaré las creencias que son, en esencia, hermosas, coherentes y basadas en las enseñanzas de Jesús.

En los dos primeros capítulos de este libro hablaremos sobre lo básico: qué es el Catecismo y qué no es, de dónde viene, cómo usarlo, y lo que puede significar personalmente para cada uno de ustedes. Después de eso, comenzaremos de cero y abordaremos todo el Catecismo, viendo cada una de las enseñanzas de la Iglesia.

capítulo 1

No es el Catecismo de tu abuela

El Catecismo de la Iglesia Católica definido

Cómo usar el Catecismo para entender mejor la fe y la moral católica

El Catecismo de hoy comparado con las primeras épocas

Qué puede significar el Catecismo para ti

A primera vista, el simple concepto del Catecismo Católico puede parecer abrumador. No sólo por la gran cantidad de material que abarca, pues realmente es mucho, sino también por el tema. Estamos hablando de algunas enseñanzas de la Iglesia que son muy complejas, y que a veces pueden ser confusas, controversiales, o simplemente incomprensibles para quienes no tengan un grado en teología.

Pero hay otro aspecto importante del Catecismo que muchas veces las personas pasan por alto: la belleza de las enseñanzas que contiene. Así es. El Catecismo es una explicación completa y hermosa de las enseñanzas de la Iglesia, que muchos de nosotros aprendimos por primera vez en nuestra infancia. Al profundizar más en las creencias católicas contenidas en el Catecismo, podrás tener una comprensión más completa y adulta de lo que probablemente has estado profesando y viviendo desde hace varios años.

Si no eres católico, algunas de las enseñanzas del Catecismo podrían parecerte misteriosas, o algunas creencias podrían parecerte increíbles. Así que puedo prometerte que este viaje a través del Catecismo será sin duda esclarecedor. Te permitirá explorar las profundidades de la fe católica y tener una comprensión más profunda de ella y, con suerte, reconocer su belleza y amplitud, independientemente de que seas o no católico de nacimiento.

Habla La Iglesia

En este libro, el término Iglesia se refiere específicamente a la Iglesia Católica.

Qué es el Catecismo, y qué no

Comencemos por entender lo que significa el término *catecismo*. La palabra catecismo se refiere a cualquier manual utilizado para instruir a otros en la fe. Cuando se utiliza en el contexto específico de la Iglesia Católica, como es el caso de este libro, se refiere simplemente al manual de instrucciones para los seguidores de la fe católica. El Catecismo se refiere al libro específico utilizado por los católicos, el cual contiene todas las enseñanzas de la fe católica.

El Catecismo está repleto de lo que se debe y no se debe hacer en la vida; podríamos pensar que es el libro oficial de las reglas católicas, pero no lo es. Aunque contiene algunas cosas muy específicas que se deben y no se deben hacer, el Catecismo es mucho más profundo y consiste en mucho más que en las reglas. Consiste en las enseñanzas más básicas y significativas de la fe católica.

No consiste en el fuego y del azufre. No consiste en juzgamiento. No consiste en comprobar dónde aciertas o fallas en tu vida y en tus pensamientos. Consiste en la fe, la esperanza, el amor, y en las enseñanzas que traen estas cosas a la vida en el mundo que te rodea. Consiste en la apertura de la fe cristiana en el catolicismo de una manera que invita a todas las personas a profundizar en algunas de las preguntas más básicas de la vida.

Habla La Iglesia

La palabra catecismo se refiere a un resumen o compendio de la doctrina católica que es utilizada para la enseñanza de la fe. Catecismo, con mayúscula, se refiere al volumen de publicación más reciente, el Catecismo de la Iglesia Católica, que contiene todas las enseñanzas católicas.

Cuando pienso en el Catecismo, pienso en él cómo en las instrucciones de funcionamiento para los católicos. Claro, hay muchas reglas descritas en detalle, pero también hay secciones enteras que explican las creencias católicas sobre todas las cosas, desde la creación del universo hasta el regreso de Jesús, y el ritmo de la oración en nuestras vidas cotidianas.

En su Constitución Apostólica al comienzo del Catecismo, el Papa Juan Pablo II escribió que el Catecismo es "una declaración de fe de la Iglesia y de la doctrina católica, atestiguada o iluminada por la Sagrada Escritura, la Tradición apostólica y el *Magisterio* de la Iglesia". Luego declaró que es "una norma segura para la enseñanza de la fe" y les pidió a todos los fieles utilizarlo para "profundizar en el conocimiento de las riquezas inagotables de la salvación".

En otras palabras, lo que el Papa Juan Pablo II explicaba es que el Catecismo reúne, en un solo volumen, todas las enseñanzas de la Iglesia y la guía moral que necesitas para llevar una vida espiritual, una vida recta, y una vida digna de la salvación eterna.

Si quieres saber lo que significa ser católico y cómo llevar una vida católica, entonces el Catecismo es el libro para ti.

Habla La Iglesia

El magisterio es el término que se refiere a la autoridad de enseñanza de la Iglesia, que reside en el Papa, quien es el sucesor de San Pedro y el director del colegio de los obispos (que son los sucesores de los apóstoles), y en los obispos, que están unidos entre sí y con el Papa en una unidad de fe.

Una nueva aproximación

Para algunas personas, simplemente no hay forma de evitar la respuesta inmediata y a veces visceral que tienen para todo lo relacionado con el catecismo. Con demasiada frecuencia, en especial para aquellos que crecieron siendo católicos, este tema puede evocar imágenes del antiguo Catecismo de Baltimore de los días anteriores al Vaticano II día, o tal vez las aburridas clases de religión, alguna vez llamadas Con-fraternidad de la Doctrina Cristiana. Yo nací demasiado tarde para ser educada formalmente con el Catecismo de Baltimore, pero mi abuelo se aseguró de que yo tuviera un ejemplar de este libro. Hasta el día de hoy, las primeras cosas que se me vienen a la mente cuando pienso en el Catecismo son las diversas ilustraciones donde aparece un diablo estereotipado con cuernos rojos. No era exactamente una introducción cálida y sutil a la fe, aunque fuera preciso en su teología.

La realidad es que el Catecismo de la Iglesia Católica, al que se refiere este libro, no es un refrito del Catecismo de Baltimore. Tampoco es un método ferviente de preguntas y respuestas para impartir la fe, sino más bien una discusión amplia y profunda de creencias y enseñanzas.

El Catecismo actual ofrece una forma completamente nueva de ver la Iglesia, reflejando la labor del Concilio Vaticano II en la década de 1960.

El Catecismo de Baltimore fue comisionado en una reunión de los obispos de EE.UU. en Baltimore en 1829, aunque la primera edición sólo apareció en 1885. Se convirtió en el texto religioso estándar de los Estados Unidos desde finales de 1880 hasta la década de 1960, cuando la Iglesia se alejó de un estilo estricto de enseñanza de la religión, basada en el catecismo. Sin embargo, actualmente está en circulación una edición revisada del Catecismo de Baltimore, que es una de las favoritas de los católicos más tradicionales, que prefieren la religión de los viejos tiempos.

Entender la catequesis

Antes de poder entrar en los detalles del Catecismo, necesitamos dar un paso atrás, hacia algo que se llama "catequesis", y que es la educación de los niños y los adultos en la fe. Es más que la instrucción catequética, o las clases de religión.

La catequesis es la "totalidad de los esfuerzos de la Iglesia para hacer discípulos", lo que significa que no sólo abarca la educación en las aulas escolares, sino todos los aspectos de la fe que ayudan a otros a creer más plenamente en Jesucristo, y refuerzan su Iglesia en la tierra. (4)

La palabra catequesis proviene de la palabra griega *katechizo*, que significa enseñar por vía oral.

serás Absuelto si ...

Probablemente creas que la catequesis es el equivalente de esas clases de religión a las que solías asistir una vez por semana en el auditorio de la parroquia. Aunque esas clases —y sus contrapartes de la formación en la fe moderna— , son sin duda uno de los aspectos de la catequesis, la Iglesia se esfuerza por lograr un enfoque mucho más equilibrado y de largo plazo para aprender sobre la fe actual. La formación de la fe en los adultos, la formación de la fe entre las generaciones, y muchos otros estilos de la educación religiosa forman parte del maravilloso mundo de la catequesis actual.

¿Qué tiene el Catecismo para ti?

No se dejó piedra sin remover cuando se escribió este Catecismo, y cualquiera que lo lea no podrá tener una mejor comprensión de la Iglesia y de la fe católica. Además, el Catecismo aborda una gran cantidad de enseñanzas que a veces tienen una mala reputación en la sociedad actual, ya que muchas veces se toman fuera de su contexto de fe.

Si continúas leyendo y le das una oportunidad al catecismo, probablemente encontrarás cosas sobre la fe católica que no habías imaginado, o cosas que creías saber, pero que tal vez no entendías totalmente. Hay una razón por la cual el Catecismo ha sido un éxito de ventas desde su lanzamiento, no sólo entre los católicos, sino también entre el público más amplio.

Aquí hay tres razones improvisadas para adentrase de lleno en el Catecismo:

- ¿En dónde más podrías leer sobre el adulterio, los ángeles y el medio ambiente en un solo lugar?

- Si vas a leer un solo libro este mes, ¿por qué no lees uno que te haga pensar en cosas importantes: el cielo y el infierno, la vida y la muerte, el amor y el asesinato?

- La próxima vez que vayas a una fiesta y alguien empiece a hablar sobre esos católicos locos, estarás equipado con respuestas a las preguntas sobre el Cuerpo de Cristo, la virginidad de María, y la autoridad del Papa.

Sólo por diversión, mencionaré unos pocos temas al azar, pero consecutivos, en el índice del Catecismo completo. Me sorprendería si no te sientes intrigado:

- lujuria, mentiras, magia

- orden, transplantes de órganos, pecado original

- ternura, terrorismo, y pruebas

La segunda edición del Catecismo de la Iglesia Católica tiene 904 páginas, incluyendo más de 200 dedicadas a un extenso glosario, un índice de citas, y un índice por temas.

Los temas pueden parecer extraños o sin ninguna relación aparente, pero la maravilla del Catecismo es que todo es puesto en la perspectiva de la fe, y todo está relación con la Escritura y la Tradición.

Casi cualquier pregunta que pudieras hacer sobre la fe católica está respondida en el Catecismo. Y si decides que quieres profundizar más de lo que ofrece el texto principal, hay referencias a documentos que pueden ayudarte a rastrear la creencia o la enseñanza hasta su fuente.

No es tan asustador como parece

Si has visto el Catecismo actual, entonces sabrás que tiene más de 900 páginas de enseñanzas basadas en la Biblia, documentos de la Iglesia, derecho canónico, y una encíclica tras otra. El catecismo puede ser abrumador e intimidatorio si lo consideramos en su conjunto, pero no tiene por qué serlo.

El Catecismo está dividido en secciones lógicas y fáciles de seguir cuando te acostumbres a él. En este libro, también seguiremos esa estructura básica.

Así es como está dividido todo el Catecismo:

1ª parte: La *profesión de la fe*, que abarca las creencias básicas de la Iglesia Católica sobre Dios, Jesús, el Espíritu Santo, María, y muchos otros temas importantes.

2ª parte: *La celebración del misterio cristiano*, que se centra en la liturgia y en los siete sacramentos.

3ª parte: *La vida en Cristo*, que abarca la dignidad humana, la moralidad, y los Diez Mandamientos.

4ª parte: *La oración cristiana*, que incluye un análisis de la oración en general y una explicación detallada del Padrenuestro.

A lo largo de este libro verás números entre paréntesis. Estos números corresponden a los números de la versión completa del Catecismo. Si quieres saber acerca de una enseñanza en particular, simplemente mira el mismo número en el Catecismo de la Iglesia Católica y encontrarás más de lo que habías imaginado.

Trabajaremos nuestro Catecismo parte por parte, tema por tema, y lo dividiremos en partes más pequeñas que son exactas en términos teológicos, al mismo tiempo que son fáciles de entender y divertidas de leer.

No tienes que empezar por el principio y seguir hasta el final. Puedes comenzar con cualquier tema que te guste o saltar de un capítulo a otro, dependiendo de lo que te interese.

En el próximo capítulo, nos adentraremos más en los detalles de cómo utilizar el Catecismo. Por ahora, lo único que necesitas hacer es mantener abiertos tu mente y tu corazón. Si puedes hacer eso, todo lo demás será fácil.

Una prueba relámpago

Bien sea que hayas estudiado doce años en una escuela católica o que nunca hayas pasado por la puerta de una Iglesia Católica, es probable que tengas un par de ideas sólidas sobre los católicos. Antes de llegar al núcleo del asunto, haremos una pequeña prueba de Verdadero o Falso para ver cuánto sabes sobre las creencias y enseñanzas de la Iglesia. Lleva un registro de tus respuestas; haz la prueba de nuevo después de haber terminado este libro, y verás todo lo que aprendiste.

1. Si eres divorciado, no puedes recibir la comunión en la Iglesia Católica.

2. Los ángeles son los espíritus de aquellos que han muerto y se han ido al cielo.

3. El respeto y el cuidado de los animales forma parte del séptimo mandamiento contra el robo.

4. Cuando el pan y el vino son consagrados en la Misa, se convierten en el cuerpo y en la sangre de Jesucristo.

5. La Inmaculada Concepción se refiere al momento en que Jesús fue concebido por obra del Espíritu Santo en el vientre de María.

6. Los católicos no pueden sostener que la evolución es cierta, sólo la interpretación literal de la historia del Génesis de Adán y Eva.

7. La unción de los enfermos, uno de los siete sacramentos, sólo se puede recibir una sola vez cuando alguien se encuentra al borde de la muerte.

8. La castidad es algo que se espera de todas las personas, incluso de las parejas casadas.

9. La meditación es una forma católica de la oración.

10. La Virgen María es llamada la "nueva Eva" en algunas ocasiones.

11. Un credo es una profesión de fe.

12. La Santísima Trinidad está conformada por Dios, Jesús y María.

13. Un diácono puede bautizar bebés, bendecir matrimonios y presidir funerales.

14. El "mandamiento más importante" es el número cinco: No matarás.

15. Amén significa, "Así sea".

¿Cómo crees que te fue? Tal vez respondiste estas preguntas con rapidez y tienes mucha confianza en tu conocimiento de todo lo católico, o tal vez tuviste dificultades con algunas, y adivinaste una o dos basado en la información que tenías.

Afortunadamente, no importa cómo te haya ido en la prueba, porque cuando termines este libro, podrás responder a estas preguntas y a cualquier otra de carácter católico que te haga alguien. Incluso si respondiste todas —o la mayoría— de las preguntas correctamente, podrás aprender todas las razones detrás de estas respuestas, y muchas, muchas otras. Las veremos todas a su debido tiempo y con gran detalle, pero mientras tanto, si quieres ver cómo te fue, aquí están las respuestas correctas.

La encuesta dice...

¡Date unas palmaditas en la espalda por ser lo suficientemente valiente como para tomar una prueba sorpresa *antes* de tener la oportunidad de estudiar! Aquí están las respuestas de la prueba, con referencias a los capítulos que cubren cada tema en detalle.

1. Falso (capítulo 20). El divorcio por sí solo no te impide recibir los sacramentos.

2. Falso (capítulo 5). Los ángeles son seres espirituales e incorpóreos.

3. Verdadero (capítulo 21).

4. Verdadero (capítulo 12).

5. Falso (capítulo 6). La Inmaculada Concepción se refiere a la concepción de la Virgen María sin pecado original.

6. Falso (capítulo 4). Los católicos pueden creer que la evolución es verdadera, siempre y cuando reconozcan también a Dios como al autor divino de la creación y de todo lo que ha evolucionado de ella.

7. Falso (capítulo 13). La unción de los enfermos puede ser recibida si alguien está gravemente enfermo, preparándose para una cirugía, o cerca de la muerte debido a la vejez.

8. Verdadero (capítulo 20).

9. Verdadero (capítulo 24).

10. Verdadero (capítulo 23).

11. Verdadero (capítulo 3).

12. Falso (capítulo 4). La Santísima Trinidad es Dios Padre, Jesús Hijo y el Espíritu Santo.

13. Verdadero (capítulo 14).

14. Falso (capítulo 16). El "mandamiento más importante", según lo especificado por Jesús, es "Amarás al Señor tu Dios con todo tu corazón, con toda tu alma y con toda tu mente". Jesús agrega que hay un segundo mandamiento que es semejante a éste: "Amarás a tu prójimo como a ti mismo". (Mateo 22:34)

15. Verdadero (capítulo 25).

Puntos esenciales

- El Catecismo no es un libro de reglas con preguntas y respuestas, sino un examen completo y amplio de las creencias y las enseñanzas católicas.

- Casi cualquier pregunta que tengas sobre la fe católica tiene una respuesta en el Catecismo.

- El Catecismo se divide en cuatro partes diferentes: Profesión de fe, Celebración del misterio cristiano, La vida en Cristo y La oración cristiana.

- Este libro está diseñado para ayudarte a entender conceptos teológicos difíciles de la fe católica y para que puedas tener —y sentir— más aprecio por las enseñanzas tan hermosas que contiene.

capítulo 2

Un poco de historia, por favor

Origen y evolución del Catecismo Católico

Por qué necesitamos el Catecismo y cómo estudiarlo

La relación de Dios con el Catecismo

Recursos y sugerencias para entender el Catecismo

Ahora que sabes un poco acerca de la catequesis en general, tenemos que poner todo en perspectiva. Es evidente que este no es el primer catecismo que se haya escrito, así que veremos cómo surgieron los primeros catecismos de la Iglesia y cómo se convirtió en el Catecismo que vamos a estudiar.

Para muchas personas, el Catecismo puede parecer algo del dominio exclusivo de los profesionales, como si tuviera una señal luminosa e intermitente en la portada que dijera: "No intenten esto en casa". La realidad es que el Catecismo, aunque está dirigido específicamente a los obispos como una herramienta de enseñanza, fue escrito para todas las personas que estén interesadas en la fe. No está reservado sólo para aquellos que trabajan en la Iglesia, son ordenados como sacerdotes, o tienen títulos avanzados teología. Obviamente, el lenguaje utilizado hace que a veces parezca como si hubiera sido escrito para teólogos, pero este libro te ayudará a superar todo eso.

En este capítulo, te daremos la información de fondo que puedas necesitar con el fin de poner todo en contexto a medida que avanzas a través del Catecismo. En particular, haremos la conexión entre el Catecismo y Dios, porque es una conexión que realmente existe. Antes de terminar este capítulo, tendrás las herramientas que necesitas para emprender este viaje a través del Catecismo de la forma más agradable e informativa posible.

Curso básico sobre el Catecismo

Los catecismos no son exclusivos de la Iglesia Católica y, de hecho, han sido parte de la transmisión de la fe cristiana desde que los primeros discípulos comenzaron a difundir el mensaje de Jesucristo. Algunos consideran incluso que los cuatro evangelios —Mateo, Marcos, Lucas y Juan—, son una especie de primer catecismo porque transmiten las enseñanzas que Jesús predicó en su época. Hasta la invención de la imprenta, los textos del catecismo no eran muy comunes. Sabemos de uno, y es el de la *Doctrina de los Apóstoles* o *Didaché*, que se remonta a la Siria del primer siglo, y que fue utilizado para preparar a las personas para el bautismo. En el siglo V, San Agustín escribió el Enchiridion, que era un tratado sobre la fe, la esperanza y el amor, para su uso en la educación en la fe.

El primer Catecismo Católico universal fue publicado en 1566, cuando se redactó el Catecismo del Concilio de Trento. Diseñado principalmente para que los párrocos les enseñaran a los fieles, este *Catecismo Romano*, como se llamaba comúnmente, se convirtió en un modelo para los futuros catecismos. Al igual que el Catecismo actual, el *Catecismo Romano* se dividía en cuatro secciones: el credo, los sacramentos, el Decálogo (los Diez Mandamientos), y la oración.

En los siglos posteriores aparecieron numerosos catecismos de carácter menor, como el *Catecismo de Baltimore* en los Estados Unidos y el *Catecismo de Penny* en Gran Bretaña, que utilizan el formato sencillo de preguntas y respuestas que la mayoría de la las personas asocian con los catecismos.

En 1986, bajo la dirección del Papa Juan Pablo II, fue nombrada una comisión de 12 cardenales y obispos para producir la primera reescritura completa del *Catecismo del Concilio de Trento*. El presidente de esa comisión era el cardenal Joseph Ratzinger, quien más tarde se convirtió en el Papa Benedicto XVI.

Algunos sostienen que fue Martín Lutero quien redactó el primer catecismo, por lo menos según nuestra comprensión moderna de un texto de catecismo. Publicado en 1529, en el pequeño catecismo de Lutero se utilizaron fragmentos de sus sermones para orientar a los maestros y a los padres de familia, y continúa siendo un pilar de las iglesias luteranas. Posteriormente, Lutero escribió un segundo catecismo específicamente para los niños. Los calvinistas tuvieron su propio catecismo, en 1563, cuando Juan Calvino publicó el *Catecismo de Heidelberg*.

Se necesitaron seis años para completar la versión revisada, llamada *Catecismo de la Iglesia Católica*, que se publicó en francés en 1992. La versión en inglés fue publicada en 1994, y la versión latina, que actualmente es el texto oficial, en 1997.

Hay dos clases de catecismo: mayores y menores. El catecismo mayor, como el actual *Catecismo de la Iglesia Católica*, se utiliza como una herramienta de enseñanza a partir de la cual se habrían de escribir los catecismos menores, como el *Catecismo de Baltimore*. El *Catecismo de la Iglesia Católica* también se conoce como un *catecismo universal*, lo que significa que se ha escrito para la Iglesia universal en todo el mundo.

No se requiere un título en teología

Debido a que los catecismos más importantes son tan amplios en su contenido, tienden a ser escritos en un estilo que es menos atractivo para las personas promedio. Así que vamos a tomar los pasajes complicados del Catecismo y los convertiremos en prosa; aunque su significado sea complejo, serán sencillos en lo que considero que es un lenguaje eclesiástico, una escritura académica densa y llena de jerga que le hacen brillar los ojos a cualquiera.

No necesitas un título en teología, en filosofía ni en nada para beneficiarte del estudio del Catecismo. Obviamente, si leyeras directamente el texto original, sin una guía de estudio, podrías sentirte un poco mareado luego de ver tantas notas y citas extensas, y es por eso que tienes este libro.

De hecho, esto será divertido, porque veremos todos los aspectos más destacados del Catecismo y todas las enseñanzas básicas, pero no nos detendremos en los detalles más ínfimos, que no son necesarios para una comprensión básica de la religión católica. Todo lo que leas en los próximos capítulos será fundamental para entender la fe católica.

El *Catecismo de la Iglesia Católica* se convirtió inmediatamente en un best-seller cuando fue publicado. Sin embargo, no llegó a la cima de *The New York Times* ni de ninguna otra lista de best-sellers, porque las ventas de cada una de las 15 casas editoriales que lo publicaron fueron contadas por separado y no como un solo total, a pesar de que las ediciones eran idénticas. Hasta la fecha, el Catecismo ha vendido más de tres millones de copias en nueve idiomas.

Las Buenas Nuevas se refieren a las enseñanzas centrales del cristianismo, que nacen de las palabras y de los hechos de Jesús, tal como se encuentra en las Escrituras, especialmente en los cuatro Evangelios de Lucas, Mateo, Marcos, y Juan. De hecho, la palabra *evangelio* significa *buena nueva*, o *buenas noticias*.

En el comienzo

Podrías estar pensando que el Catecismo parece algo que está escrito por y para obispos, pero te alegrará saber que el Catecismo comienza con Dios. Esto no quiere decir que Dios escribió el Catecismo, porque no lo hizo. Lo que significa es que el texto del Catecismo nace del amor de Dios para con la humanidad, y de su deseo de que todas las personas lo busquen y aprendan a amarlo.

Dios envió a su Hijo, Jesucristo, para darnos las Buenas Nuevas, y su hijo escogió a los Doce Apóstoles para que transmitieran la tradición de la fe. De ese grupo original, y a lo largo de los siglos, millones de cristianos han seguido difundiendo el Evangelio. Todo hombre y toda mujer que crea en Jesús está llamada a compartir su mensaje con otros, ya sea a través de clases formales, de conversaciones informales, o de actos silenciosos.

El Catecismo simplemente lleva ese amor de Dios, ese llamado a la acción, ese desafío de la fe, y lo incluye en un solo manual que puede servir como una guía para toda la vida, con el fin de vivir la fe católica de una manera significativa y auténtica.

Comenzando

Bien, estamos casi listos para comenzar con el verdadero asunto. Espero que en este momento te sientas cómodo con lo que sigue, y confiando en que no será difícil. Es casi seguro que en algún momento durante este proceso de aprendizaje, te sentirás maravillado con el alcance del Catecismo. Realmente es algo digno de contemplar.

Uno de los borradores del Catecismo presentado a los obispos del mundo para su estudio dio lugar a 24.000 cambios sugeridos.

Cómo utilizarlo

Antes de comenzar, quiero recomendar algunas formas de abordar el Catecismo y de utilizar este libro. Podrías leer simplemente este libro y detenerte ahí. Las enseñanzas y las explicaciones son completas y ofrecen todo lo que necesitas realmente para entender la fe católica.

Sin embargo, si deseas hacer un estudio más profundo y más completo del Catecismo, este libro es una verdadera guía de estudio para él, y también, un complemento del Catecismo, que puede ser utilizado en conjunción con éste. Los números de referencia para pasajes específicos del Catecismo aparecen a lo largo de este libro, con el fin de que cada vez que veas un número entre paréntesis, lo único que necesitas hacer es buscar el mismo número en el Catecismo para ver la versión completa de esa enseñanza.

El Catecismo es muy sencillo de usar gracias a su sistema de numeración. Cada párrafo está numerado y tiene referencias concretas. Podrás encontrar casi cualquier tema que puedas imaginar… y otros que quizá no habías imaginado nunca.

Puedes leer este libro —y el Catecismo— sección por sección y en orden, o simplemente puedes leer cualquier capítulo. No hay una manera correcta o incorrecta de leer el Catecismo. De hecho, no tienes que leerlo en su totalidad. Puedes usarlo como una guía de referencia, para buscar simplemente temas específicos de tu interés, o para encontrar respuesta a las preguntas que puedas tener. Está diseñado para ayudarte a entender la fe de cualquier manera que te haga sentir más cómodo.

Recursos adicionales

Si quieres utilizar este libro como una guía para ayudarte en el estudio del Catecismo más extenso, hay varios recursos que te parecerán útiles:

- El *Catecismo de la Iglesia Católica*, segunda edición, publicado por la Libreria Editrice Vaticana.

- Una Biblia. Este libro utiliza la traducción de la Biblia de las Américas, pero puedes utilizar cualquier Biblia que tengas disponible.

- Un bloc de notas. Esto será útil para anotar preguntas o tomar notas sobre aquello que podrías querer explorar con mayor profundidad.

- Acceso a Internet. Es posible que quieras localizar rápidamente documentos de la Iglesia u otras referencias, que suelen estar disponibles en línea.

El próximo paso

Antes de dar vuelta a la página y entrar en materia, tal vez sea agradable hacer un momento de silencio o de oración —si te gusta la idea—, para concentrarte en abrir tu corazón y tu mente. Desecha cualquier idea preconcebida que tengas sobre la enseñanza católica, y deja que el Catecismo te hable.

Las Biblias católicas difieren de las versiones protestantes. La Iglesia Católica considera como "inspirados" a siete libros del Antiguo Testamento que no son aceptados por los protestantes. Los católicos consideran los siguientes libros, conocidos como los textos deuterocanónicos, como parte del canon de la Escritura: Tobit, Judit, Sabiduría, Eclesiástico, Baruc, y Macabeos 1 y 2.

Puntos esenciales

- Un catecismo es cualquier manual utilizado para instruir a otros en la fe, y ha existido en varias formas desde la Iglesia cristiana primitiva.

- El actual *Catecismo de la Iglesia Católica*, que es un catecismo universal, fue la primera reescritura completa del *Catecismo del Concilio de Trento*, publicado originalmente en 1566.

- Aunque el Catecismo se dirigía a los obispos cuando fue escrito inicialmente, está destinado a ser leído por cualquier persona interesada en aprender más sobre la fe católica.

- El estudio del Catecismo requiere poco más que una mente y un corazón abierto. Tener a mano una Biblia y el texto completo del Catecismo, además de una guía de estudio, puede hacer que el proceso sea más efectivo y completo.

Una profesión de fe

¿Qué significa creer en Dios? ¿Es nuestra creencia de algo que afecta a nuestra rutina diaria, o es algo a lo que recurrimos sólo cuando nos encontramos en medio de la tristeza o la tragedia?

¿Creemos en Dios porque hemos reflexionado, rezado y concluido que era bueno, o creemos porque es lo que hemos conocido toda la vida y nunca nos hemos imaginado nada más?

Para los católicos, levantarse y profesar su creencia en Dios es algo tan básico como respirar. En cada Misa, los católicos *hacen la profesión de fe*, que comienza con las palabras: "Creemos ...".

Si analizas la profesión de fe —también conocido como el credo— renglón por renglón, descubrirás la totalidad de la fe católica resumida para ti en forma de oración. No contiene nada accidental o superfluo.

En los próximos capítulos, estudiaremos y reflexionaremos sobre las palabras del Credo de los Apóstoles, una de las dos profesiones fundamentales de la fe en la Iglesia católica, para que sepas exactamente lo que quieren decir los católicos cuando dicen: "Creemos ...".

Capítulo 3

Por qué creemos

Por qué los humanos anhelamos una relación con Dios

Cómo revela Dios su plan para la humanidad

La relación entre la Biblia y las enseñanzas de la Iglesia

El significado de la fe

Antes de abordar la primera parte del Catecismo y la verdadera profesión de la fe, es importante hablar sobre la fe en general. ¿Qué es la fe? ¿Por qué sentimos necesidad o sed de fe? Y si tenemos fe, ¿cuál es su relación con la razón, la lógica y el mundo que nos rodea?

Estas son algunas de las preguntas profundas e importantes a las que nos enfrentamos en la vida. Todo se reduce al grado de importancia que le demos a Dios, y cuán significativo sea el papel que queramos que él y la fe tengan en nuestras vidas.

Para algunas personas, la fe es como una banda sonora de la vida, que siempre está sonando, siempre está presente, y siempre está influyendo en sus decisiones o en la forma en que responden a los eventos en sus vidas. Para otros, la fe es más como la "maravilla de un sólo éxito", algo que está muy bien en pequeñas dosis y en ciertas ocasiones, pero que nunca ocupa un lugar central. Y luego están los que caen en algún punto intermedio.

Sin importar en dónde estés en el espectro de la fe, es casi inevitable que en algún momento de tu vida tendrás preguntas sobre el significado de tu fe. Las crisis, los puntos de quiebre, las celebraciones y las penas, tienden a hacer que nos preguntemos: "¿Por qué?".

La única manera de encontrar la respuesta a esa pregunta es empezar por el principio. Y me refiero al principio en sí.

La traducción del Catecismo al inglés fue aplazada durante más de un año cuando algunos obispos de EE.UU. se opusieron al uso de "hombre" y "hombres" para representar a los hombres y a las mujeres. Al final, los obispos de EE.UU. perdieron la batalla por el lenguaje inclusivo, y la Iglesia ha optado por mantener el lenguaje original genérico y androcéntrico. Así que cuando veas la palabra "hombre" u "hombres", realmente se refieren a hombres y mujeres, o a la humanidad en su conjunto.

El deseo de conocer a Dios

La Biblia nos dice que Dios hizo al hombre y a la mujer a su imagen y por amor. Debido a esto, existe un lazo invisible pero duradero entre el hombre y su creador. El Catecismo dice que el "deseo de Dios está escrito en el corazón humano" y que la verdad y la felicidad que buscan las personas sólo se encuentra en Dios. (27)

Tienes que admitir que la mayoría de nosotros estamos en una búsqueda muy constante de la felicidad. Así que, como dice el Catecismo, si Dios es la única respuesta, ¿cómo llegamos entonces al punto donde decir las palabras "Yo creo..." ya no son simples palabras ni una costumbre, sino una fe que vive y respira?

El Catecismo dice que los humanos somos seres religiosos desde el principio, y que expresamos nuestra sed de Dios a través de las oraciones que elevamos, los sacrificios que hacemos, y las meditaciones y rituales que incorporamos a nuestras vidas. Puede que sea así, pero de todos modos sigue habiendo un largo camino del ritual a la redención.

A fin de cuentas, la redención es el objetivo final, aunque llegar a ella no es ciertamente no es un camino fácil. Más adelante veremos con mayor detalle el concepto de la redención. Por ahora, recordemos simplemente que la redención fue el objetivo de la vida y muerte de Jesús. Él vino a redimir a la humanidad del pecado y a abrir la puerta a la salvación eterna.

¿Qué puede explicar, entonces, por qué muchos de nosotros, que supuestamente nos sentimos inclinados naturalmente a Dios, lo dejamos por fuera de nuestra ecuación de la vida de una manera tan activa y tan voluntaria? ¿Por qué nos volvemos indiferentes o nos concentramos en otras cosas, como el dinero y la riqueza material, la santurronería y el egoísmo, o todo lo anterior y mucho más? (29)

Bueno, después de todo sólo somos humanos, y siendo simples mortales, no siempre somos capaces de comprender la esencia divina de Dios. En realidad, nunca logramos captar lo que Dios es, ni expresarlo plenamente con palabras, pero podemos esforzarnos al máximo. (43)

El Catecismo dice que las personas que buscan a Dios y que hacen de Él una parte habitual de sus vidas, tienden a ver su presencia tanto en los aspectos extraordinarios y ordinarios del mundo que los rodea, desde la belleza natural de la tierra y el misterio del universo, hasta la verdad, la belleza, la bondad moral, y el anhelo espiritual del ser humano. (31)

Un Momento De Enseñanza

La razón humana les permite a los hombres y a las mujeres reconocer a Dios como principio y fin de todas las cosas. Pero es sólo a través de la revelación divina que los seres humanos pueden obtener una comprensión más profunda de Dios y de sus planes, de saber que Dios es personal, y no sólo poderoso.

Dios se encuentra con el hombre y la mujer

Así que si los seres humanos somos tan limitados en nuestra capacidad de conocer verdaderamente a Dios, ¿cómo podemos pasar del interés a la iluminación, de la fe finita a la creencia ardiente?

La verdad es que no podemos hacerlo por nuestra propia cuenta. Necesitamos un poco de ayuda de arriba, o tal vez, un montón de ayuda. Dios nos ha enviado el tipo máximo de ayuda en la forma de su Hijo Jesucristo. Recuerda: la doctrina cristiana no empieza con Jesús, sino con el comienzo del tiempo y del universo. Así que tenemos que rastrear nuestro árbol genealógico a través del Antiguo Testamento, que comienza con el principio de los tiempos, a fin de poder ver el plan de Dios para nosotros desarrollarse poco a poco.

En primer lugar, Dios se reveló a sí mismo lentamente a lo largo del tiempo al pueblo de Israel, según consta en la Escritura judía. Esto fue seguido por el "plato fuerte" de su plan: su Hijo.

¡El plan de Dios revelado!

Cuando decimos que Dios revela su plan, estamos diciendo que Dios quiere que lo entendamos mejor. Él no quiere que vayamos dando tumbos en la oscuridad espiritual. Él quiere iluminar el camino para nosotros. Así, mientras que Dios puede parecer misterioso, puedes estar seguro de que Él hará que conozcamos su plan de una manera u otra, aunque a veces nos percatemos de Él cuando ya se ha materializado.

Habla La Iglesia
El Apocalipsis, en el sentido de la Iglesia, significa algo comunicado por Dios y de Dios. En el Antiguo Testamento, vemos esta comunicación a través de la ley de los profetas. En el Nuevo Testamento, Dios se revela en la persona de Jesucristo y a través del Espíritu Santo.

Antes de enviar a Jesús, Dios irradió su luz a la humanidad a través de Adán y Eva, Noé, Abraham, y los israelitas.

Todo comenzó cuando Dios se les manifestó a Adán y a Eva, a quienes Dios invitó a una "comunión íntima" con Él. (54) Incluso después de que lo desobedecieron y fueron expulsados del paraíso, Dios siguió manteniendo su oferta de salvación para ellos y para sus descendientes.

Luego vino Noé, el diluvio, el arco iris, y la promesa de Dios. Dios hace un *pacto* entre él y todas las criaturas vivientes, diciendo que nunca volvería a destruir su creación debido a la rebelión de sus criaturas. Todo esto es parte del plan.

Habla La Iglesia
Un pacto es un acuerdo solemne que contiene promesas, pero también impone obligaciones. En el Antiguo Testamento, nos encontramos con pactos entre Dios y Noé, Dios y Abraham, Dios y Moisés, Dios y el rey David, Dios y los israelitas. En el Nuevo Testamento, vemos un "nuevo" pacto: la promesa de la vida eterna, forjada por la muerte y resurrección de Cristo.

Ahora viene Abraham, a quien Dios proclama "el padre de una multitud de naciones". (Génesis 12:3). Los descendientes de Abraham —los israelitas—, serán los elegidos, con quienes Dios establece un pacto, que incluye los Diez Mandamientos entregados a Moisés en el monte Sinaí.

Luego tenemos el pacto de Dios con el Rey David, por medio del cual Dios promete al pueblo de Israel un "Mesías", el rey ungido de la Casa de David.

Finalmente, llegamos a la última parte del plan de Dios revelado: Jesucristo, que es ofrecido a la humanidad como el Mesías prometido por Dios, la Palabra de Dios hecha carne, la revelación de Dios de una alianza nueva y definitiva. Este es el fin de su plan. No habrá más "revelaciones públicas" de Dios. (66)

Entonces, ¿cómo encajamos nosotros en este plan si ya se había acabado antes de que alguno de nosotros llegara al lugar de los hechos? Bueno, esta historia es nuestra historia. No estamos separados del plan; somos extensiones del plan, y vivimos lo que Dios puso en marcha en el principio de los tiempos. El pacto que Dios hizo con la humanidad a través de su Hijo es un pacto para todos los tiempos y para todas las personas.

Jesús es conocido como el "Verbo hecho carne". ¿Cómo puede ser Jesús una palabra? Pues bien, en la tradición judía, el "verbo" o dabar, es al mismo tiempo una fuerza creativa y una fuerza moral. Cuando se habla de Jesús como el Verbo, no nos estamos refiriendo a una palabra tal como la entendemos, sino a la Palabra de Dios expresada desde la conciencia de la divinidad de un modo atemporal y eterno. Jesús es la Palabra de Dios; es el vínculo entre la humanidad en la tierra y Dios en el cielo. En el Evangelio de Juan, Jesús dijo: "En el principio era el Verbo, y el Verbo era con Dios, y el Verbo era Dios. Él estaba en el principio con Dios. Todas las cosas llegaron a ser a través de Él, y sin él nada llegó a ser". (Juan 1:1-3)

La Tradición, con "T" mayúscula, se refiere a la fe viva que no está contenida necesariamente en la Escritura, sino que se transmite de generación en generación, inicialmente por los apóstoles, y ahora por sus sucesores en el colegio de los obispos.

¿No es divino eso?

Pues bien, la persona promedio no recibe con frecuencia mensajes divinos acompañados de truenos ni revelaciones. ¿Cómo es trasmitido exactamente el plan de Dios a aquellos de nosotros que no escuchamos la voz de Dios, que no construimos arcas ni recibimos tablas de piedra? Bueno, tenemos la Biblia, por supuesto, y también tenemos algo que se llama la *Tradición Apostólica*.

Jesús les dijo a los apóstoles que salieran a difundir el mensaje evangélico, lo que conduciría a los hombres y a las mujeres a la salvación. Los apóstoles hicieron esto con la predicación. La predicación que comenzaron en aquellos primeros años después de la muerte y resurrección de Jesús continúa sin interrupción en la actualidad a través de la Escritura y de la Tradición. (76)

La Iglesia Católica acepta los 46 libros del Antiguo Testamento y los veintisiete libros del Nuevo Testamento como de inspiración divina. El Antiguo y el Nuevo Testamento están conectados en el Antiguo Testamento, puesto que el Antiguo Testamento predijo lo que sucedería en el Nuevo Testamento, y éste hizo realidad los mensajes del Antiguo Testamento.

¿Todo eso está en la Biblia?

El Catecismo dice muy claramente que la Tradición de la Iglesia y la Escritura, aunque distintas entre sí, están "íntimamente unidas y compenetradas la una con la otra". (80)

Piensa en Jesucristo como en la principal fuente de la revelación, de la que brotan dos manantiales burbujeantes: la Escritura y la Tradición. La Escritura es la Palabra de Dios expresada por medio del Espíritu Santo, y la Tradición es la palabra de Dios transformada en vida, en fe viva, en la forma de Jesucristo.

Entonces, ¿cómo encaja todo lo que está en la Biblia y todo lo que Jesús les enseñó a sus apóstoles y primeros discípulos con lo que enseña actualmente la Iglesia Católica? Pues bien, el colegio de los obispos, encabezados por el Papa, es la continuación de los Doce Apóstoles en la Iglesia de hoy.

El Magisterio (recuerda que es la autoridad de las enseñanzas de la Iglesia, tal como se explica en el capítulo 1) enseña que es "sólo lo que le ha sido confiado a él", ya sea a través del "mandato divino" o del Espíritu Santo. No es superior a la palabra de Dios, sino que interpreta la palabra de Dios. (86)

El Catecismo dice que la Tradición, la Escritura y el magisterio están tan estrechamente entrelazados que uno de ellos no puede subsistir sin los otros. En conjunto, los tres "contribuyen eficazmente a la salvación de las almas". (95)

Esto significa que la Biblia (o la Escritura) y la Tradición transmitida por medio de los apóstoles, así como la interpretación auténtica que hace la Iglesia de ambas, se combinan para darnos todas las enseñanzas que encontrarás en el Catecismo.

Responder al amor trascendente

Estamos próximos a sumergirnos en la profesión de la fe, si es que puedes creerlo. Sé que ha pasado un tiempo desde que empezamos este tema, pero como puedes ver, tenemos que entender muchas cosas sobre la fe en general antes de poner la fe bajo el microscopio y estudiar las pequeñas complejidades que hacen que sus creencias específicas sean tan hermosas.

Tal vez creas que la fe es algo que está más allá de la explicación o de la comprensión humana. El Catecismo hace una explicación muy detallada de la fe, a la que denomina "una gracia". La fe, dice el Catecismo, es una "virtud sobrenatural" que es una cooperación entre la inteligencia humana y la gracia divina. (155)

Aunque la fe suele estar más allá de la razón, nunca puede estar en una contradicción total con la razón, porque "las cosas del mundo y las cosas de la fe tienen su origen en el mismo Dios". (159) En otras palabras, la fe puede coexistir felizmente con algo parecido a la ciencia.

Por último, el Catecismo nos dice que la fe es un acto personal que los seres humanos podemos aceptar o rechazar libremente, pero que es necesaria para la salvación. (161)

Habla la Iglesia

La gracia es un don sobrenatural que Dios nos concede a los hombres y a las mujeres para ayudarnos a vivir como hijos de Dios, y para alcanzar la salvación eterna. La virtud es una actitud o disposición que le permite a un individuo actuar con rectitud.

Puntos esenciales

- Los seres humanos se sienten naturalmente atraídos a su creador, Dios, que quiere que lo conozcan y lo amen.

- Dios reveló su plan a través de los hijos de Israel, los patriarcas del Antiguo Testamento y los profetas y, finalmente, a través de Jesucristo.

- Dado que la mayoría de nosotros no recibimos mensajes directamente de Dios, necesitamos la revelación divina, que nos viene de Jesucristo a través de la Escritura, la Tradición, y la sincronización de la tradición por parte de la autoridad de la Iglesia en materia de enseñanza, llamada al magisterio.

- La fe es una gracia y una virtud que es elegida libremente y necesaria para la salvación.

capítulo 4

Dios Padre

¿Cómo resume el Credo de los Apóstoles las creencias católicas?

Entender la Santísima Trinidad

¿Cómo obran juntos el Padre, el Hijo y el Espíritu?

Es aquí donde finalmente nos adentraremos en la esencia de las creencias católicas. Todo lo que necesitas saber sobre los principios más básicos de la fe católica se resume muy brevemente en uno de los dos credos, que son fundamentales para el catolicismo: el Credo de los Apóstoles, que es recitado en el bautismo, y el Credo de Nicea, que es recitado en la Misa.

Dos credos, un mensaje

Los credos se dividen inicialmente en dos partes principales; la primera está centrada en Dios y la segunda lo hace en las obras de Dios. La primera parte de cada credo —la parte sobre Dios—, se divide en tres partes principales, en referencia a la naturaleza y a la labor de las tres personas de la Santísima Trinidad: Padre, Hijo y Espíritu Santo.

Habla La Iglesia

Un credo es una declaración de fe por parte de una comunidad. Proviene de la palabra latina credo, que significa "yo creo". Un credo es conocido también como un símbolo de la fe.

Si analizas los credos, que son llamados "profesiones de fe", verás que cada renglón contiene una creencia importante, desde la creación del universo hasta el nacimiento virginal, pasando por la resurrección de Jesús, la Iglesia y sus santos.

El Catecismo analiza el Credo de los Apóstoles renglón por renglón, haciendo referencia constante al Credo de Nicea:

El Credo de los Apóstoles

Creo en Dios
Padre todopoderoso,
creador del cielo y de la tierra.
Creo en Jesucristo,
su único Hijo, nuestro Señor.
Fue concebido por obra y gracia
del Espíritu Santo
y nació de la Virgen María.
Padeció bajo el poder de Poncio Pilato.
Fue crucificado, muerto y sepultado.
Descendió a los infiernos.
Al tercer día resucitó de entre los muertos.
Subió a los cielos,
y está sentado a la diestra de Dios Padre.
Desde allí ha de venir a juzgar
a vivos y muertos.
Creo en el Espíritu Santo,
la santa Iglesia católica,
la comunión de los santos,
el perdón de los pecados,
la resurrección de los muertos,
y la vida eterna.
Amén.

El Credo de Nicea es sin duda un credo más detallado:

Credo de Nicea

Creo en un solo Dios,
Padre Todopoderoso,
Creador del cielo y de la tierra,
de todo lo visible y lo invisible.
Creo en un solo Señor, Jesucristo,
Hijo único de Dios,
nacido del Padre antes de todos los siglos:
Dios de Dios, Luz de Luz,
Dios verdadero de Dios verdadero,
engendrado, no creado,
de la misma naturaleza del Padre,
por quien todo fue hecho;
que por nosotros, los hombres, y por nuestra salvación
bajó del cielo,
y por obra del Espíritu Santo
se encarnó de María, la Virgen,
y se hizo hombre
y por nuestra causa fue crucificado
en tiempos de Poncio Pilato;
padeció y fue sepultado,
y resucitó al tercer día,
según las Escrituras,
y subió al cielo,
y está sentado a la derecha del Padre;
y de nuevo vendrá con gloria
para juzgar a, vivos y muertos,
y su reino no tendrá fin.
Creo en el Espíritu Santo,
Señor y dador de vida,
que procede del Padre y del Hijo,
que con el Padre y el Hijo recibe una misma
adoración y gloria,
y que habló por los profetas.
Creo en la Iglesia, que es una,

santa, católica y apostólica.
Confieso que hay un solo Bautismo
para el perdón de los pecados.
Espero la resurrección de los muertos
y la vida del mundo futuro.
Amén.

El Credo de los Apóstoles comienza así: "Creo en Dios…"

Es bastante sencillo, ¿verdad? Este es el fundamento; todo lo demás se deriva de esta norma. En realidad, el renglón completo dice, "Creo en Dios, Padre todopoderoso, Creador del cielo y de la tierra".

Básicamente, si no crees en Dios, el resto de este credo no tendrá ningún sentido.

En el Credo de Nicea se agrega la palabra "un". "Creo en un solo Dios…". ¿Por qué ese "un" es tan importante? Porque al profesar la unicidad de Dios, la religión afirma que creer en la Trinidad y en Jesucristo como Señor no divide de ninguna manera a Dios. (202)

¿Qué hay en un nombre?

La siguiente sección del Catecismo sobre el tema de Dios Padre se titula, "Dios revela su nombre". ¡Qué título! Pero, ¿qué significa eso? Pues bien, el Catecismo nos dice que Dios se reveló a los hijos de Israel, y al hacer esto, hizo posible que ellos tuvieran una relación más íntima con él. Ya no era "una fuerza anónima". (203)

Dios le dice a Moisés: "Yo soy el que soy" (Éxodo 3:14). ¿Cómo se supone que debemos interpretar esta declaración? El Catecismo lo explica así: "El Nombre Divino es misterioso, así como Dios es misterio. Es al mismo tiempo un nombre revelado y algo semejante al rechazo de un nombre…". (206)

Un nombre revelado y el rechazo de un nombre; esto tiene sentido de un modo filosófico extraño. Esto es Dios, el Alfa y el Omega, omnipresente pero invisible. Creo que se puede decir que el credo no nos dice mucho acerca de lo *que es* Dios, sino más bien *cómo* es Dios.

Por lo tanto, tenemos a este Dios que es el principio y fin de todo, y con quien tenemos una relación íntima. Y, sin embargo, muchos de nosotros lo vemos como vengativo, o al menos como un amo muy duro. Supongo que todas las inundaciones, destrucciones y plagas que salpican las páginas del Antiguo Testamento no le ayudaron mucho a su imagen. Pero cuando Dios le dice su nombre a Moisés, también le dice que Él es misericordioso, que perdona y es firme en el amor. (211)

Los católicos creen que Dios *es* amor y que Dios *es* verdad; que Dios simplemente es. (214) La primera parte de la profesión de fe es al mismo tiempo una declaración de la grandeza de Dios, y la proclamación de la voluntad de los creyentes para poner a Dios antes que todo lo demás, y tener fe sólo en Él.

Entender la Trinidad

Cada misa, o cada oración católica, comienza con la Señal de la Cruz y las palabras: "En el nombre del Padre y del Hijo y del Espíritu Santo". Esta es la Trinidad, que es la creencia central de la fe cristiana.

La doctrina de la Trinidad es una doctrina de Dios claramente cristiana, algo que separa a los cristianos de otras tradiciones religiosas. La Trinidad no es sólo una entre muchas otras enseñanzas; es la enseñanza cristiana de Dios. Todo lo que hace un cristiano se deriva de esta enseñanza, se basa en esta enseñanza, y conduce de nuevo a esta enseñanza.

La Trinidad es la creencia de tres seres en uno. Dios es un Dios, pero en su unidad, está conformado por tres personas: Padre, Hijo y Espíritu Santo. Esto es un misterio, y es la explicación que obtendrás con frecuencia si le pides a alguien que te explique cómo es posible esto.

Cuenta la leyenda que en la Irlanda del siglo V, San Patricio utilizó el trébol para explicarles la Trinidad a los paganos. Cogía un trébol, y preguntaba si tenía una hoja o tres. Entonces les decía que tenía tanto una hoja como tres, indicando que así también la Trinidad es un solo Dios en tres personas.

Volvamos al motivo que nos ha llevado a hablar de la Trinidad. Recuerda que el credo se divide en tres partes, y aunque abarca muchísimos aspectos de la fe católica, está basado en la Trinidad. La primera parte del credo se centra en Dios Padre, la segunda en Dios Hijo, y la tercera en Dios Espíritu Santo.

Aunque es muy difícil de comprender, la Trinidad es la creencia central y absoluta de la fe que profesan católicos. Desde el momento del bautismo y durante toda su vida, los católicos se entregan continuamente de nuevo a la Trinidad. Ésta impregna la liturgia, la oración en casa, e incluso el diamante de béisbol cada vez que un jugador se bendice cuando entra a la caja de bateo.

Padre e Hijo

No es muy raro escuchar a una persona de fe —de cualquier fe—, referirse a Dios como "Padre". Vemos a Dios como creador, y también lo vemos como el padre por excelencia, como el protector, y como el jefe de nuestra familia de fe. Sin embargo, y a pesar del nombre masculino, Dios no es hombre ni mujer. Él está más allá de tales distinciones. (239)

Aunque Dios se nos reveló poco a poco a lo largo del tiempo —recuerda los pactos que vimos en el capítulo anterior—, fue Jesús quien reveló la verdadera naturaleza de Dios, diciendo que debería ser llamado Padre no sólo porque él es el creador. Jesús revela que Dios es el Padre: "Padre eterno, en relación a su Hijo Único, el cual es eternamente Hijo sólo en relación a su Padre", explica el Catecismo. (240)

Esto encaja con la creencia de que Jesús es el Verbo, que también vimos en el capítulo anterior, debido a que Jesús viene a la tierra como la imagen o la "palabra" de un Dios invisible.

"El Padre y Yo somos uno", dice Jesús, motivo por el cual fue casi apedreado por una multitud enfurecida que lo ve como un blasfemo. (Juan 10:30) La Trinidad nunca ha sido una creencia fácil.

Espíritu eterno

¿Dónde encaja entonces el Espíritu Santo en todo esto? Pues bien, en el Evangelio de Juan, Jesús consoló a sus apóstoles durante la Última Cena, diciéndoles que no los dejaría "huérfanos". Una lectura cuidadosa de los textos sobre el Espíritu Santo en los capítulos 14 y 16 del Evangelio de Juan, indican que en algunas ocasiones, Jesús envía al Espíritu Santo, y otras veces el Padre envía al Espíritu en nombre de Jesús.

"Él les enseñará todo y les recordará todo lo que les he dicho", les dice Jesús a sus discípulos (Juan 14:26). Jesús personaliza el Espíritu, recordándoles a sus seguidores que el Espíritu no es sólo un poder o una presencia, sino también una persona.

Así pues, el Espíritu Santo es personal, y no sólo "la fuerza". Él hace por nosotros ahora lo que Jesús había hecho por sus discípulos cuando vivía entre ellos.

Más adelante, veremos en mayor detalle los aspectos específicos del Espíritu Santo. Por ahora, sólo nos concentraremos en el papel que tiene el Espíritu Santo en la Trinidad, teniendo en cuenta que el Espíritu no entró en existencia durante la Última Cena ni con el nacimiento de Jesús. El Espíritu Santo, como un ser de la Trinidad, ha existido desde antes de los siglos, al igual que el Hijo y el Padre.

Habla La Iglesia

Filioque es un término que significa "y del Hijo", en referencia al Espíritu Santo. En el Credo de Nicea, los católicos profesamos que el Espíritu Santo "procede del Padre y del Hijo", lo que significa que el Espíritu no sólo proviene del Padre, sino también del Hijo.

Espíritu de controversia

El Espíritu Santo es "uno e igual" con el Padre y el Hijo, a pesar del hecho de que "proceda" de ellos. Esta es una doctrina que no está exenta de controversia. Entre los siglos VIII y IX, el dogma de que el Espíritu Santo "procede del Padre y del Hijo" fue introducido en la versión latina del *Credo de Nicea*. La Iglesia Ortodoxa Oriental se opuso a esto, sosteniendo que el Espíritu procede del Padre por medio del Hijo, lo que viene a demostrar que, en materia de teología, una pequeña palabra puede hacer una gran diferencia. (245)

Sé que esto puede producirte dolor de cabeza después de un tiempo. Resumamos tan fácilmente como podamos un misterio que está más allá de la comprensión humana: la Iglesia Católica Romana dice —y el Catecismo cita el Segundo Concilio de Lyon en el año 1274 para explicarlo—, que aunque el Padre es el primer origen del Espíritu, su comunión con el Hijo hace de ellos un "principio único" del cual procede el Espíritu Santo. (248)

El trío del uno

Con el fin de estar lo suficientemente afianzados en nuestro entendimiento de la Trinidad, veremos unas pocas reglas más sobre lo que algunas veces se denomina el "Dios uno y trino".

El dogma de la Trinidad ya estaba presente, aunque no completamente desarrollado, desde el principio del cristianismo. San Pablo, por ejemplo, concluye su segunda carta a los Corintios con esta bendición: "La gracia del Señor Jesucristo y el amor de Dios y la comunión del Espíritu Santo sean con todos vosotros". (2 Co 13:13). Ese mismo renglón, palabra por palabra, es uno de los ritos iniciales que a veces se utiliza en la misa católica. De hecho, cualquier católico practicante que acabe de leer este renglón, probablemente respondió en silencio: "Y con tu espíritu", debido a la costumbre.

Habla La Iglesia

La palabra consustancial significa que el Padre, el Hijo y el Espíritu son de una y de la misma sustancia o ser, sin ser divisiones de la divinidad.

Eso no quiere decir que la fe trinitaria no se haya debatido en profundidad durante los primeros siglos del cristianismo. En esos primeros años, la Iglesia tuvo que articular las enseñanzas sobre la Trinidad, las cuales provinieron de las propias palabras de Jesús y de las primeras prédicas de los apóstoles.

"La Trinidad es una". Así es como lo expresa el Catecismo (253), y suena bastante simple en apariencia, pero realmente es bastante profundo. Esto significa que aunque hay tres personas en la Trinidad, no hay tres Dioses separados, sino un solo Dios en tres personas. Ellos no *comparten* la divinidad, y cada uno es totalmente divino y distinto, pero están relacionados entre sí.

Por lo tanto, según la doctrina católica, el Padre está todo en el Hijo y en el Espíritu, así como el Hijo y el Espíritu están todos en el Padre, y el uno en el otro. (255)

> **Un Momento De Enseñanza**
>
> Algunas veces escucharás la expresión economía divina, utilizada en referencia a la Trinidad. Esto no tiene nada que ver con las finanzas celestiales, y sí mucho con lo que se considera el "trabajo común" de las tres personas de la Trinidad. También conocida como economía de la salvación, esta expresión significa, en efecto, que las tres personas de la Trinidad trabajan juntas para ayudar a que la humanidad alcance la salvación eterna.

Aunque sean todas para una y una para todas, por así decirlo, las tres personas de la Trinidad también hacen trabajos individuales para promover el trabajo conjunto de la economía de la salvación. Lo hacen de acuerdo con su "propiedad personal", como lo explica el Catecismo. Según el Concilio de Constantinopla II, que se celebró en el año 553, y con base en el Nuevo Testamento, esto significa que hay "un solo Dios y Padre de quien proceden todas las cosas, y un solo Señor Jesucristo, por medio del cual todas las cosas son, y un Espíritu Santo, en quien todas las cosas son". (258)

Y aunque pueda parecer una proposición noble, todos los cristianos están llamados a ser una morada de la Trinidad, entrando en una especie de participación en la vida del Padre, del Hijo y del Espíritu. (260) El Catecismo cita a Juan 14:23: "Respondió Jesús y le dijo: "Si alguno me ama guardará mi palabra y mi Padre le amará, y vendremos a él y haremos morada en él".

Puntos esenciales

- Los dos credos fundamentales para el catolicismo son el Credo de los Apóstoles y el Credo de Nicea. Cada uno se divide en dos partes fundamentales, la primera sobre Dios, y la segunda sobre las obras de Dios. La primera parte de cada credo se divide en tres partes, en referencia a la Santísima Trinidad.

- Los católicos creen que Dios es amor y verdad en todas las cosas, y que Dios se reveló a Moisés diciéndole: "Yo soy el que soy".

- La Santísima Trinidad, la creencia fundamental cristiana en Dios, es la creencia de que Dios el Padre, Dios Hijo y Dios el Espíritu Santo son tres personas en un solo Dios.

- La creencia trinitaria se puede encontrar en las Escrituras, en las palabras de Jesús y de los apóstoles, aunque fue articulada adicionalmente por los padres de la Iglesia en los primeros siglos del cristianismo.

capítulo 5

Fuerzas opuestas

La interpretación católica de la evolución

Por qué existe el mal en la creación de Dios

Entender a los ángeles y su papel en nuestro mundo

Rastreando al hombre y a la mujer hasta el comienzo

La caída de la humanidad debido al pecado original

Ahora que hemos visto la creencia básica en Dios y en la Trinidad, podemos seguir adelante con el resto de la primera línea del credo. Sí, todavía estamos en la primera línea. Te sorprenderá todo el terreno que cubriremos con esta frase. Dios tiene muchos atributos —en el capítulo anterior vimos que es bondadoso, misericordioso y firme en el amor—, pero ninguno de los atributos son mencionados por su nombre en los credos. La única de las cualidades de Dios que se destaca por el énfasis es "todopoderoso", como en "Creo en Dios, Padre todopoderoso…".

Bueno, esa es una cualidad muy importante y lo abarca todo, ¿no crees? Ser omnipotente significa que Dios no sólo creó todo de la nada, sino también las reglas, y puede hacer todo y cualquier cosa. (268)

La omnipotencia de Dios muchas veces nos lleva a hacernos muchas preguntas sobre nuestro creador y sobre el mundo. ¿De qué nos sirve un Dios Todopoderoso a nosotros que estamos aquí abajo, si Él no puede hacer del mundo un lugar perfecto? Ah, bueno, la perfección puede ser el objetivo final, pero nuestro mundo es una obra en progreso, y en los lugares imperfectos existen realidades imperfectas como el mal, el pecado y el dolor. Dios quería que fuera un jardín perfecto —paradisíaco—, pero la humanidad se interpuso en el camino, y todavía continúa haciéndolo.

¿Cómo terminamos aquí?

Como dijimos al principio del capítulo anterior sobre el credo, el primer renglón del Credo de los Apóstoles incluye las palabras, "Creo en Dios, Padre todopoderoso, Creador del cielo y la tierra". En el Credo de Nicea, las palabras "de todo lo visible y lo invisible", son añadidas al final de este renglón. Entonces, ¿cuál es el significado de estos renglones en los credos y en la fe católica?

Los católicos creen que Dios lo creó todo. El universo no fue creado por una explosión al azar o un estallido. Ellos no están diciendo que no pudo haber ocurrido una explosión, sino una explosión al azar. Nada puede ser totalmente al azar, cuando las huellas de Dios están en todo el universo.

Antes de crear a la humanidad, Dios comenzó su plan para la salvación de la humanidad con la creación del cielo y de la tierra, un plan que encuentra su cumplimiento final en Jesucristo. Gracias a su amor y sabiduría, Dios creó el universo, incluyendo a la humanidad, a la cual hizo a su imagen y la invitó a participar en su ser y bondad. (295)

¿Qué significa esto para aquellos que se inclinan por la ciencia y la teoría de la evolución? ¿No está eso en conflicto con la creencia de que Dios lo creó todo a partir de la nada? No. Los católicos podemos creer que los humanos evolucionamos con el paso del tiempo hasta ser los seres que somos en la actualidad. Sin embargo, los católicos no pueden creer que la evolución humana se produjo sin la inspiración divina.

Cuando se trata de la creación, la casualidad no existe. Seguramente lo has visto impreso en camisetas de mal gusto, "Dios no se equivoca". Bueno, de eso se trata aquí. Dios creó todo aquello que condujo a todo, y Dios nos hizo únicos a los seres humanos al darnos un alma.

Podrías pensar que los católicos creen en la interpretación literal de la
historia del Génesis de Adán y Eva. La Iglesia no enseña la historia de
la creación como ciencia, y no tiene ningún problema con la teoría de
la evolución. El darwinismo, sin embargo, presenta un problema para la
Iglesia Católica porque afirma que la evolución de la humanidad se debe
a un proceso al azar y a la selección natural del más fuerte, dejando a un
lado al creador divino.

La mayoría de las veces que pensamos en la creación, pensamos en Dios
Padre como el creador. Sin embargo, como las tres personas de la Trinidad
no pueden ser divididas en su labor de creación y salvación (como hemos
discutido en detalle en el capítulo 4), significa que la creación es obra de la
Trinidad en su conjunto. Así que el Hijo y el Espíritu también son responsables —en compañía del Padre—, por toda la creación. Una vez más, cuando se trata de la fe católica, hay una consistencia y una interrelación que
siempre te llevará de nuevo a las creencias básicas.

Lo bueno, lo malo, y el mal

Si Dios es tan bueno, ¿por qué el mal es tan malo? Esta es una pregunta
capciosa. Seguramente la has oído; tal vez la hayas hecho. Es difícil ver todo
el dolor, la tragedia y la maldad absoluta que hay en el mundo y no preguntarse cómo Dios puede ser tan distraído que no ve todo esto: También
puedes pensar que Él está causando todo esto, o permitiendo que suceda.
La Iglesia enseña que no es que Él no lo haya visto o que no lo vea, ni que
Él haya causado nada que tenga que ver con la maldad.

Cuando a las personas buenas les suceden cosas malas, a veces podemos
pensar que Dios es bueno o poderoso, pero no ambas cosas. Si Él es bueno,
pero no poderoso, entonces es un tío viejo y senil. Si es poderoso pero no
bueno, entonces no es mejor que los dioses de las tragedias griegas. Así
pues, ¿dónde encuentran los cristianos la respuesta al "problema" del mal?
La encontramos en Jesucristo, que no vino a solucionar los problemas del
mundo, sino a vivir en medio de todos los problemas del mundo. Jesús no
sólo vino a sufrir *por nosotros*, sino a sufrir *con nosotros*.

El Catecismo explica así la presencia del mal en el mundo: Dios creó a la
humanidad, y a través de algo que se llama "divina providencia", trata de
conducir a los seres humanos cada vez más cerca de la meta final de la perfección y la eternidad con Él. Pero, y este es un "pero" significativo, Dios

permite que su creación coopere con Él en este esfuerzo. ¿Por qué? Porque Dios le ha dado el libre albedrío a la humanidad, y aunque Él espera que elijamos bien y evitemos el mal, no nos obligará a hacerlo. (307)

Así que Dios no *quiere* el mal, sino que lo permite por respeto a la libertad que le ha dado a toda su creación, y de alguna manera, de formas que normalmente no entendemos hasta mucho más tarde, cuando Él encuentra la manera de sacar algo bueno de lo malo. (311)

El Catecismo dice que Dios creó un mundo que está "en camino" hacia la perfección, lo que significa que el mundo no es perfecto todavía. El bien físico y el mal físico deben coexistir en un mundo imperfecto. "En el plan de Dios, este proceso de devenir supone la aparición de ciertos seres, la desaparición de otros, la existencia de lo más perfecto al lado de lo menos perfecto, y de las fuerzas constructivas de la naturaleza como de las destructivas". (310)

¿Quiénes son los ángeles?

Cuando los católicos afirman que creen en un Dios que es el creador de "todo lo visible y lo invisible", ¿qué están afirmando exactamente? La parte "visible" es fácil de entender: basta con mirar a tu alrededor. Pero, ¿qué pasa con la parte "invisible?". Te daré una pista: piensa en las alas.

Los ángeles son las creaciones "invisibles". Los mortales parecemos sentirnos muy intrigados por la idea de los ángeles, como lo demuestran las pequeñas estatuas aladas y angelicales que son tan comunes en los jardines y en cualquier tienda que venda cristales e incienso. Los ángeles son interesantes, tal vez porque son muy misteriosos.

¿Qué es exactamente un ángel? Muchas veces oyes que un pariente que ha fallecido es ahora un ángel. Falso. Los católicos creen que las personas que mueren no se convierten en ángeles, sino que los ángeles son seres espirituales que nunca han tenido cuerpos como los nuestros, y nunca los tendrán.

El Catecismo se remite a San Agustín para dar una explicación de los ángeles. Resulta que "ángel" es simplemente una "descripción laboral". La palabra griega *angelos* significa "mensajero". Los ángeles, como los observamos en las Escrituras, son enviados de Dios con un mensaje para nosotros.

Piensa en el ángel Gabriel anunciándole las Buenas Nuevas a María; piensa en los coros de ángeles anunciándoles a los pastores la Buena Nueva del nacimiento de Jesús. Muchas veces usamos la palabra "espíritu" para describir estos atributos etéreos que observamos o sentimos sobre esos seres que conocemos como los ángeles.

Los ángeles son criaturas libres e inteligentes, que son perfectos de un modo en que sus contrapartes terrenales no lo son. "Con todo su ser, los ángeles son servidores y mensajeros de Dios", explica el Catecismo. (329)

Según la doctrina católica, Cristo es el centro del mundo angélico, que ha existido desde el comienzo del resto de la creación y es fundamental para la realización del plan divino de Dios. Los ángeles están siempre presentes en los eventos clave del camino hacia la salvación, desde el Jardín del Edén al anuncio de que María daría a luz al Hijo de Dios, pasando por la muerte y resurrección de Jesús. (332)

Con frecuencia, los católicos hablan de sus "ángeles de la guarda". La Iglesia enseña, y el Catecismo cita a San Basilio el Grande, diciendo que cada creyente tiene un ángel que sirve como protector y guía de una persona a lo largo de su vida, desde el principio hasta el final. (336)

Satanás es un ángel "caído". Cuando estuvo al lado de Dios, quien lo creó, Satanás lo rechazó y se convirtió en el mal por sus actos. Satanás es un espíritu puro, como todos los otros ángeles. (391)

¿Por qué yo?

Muchos de nosotros nos preguntamos con mucha frecuencia por qué estamos aquí. Queremos saber nuestro propósito, el objetivo de nuestra existencia. Esto no es fácil de entender, ya que buena parte de ella está más allá de nuestra comprensión humana.

Las cosas suceden en nuestro camino por la vida —y a veces suceden cosas terribles—, y, sin embargo, años más tarde, vemos con frecuencia un destello del bien brotando del mal. La vida es divertida en este sentido; pareciera tener una mente propia.

¡Claro! Tiene una mente propia, y es el resultado de la voluntad de Dios. Dios creó el orden a partir de la nada y nos dio todo lo que vemos. Entonces, Él nos amó y nos dio la existencia. Cada una de las creaciones de Dios tiene en su interior una "bondad y una perfección particular" que refleja la bondad de Dios. (339)

Aunque los seres humanos somos la "cumbre" de la creación visible de Dios, se espera que vivamos en armonía con el resto de la creación. Nuestro rango en la jerarquía de la creación no nos da derecho a hacer nada que pueda destruir el orden y el equilibrio que Dios le dio al universo. Estamos llamados a vivir en "solidaridad" con toda la creación. (344)

Así que la humanidad fue creada por Dios según su imagen. Pero de todas las criaturas de la Tierra, sólo los humanos tenemos la capacidad de conocer y amar a nuestro Creador, lo que nos diferencia del resto de la creación. Nosotros no somos objetos, sino personas, capaces de entregarnos libremente a Dios si así lo decidimos. (357)

Los seres humanos tenemos la ventaja de ser tanto físicos como espirituales, lo que significa que podemos disfrutar de un cuerpo y de un alma. El Catecismo explica que es gracias a nuestra alma que el cuerpo humano tiene vida. En otras palabras, el cuerpo no podría tener vida sin el alma. (365)

Nuestra alma es la parte de nosotros que vive después de la muerte, y que más tarde se reunirá con el cuerpo en la resurrección final, al final de todos los tiempos, lo cual discutiremos con más detalle en el capítulo 10.

Estás Absuelto si … Puedes ver cómo heredaste muchas de tus sorprendentes cualidades de tus padres biológicos. Aunque puedas tener los ojos cafés o el pelo rubio de tu madre o padre terrenal, tu alma proviene directamente de Dios. La genética no se necesita aquí.

El pecado original

Así que Dios nos dio todas estas cosas tan agradables: bondad, libertad, cuerpos, almas, y, desde un comienzo, una linda casita en un barrio llamado paraíso. Él hizo al hombre y a la mujer con igual dignidad para que se complementaran entre sí. Les ofreció su amistad y la promesa de la vida eterna. ¿Quién podría pedir más?

Al parecer, la humanidad siempre puede pedir más. De repente, el paraíso comenzó a parecernos un poco estrecho. Los suburbios se veían cada vez más y más atractivos, y antes de saberlo, Satanás, con forma de serpiente, le dio a Eva una "consignación de mercancía", y así surgió el "pecado original". Pero antes de entrar en los detalles del pecado original, expliquemos por qué los seres humanos, si estamos hechos a imagen de Dios, somos capaces de pecar.

¿Cómo es posible el pecado?

El pecado está aquí. No hay manera de evitarlo. Y ha estado aquí casi desde el principio del tiempo. Para algunos, lo que la Iglesia llama pecado puede parecer una simple debilidad humana o taras. Pero el pecado tiene que ser visto en relación con Dios. La Iglesia enseña que cuando vemos el plan de Dios y nuestro lugar en ese plan, podemos entender que el pecado es un rechazo del plan de Dios y un abuso de la libertad que nos dio. (387)

Volvamos a la "caída" de Adán y Eva. Se les dio la vida y tuvieron la oportunidad de hacer lo correcto para honrar a Dios. Pero querían una cosa que Dios dijo que no podían tener: ser como Dios, pero en *sus propios* términos. Así que el primer hombre desobedeció a Dios, y el resto, como se dice, es historia. El paraíso, tal como Dios lo había creado originalmente, dejó de existir. La vida eterna se convirtió en una promesa lejana y, Dios sabe por cuánto tiempo, la humanidad erró por los anales de la historia en busca de un fragmento de paraíso perdido, mientras se preguntaba cuándo intervendría Dios para salvarlos.

El pecado original, nos dice el Catecismo, es el "lado opuesto" de la Buena Nueva que Jesús vino a predicar. Adán es el pecador original, y Jesús, el nuevo Adán, es el único Redentor enviado para solucionar lo que comenzó con la caída en el Edén. (389)

Ya sea que creas o no en un Adán y en una Eva literales, es obvio que en nuestro mundo existe una especie de mal que arrastra a los individuos buenos y los empuja hacia un egocentrismo perjudicial para los demás, y finalmente para ellos mismos. Por desgracia, y tal como enseña la Iglesia, no es necesario un verdadero Edén para que el mal exista en nuestro mundo.

Los católicos no creen en la interpretación literal de la historia del Génesis de Adán y Eva con árboles mágicos y serpientes que hablan. El Catecismo explica la creencia en el pecado original así como el Génesis nos ofrece una explicación figurativa de un "acontecimiento primigenio" que se produjo al comienzo de la existencia humana. Nuestros padres —sin importar cómo se llamaran—, pecaron. Y su pecado fue más grande que ellos. Sus raíces estaban en el tipo de mal que existe en oposición a Dios. Así que como católico, no tienes que creer en Adán y Eva como personajes históricos específicos, pero sí tienes que creer en el pecado original de la humanidad, un pecado que deja una impronta en todos los seres humanos desde el primer momento.

El legado de Satanás

Satanás, que representa todo lo que está en oposición a Dios, es llamado el "padre de la mentira". Sedujo a los primeros padres de la humanidad, y a incontables generaciones, para que pecaran. Jesús, por su parte, vino para derrotar a Satanás. (394) Jesús conquistó la muerte y el mal, demostrando que aunque Satanás es poderoso, también tiene sus límites. Satanás no puede detener a Dios, no importa cuánto mal, daño o destrucción sin sentido haga en la tierra. Dios permite que Satanás exista, pero sigue ayudando a la humanidad a alejar la elección del mal y de vivir según la sabiduría y la bondad de su creador. (395)

Habla La Iglesia

La concupiscencia significa que la humanidad se inclina al pecado, aunque hayamos sido bautizados, debido al pecado original que heredamos de la decisión de nuestros primeros padres de rechazar a Dios y elegir el mal. (1264)

Entonces, ¿por qué los católicos creen que todas las personas llevan la carga del pecado original de los primeros seres humanos? No estábamos allí, así que no deberíamos compartir la culpa, ¿verdad? El pecado original obra así: Adán y Eva eligieron el mal sobre el bien. "Ellos querían ser como dioses", y escucharon las promesas vacías del diablo en lugar de las promesas de Dios. Satanás los convenció de que la desobediencia se traduciría en omnipotencia. Si comían del árbol del conocimiento, tendrían poderes que rivalizarían con el poder de Dios. Esa fue un gran tentación que no pudieron resistir.

Cuando el primera pecado tuvo lugar y la humanidad entró en conflicto con su creador y con el resto de la creación, las compuertas del pecado se abrieron. Caín mata a su hermano Abel, y eso es sólo la punta del iceberg. A lo largo del Antiguo Testamento, vemos a la humanidad alejarse de Dios con la esperanza de encontrar el poder o la gloria, o algo mejor de lo que ya tienen o son.

Así, la Iglesia enseña que somos culpables por nuestra tendencia heredada a pecar; por nuestra solidaridad, por así decirlo, con nuestros primeros padres. La Iglesia considera que la prueba de dicha culpabilidad es la forma en que los humanos seguimos siendo víctimas de la misma tentación original de tratar de llegar de ser como Dios por nuestros propios medios.

En pocas palabras, la conclusión es que nuestros padres terrenales "metieron la pata". Y después de tantos años, todavía estamos pagando los errores de nuestros padres, y repitiéndolos. (¡Dile *eso* a tu terapeuta de la próxima semana!)

La Iglesia enseña que el sufrimiento en nuestro mundo y la "inclinación hacia el mal y la muerte" de la humanidad, debe entenderse en relación con el pecado de Adán. Debido a que estamos unidos a Adán por medio de la raza humana, compartimos su pecado. Jesucristo, que es llamado el "nuevo Adán" en la tradición de la Iglesia, nos ofrece la otra cara de esto, que nos permite participar en su justicia. Tenemos que aceptar lo malo y lo bueno.

Los católicos creemos que la forma en que borramos el pecado de nuestros primeros padres es por medio de las aguas curativas del bautismo, que veremos en detalle en el capítulo 12.

Básicamente, el pecado original se reduce a esto: "Debido al pecado de nuestros primeros padres, todo lo que se opone a Dios tiene un control mínimo sobre la humanidad, y el mundo queda en "una condición pecaminosa". (408)

Y aunque esto suena desesperanzador, los católicos creemos que no todo está perdido, porque a fin de cuentas, Dios no abandonó a la humanidad. Él no abandona a nadie que caiga y busque su misericordia. Dios envió a su Hijo como hombre, semejante a nosotros en todo excepto en el pecado, y al hacerlo, salvó a la humanidad de sí misma.

Puntos esenciales

- Los católicos pueden creer en el Big Bang o en la evolución, pero no que la creación se produjo a causa de un acto completamente al azar, independiente de la voluntad creadora de Dios.

- Dios no causa el mal en el mundo. Él les permite a todas sus creaciones que trabajen en cooperación con Él, dándoles el libre albedrío para elegir el bien o el mal.

- Los ángeles son seres espirituales; son servidores y mensajeros de Dios, y protegen y guían a los seres humanos en la tierra.

- Dios creó al hombre y a la mujer según su imagen, dándoles cuerpo y alma, bondad y libertad.

- El pecado original se remonta a los comienzos de la existencia humana, cuando el poder del mal alejó a los primeros humanos de Dios. Todas las personas llevan esta carga de pecado de Adán y Eva.

- Jesús vino a derrotar la muerte y el mal, y a redimir a la humanidad del pecado y de las garras del pecado.

capítulo 6

El Hijo de Dios ha nacido

¿Quién es Jesús, el Hijo de Dios, Cristo, el Mesías

El significado de la Encarnación

El papel de la Virgen María en la historia de la salvación

La Inmaculada Concepción, la virginidad de María, y la predestinación de María como Madre de Dios

La siguiente parte del credo se concentra en Jesús, el Hijo de Dios. No es sorprendente que esta sea una parte muy sustancial del Credo de los Apóstoles y del Credo de Nicea. Esta parte del credo no consiste sólo en profesar una creencia básica en Jesús, sino en profesar una creencia profunda en los diversos aspectos del nacimiento, vida, muerte y resurrección de Jesús que lo convierten en la piedra angular del cristianismo.

Al profundizar más en esta sección del credo, veremos más de cerca no sólo a Jesús el hombre y a Jesús el Mesías, sino también a su madre María, y en particular, a los acontecimientos de la vida de Jesús que condujeron a su victoria sobre la muerte y el pecado. El Credo de Nicea explica una vez más lo que el Credo de los Apóstoles nos dice en términos muy simples; en este caso, una oración llena de poesía y de imaginería.

Muchas personas conocen esta parte del credo, y a pesar de su tema tan complejo, será la más fácil de entender.

Y de eso se trata precisamente. Al convertirse en un hombre, Dios hizo posible que pudiéramos conocerlo mejor y comprender su existencia de una forma que tuviera sentido para nosotros.

Dios se hace hombre

La segunda parte del Credo de los Apóstoles dice: "Creo en Jesucristo, su Hijo único, nuestro Señor". De otra parte, el Credo de Nicea dice lo mismo de esta manera: "Creo en un solo Señor, Jesucristo, el único Hijo de Dios nacido del padre antes de todos los siglos, Dios de Dios, Luz de Luz, Dios verdadero de Dios verdadero, engendrado, no creado, de la misma naturaleza del Padre, por quien todo fue hecho, que por nosotros, los hombres, y por nuestra salvación bajó del cielo…".

Como puedes ver, hay una gran diferencia. En la versión de Nicea, tenemos que lidiar no solo con la idea de que Dios tiene un Hijo, sino también con las ideas más esotéricas de "Luz de Luz" y de, nacido antes de todos los siglos".

Habla La Iglesia

Engendrado significa generar a través de la procreación. Sin embargo, Jesús es llamado en varias ocasiones en el Nuevo Testamento como el "unigénito", un término que proviene del griego *monogenes,* que significa "único" (mono) y "nacimiento" (genes). Esto separa a Jesús de cualquier otro creyente que sea considerado como un hijo de Dios. En el Credo, se dice que Jesús fue "engendrado, no creado", es decir, que él no es una obra de la creación de Dios ni es sólo un pensamiento que surgió en la mente de Dios. La relación de Jesús con el Padre es única porque él no es un hijo adoptivo de Dios, así como el resto de nosotros, sino que es el Hijo unigénito de Dios. Al adoptar una forma humana en la persona de Jesucristo, Dios se hizo hombre como nosotros en todos los aspectos, salvo en el pecado.

Comencemos con lo básico: ¿Quién es Jesús de Nazaret? Hay ciertos aspectos de la vida de Jesús que podemos entender desde una perspectiva estrictamente humana. Nació en la época del rey Herodes en un pueblo llamado Belén, de una joven llamada María y un carpintero llamado José. Cuando era adulto, Jesús sanó a los enfermos y les predicó con parábolas a las multitudes que acudían a él. Inicialmente se preguntaron quién podría ser este hombre de Nazaret, luego lo alabaron, y finalmente lo crucificaron.

Inspiró a muchas personas con su invitación a que lo dejaran todo y lo siguieran. Asustó a algunas personas con su mensaje radical de amor, perdón y misericordia. Escandalizó a otras al sentarse a la mesa con los pecadores, o al evitar que una mujer adúltera fuera lapidada.

Estos son los aspectos aparentemente más humanos de Jesús. Sin embargo, para conocerlo realmente, debemos reconocer que no es simplemente un santo más. El Evangelio de Juan y los siete primeros concilios de la Iglesia Católica nos dicen que él es Dios hecho hombre, una distinción que es a la vez sorprendente y reconfortante.

El Catecismo dice que las Buenas Nuevas de las que hablamos o escuchamos con frecuencia se pueden resumir en una frase: Dios nos ha enviado a su Hijo. Este mensaje está en el centro del Catecismo. Jesús es el "centro de la catequesis", nos explica el Catecismo, el cual nos recuerda también que la fe cristiana consiste en acercar a las personas a Jesús, en difundir su palabra, y en tratar de ayudar a que las personas entiendan que Jesús es Dios, el único que puede llevarnos a la comunión con la Trinidad y que vivirá para siempre con nosotros. (426)

Habla la Iglesia	Evangelizar viene de la palabra griega *euaggelein,* que significa "anunciar buenas noticias". Cuando tú evangelizas, llevas a otros a Cristo al difundir el Evangelio con tus palabras y tus actos.

Él es el Cristo y el Mesías

Cuando el ángel Gabriel se le aparece a María en el Evangelio de Lucas y le dice que ella dará a luz al Hijo de Dios, también le dice que este niño se llamará Jesús, Yēšûa', o Yēšû, la forma abreviada en hebreo, que significa "Dios salva". Así que Lucas no sólo nos da el nombre del Hijo de Dios, sino también "su identidad y su misión". Él ha venido a salvar a la humanidad de sus pecados, el gesto más grande de Dios en favor de las personas que creó a su imagen. (430)

Jesús también es conocido como Cristo y el Mesías. La palabra *Cristo* viene del griego, y *Mesías* viene de una palabra hebrea que significa "ungido", y que se refiere a Jesús como el rey ungido de la Casa de David, tan esperado por Israel, quien fue enviado para traer el reino de Dios al mundo de manera definitiva. Él es consagrado por Dios y ungido por el Espíritu no sólo como rey, sino también como profeta y sacerdote. (436)

En la época de Jesús, "mesías" no era un término estrictamente religioso, y realmente tenía connotaciones políticas. Jesús aceptó el título de Mesías, pero no utilizó el término para describirse a sí mismo. Tuvo que recordarles constantemente a sus seguidores que no iba a ser un rey terrenal de ningún reino en especial. (439) Las personas de su época tuvieron dificultades para entender esto, pues esperaban una revolución política, no una revolución espiritual.

Cuando los discípulos de Jesús discuten sobre quién tendrá el mayor poder en el reino de Jesús, Jesús tiene que explicarles que aquellos que quieran ser más grandes serán los sirvientes". Porque, del mismo modo, el Hijo del Hombre no vino para ser servido sino para servir y para dar su vida como precio por la libertad de muchos". (Mateo 20:28)

Hijo de Dios

Jesucristo, el Mesías largamente esperado, es ante todo el Hijo de Dios. En los primeros "símbolos" o credos, Jesús es conocido como el "Hijo unigénito del Padre" y el "Hijo engendrado desde antes de la eternidad", lo que nos recuerda una vez más su presencia desde antes de los siglos, y su papel como segunda persona de la Santísima Trinidad.

El Catecismo nos explica que en el Antiguo Testamento, el título de "hijo de Dios" (con "h" minúscula) les fue dado a "los ángeles, al pueblo elegido, a los hijos de Israel, y a sus reyes". Este no era un título que habría sorprendido a quienes lo hubieran escuchado en referencia a Jesús, porque se refería a la relación de un hijo adoptado con Dios. Así que decir que Jesús era el "hijo de Dios" no implicaba necesariamente que él fuera más que humano. (441)

Sin embargo, en el caso de Jesús, hemos llegado a comprender que utilizamos la palabra Hijo con "H" mayúscula, lo que significa que este título asume un significado muy diferente y único, mucho más de lo que todos esperaban. Incluso entre los seguidores de Jesús, muchos no lo reconocían por lo que realmente era: el Hijo de Dios.

Cuando Jesús les pregunta a sus discípulos cómo lo llaman las personas, Simón Pedro responde: "Tú eres el Mesías, el Hijo del Dios viviente". (Mateo 16:16) Y Jesús le responde que sólo su Padre podría haberle revelado esto a él, una verdad que habría de ser la piedra angular de la fe. (442)

Dios habla directamente de su "Hijo amado" dos veces en la Escritura. Cuando Jesús fue bautizado por Juan en el río Jordán, se abrieron los cielos y el Espíritu de Dios descendió sobre él como una paloma. Una voz del cielo dijo: "Este es mi Hijo amado, a quien he elegido". (Mateo 3:16) Más tarde, Jesús llevó a los apóstoles Pedro, Santiago y Juan a un monte y se transfiguró delante de ellos con Moisés y Elías a cada lado, y una voz del cielo dijo una vez más, "Este es mi Hijo amado, a quien he elegido; escúchenlo". (Mateo 17:5) En estos casos, Jesús no es sólo el Hijo con "H" mayúscula, sino también el niño hijo y siervo de Dios, tal como está escrito por el profeta Isaías en el Antiguo Testamento.

Señor de Señores

En el último capítulo, hemos hablado acerca de cómo Dios se reveló a Moisés en el Antiguo Testamento, haciéndose llamar "Yo soy el que soy", o la palabra hebrea YHWH. Los judíos piadosos, que no estaban dispuestos siquiera a pronunciar el nombre de Dios, utilizaron otro término: *Adonai*, que se traduce al griego como *Kyrios* y en español como *Señor*. En el Nuevo Testamento, el término "Señor" es utilizado no sólo como un nombre para Dios Padre, sino también para Jesús el Hijo. Jesús se refiere a sí mismo de esta manera a sus apóstoles, y luego demuestra su "soberanía divina" mediante su poder sobre la naturaleza, la enfermedad, los demonios y la muerte. (447)

El Catecismo explica que los primeros credos cristianos profesaron que el "poder, honor y gloria debidos a Dios Padre se deben también a Jesús". (449) Al llamar a Jesús Señor, los creyentes, con la ayuda del Espíritu Santo, reconocen la divinidad de Jesús y su lugar de prominencia en el mundo, en la historia, y en sus vidas individuales.

La Encarnación

Jesús es llamado con frecuencia la "encarnación" o "Dios encarnado". Esta es realmente sólo una forma impresionante para decir que Jesús es Dios con la forma de un ser humano. "Encarnación" viene del latín, y significa "en la carne".

¿Por qué Dios decidió convertirse en carne? ¿No podría haber hecho lo que tenía que hacer desde arriba? El Catecismo explica que Dios adquirió una forma humana por varias razones importantes:

- Para salvarnos al "reconciliarnos con Dios" (457)

- Para ayudarnos a "conocer el amor de Dios" (458)

- Para ser "nuestro modelo de santidad" (459)

- Para hacernos "partícipes de la naturaleza divina" (460)

Un Momento De Enseñanza

Volviendo a la idea de Jesús como la Palabra, demos ahora un paso más allá: Jesús es conocido como "La Palabra hecha carne". Es así como se expresa en el prólogo poético del Evangelio de Juan (Juan 1:14) y es lo mismo que la Encarnación: la verdadera Palabra de Dios era Jesús, quien era Dios en la carne de un hombre plenamente humano.

El Catecismo dice que la creencia en "la verdadera Encarnación del Hijo de Dios es la señal distintiva de la fe cristiana". (463) Para ser cristiano, debes creer primero en este hecho singular: que Dios, siendo completamente Dios, se convirtió en un hombre, y que fue completamente hombre. Jesús no era mitad Dios y mitad hombre, y Dios no se diluye luego de asumir una forma humana. Aún más, Jesús no es una tercera instancia, distinta de Dios y del hombre, como el color verde que se obtiene al mezclar azul con amarillo.

Como ya comentamos en el capítulo 3, Dios Padre y el Hijo de Dios son completamente Dios cada uno de ellos, y sin embargo, Jesús también es completamente humano. Tal como nos lo recuerda el Credo de Nicea con su lenguaje poético: "Dios de Dios, Luz de Luz, Dios verdadero de Dios verdadero".

Es interesante, pero el Catecismo señala que las primeras herejías de la Iglesia no negaban necesariamente que Cristo fuera divino, sino que se oponían a la idea de que él fuera verdaderamente humano. Creo que a los seres humanos nos cuesta creer que nuestro Dios quiere asumir nuestra forma. (465-469)

Él es cuerpo y alma

Así que si Jesús es completamente Dios, ¿realmente es posible que sea humano al igual que el resto de nosotros? La Iglesia enseña que el Hijo de Dios tenía un "alma racional y humana" junto con su cuerpo humano. Jesús también tuvo que aprender muchas cosas a través de la experiencia, al igual que nosotros. (471)

El Catecismo se refiere al Tercer Concilio de Constantinopla en el año 681, que afirmó que Jesús "posee dos voluntades y dos operaciones naturales, divinas y humanas", que no se contradicen ni se oponen entre sí, sino que cooperan como el Padre quería que fuera. (475) Así que Jesús realmente es humano al igual que el resto de nosotros.

Debido a que Jesús tuvo un cuerpo humano y real, al igual que tú y yo, su imagen puede ser recreada y venerada. Él es el Dios invisible que se hace visible para nosotros. Dicho en términos modernos, si Jesús estuviera vivo hoy, podríamos tomarle una fotografía, a diferencia de Dios Padre y Dios Espíritu, cuya imagen no puede ser captada.

Fiat se refiere a la declaración de María para concebir al Hijo de Dios: "Yo soy la esclava del Señor. Hágase en mí según tu palabra". (Lucas 1:38)

Dios te salve María, llena eres de gracia

La Virgen María entra en escena en el siguiente renglón del credo. El Credo de los Apóstoles, al referirse al nacimiento de Jesús, dice, "que fue concebido por el poder del Espíritu Santo, nacido de la Virgen María...". El Credo de Nicea dice: "Por el poder del Espíritu Santo se encarnó de la Virgen María y se hizo hombre".

Cuando se dice que Jesús fue "concebido por obra del Espíritu Santo", estamos diciendo que el Espíritu de Dios le permitió a María concebir a Jesús en su vientre sin tener sexo. Así que Jesús, que es el Hijo de Dios y es Dios, nacerá de una mujer terrenal, que fue "invitada" a dar a luz al niño Jesús. Como siempre, Dios permite que su creación ejerza el libre albedrío. María decidió libremente hacer lo que Dios quería, lo cual se conoce como el *fiat* de María.

"El Espíritu Santo vendrá sobre ti", le dice el ángel de Dios. (Lucas 1:34) El Catecismo explica que el Espíritu Santo "es enviado para santificar el vientre de María" y "fecundarlo divinamente", lo que significa que Dios concibe al niño dentro de ella. (485)

La Fiesta de la Anunciación se celebra el 25 de marzo y conmemora el recuento de Lucas sobre el anuncio del ángel Gabriel de que María concebirá y dará a luz al Hijo de Dios. Ten en cuenta que esto sucede nueve meses antes de la celebración del nacimiento de Cristo, el 25 de diciembre.

Ahora, Dios no escogió a una mujer *cualquiera* para que diera a luz a su Hijo. La Iglesia enseña que María estaba predestinada a ser la madre de Dios. Desde todos los tiempos, Dios había elegido "a dedo" a esta "hija de Israel" para que fuera la madre del Mesías. (488)

El Catecismo explica que a lo largo del Antiguo Testamento, conocemos a las mujeres santas que le prepararon el camino a María: Eva, Sara, Ruth y Ester, entre otras. Citando al *Lumen Gentium*, que es la Constitución dogmática sobre la Iglesia contenida en el Concilio Vaticano II, el Catecismo afirma que María "sobresale entre los humildes y pobres del Señor", y que en ella el "se ha establecido nuevo plan de salvación". (489)

Podrías creer que la Inmaculada Concepción se refiere a la concepción de Jesús en el vientre de María, pero en realidad no es así. La Inmaculada Concepción se refiere a la concepción de María sin la mancha del pecado original, en preparación para su papel como madre de Jesús y, por tanto, como Madre de Dios.

La Inmaculada Concepción

Entonces, ¿cómo preparó Dios a María como Madre del Hijo de Dios? Bueno, cuando el ángel Gabriel se le aparece, le dice que ella está "llena de gracia". Con los años, la Iglesia ha llegado a entender que desde el momento de su concepción, María está llena del Espíritu de Dios y libre del pecado original que tenemos el resto de nosotros. (490-491)

¿Qué dijo María cuando le hicieron esta petición tan insólita? Bueno, después de la conmoción inicial tras decirle que tendría un hijo sin la ayuda de un hombre, ella acepta esta labor sin dudarlo. ¡Es muy impresionante! Imagina lo increíblemente aterrador que debe haber sido esto para ella. Recuerda que María era muy joven, realmente una adolescente, y ella debía saber que sus vecinos –y José, su prometido-, iban a dudar de ella cuando les contara que estaba embarazada del Espíritu Santo.

María podría haber dicho que no, pero ella estaba "llena de gracia" y, por lo tanto, era capaz y estaba dispuesta a hacer algo que habría sido demasiado abrumador para aquellos de nosotros que cargamos con el peso del pecado original. Su frase, que ahora es famosa, el *fiat* del que hemos hablado antes, es la siguiente: "Yo soy la esclava del Señor. Hágase en mí según tu palabra". (Lucas 1:38) Y con eso, María se convirtió en la" nueva Eva", dándole a la humanidad la oportunidad de ser redimida. Ella dice "Sí", donde Eva dijo: "No". Ella obedece a los deseos de Dios, donde Eva desobedeció. (494)

Un nacimiento virginal

Como si la Inmaculada Concepción de María no fuera suficientemente difícil de entender, ahora tenemos que tratar de entender el nacimiento virginal. Tal como nos lo recuerda el credo, Jesús "nació de la Virgen María".

María era joven y soltera, y no "conocía a ningún hombre" en el sentido bíblico. El Espíritu de Dios concibió un hijo en su vientre, que sería a la vez Dios y hombre verdadero. ¿No tiene sentido que Jesús naciera de una mujer y que fuera al mismo tiempo hijo de Dios? Jesús no puede ser simplemente un hijo común y corriente, nacido de dos seres humanos normales. Él era Dios hecho carne. Si Jesús es divino, y eso es más o menos el meollo del asunto si eres cristiano, sería razonable que su concepción y nacimiento ocurrieran de una manera extraordinaria.

El relato de Mateo sobre la infancia de Jesús nos dice que cuando José se enteró de las noticias de María, no se puso precisamente muy contento. Pensó en divorciarse de ella. Pero un ángel se le apareció en sueños y le dijo que el Espíritu Santo había concebido el hijo que ella iba a dar a luz. Al parecer, se trataba de un ángel convincente porque José recapacitó, se casó con María, y pasó a convertirse en el padre adoptivo de Jesús, como se le conoce en la Iglesia.

La virginidad de María no es una cosa fácil de aceptar para muchas personas. El Catecismo se remonta a los escritos de San Ignacio de Antioquía, obispo y mártir del siglo primero. Él observó el hecho de que algunos cristianos primitivos estaban "preocupados por el silencio del Evangelio de San Marcos y las epístolas del Nuevo Testamento sobre la concepción virginal de Jesús". Escribió que la fe en el nacimiento virginal fue recibida con burlas y oposición de todo tipo de gentes —judíos, no judíos y paganos—, lo que iba en contra de las afirmaciones de que la creencia en el nacimiento virginal fue motivado por una inclinación al paganismo. El nacimiento virginal es "accesible sólo a la fe", es decir, que al igual que muchos otros aspectos de la fe, es un misterio que no se puede entender en términos humanos y debe ser aceptado como parte del misterio más grande del plan divino de Dios. (498)

Madre de todos nosotros

Muy bien, así que Jesús fue concebido y nació de la Virgen María, pero esto no termina ahí. La Iglesia enseña que María permaneció "siempre virgen". Una vez más, y citando al *Lumen Gentium*, el Catecismo explica que el nacimiento del niño Jesús no "disminuyó la integridad virginal de su madre, sino que la santificó". (499)

¿Por qué todo el alboroto acerca de la virginidad? Bueno, en primer lugar, si Jesús hubiera nacido de dos padres humanos, como todas las personas, ¿dónde estaría la divinidad? La Iglesia enseña que al ser concebido por el Espíritu y nacer de la Virgen, el Hijo de Dios nunca fue separado de su Padre celestial. Jesús, el "nuevo Adán", inaugura una "nueva creación". (504)

María, la nueva Eva, gracias a su virginidad perpetua, sigue siendo un "regalo no dividido" para Dios, y la madre espiritual de todos nosotros. (506)

Ella es el símbolo de la Iglesia. Por lo tanto, podemos llamar a María nuestra madre celestial de la misma forma en que podríamos llamar a nuestra madre terrenal en busca de ayuda. Es probable que María no cuide niños ni doble ropa, pero por medio de la oración, ella puede ofrecernos su consuelo, guía y apoyo.

Podrías pensar que los católicos adoran a María, pero no lo hacen. María aceptó a Jesús en su vida de la manera más profunda. Ella es conocida como la primera discípula y es un modelo para aquellos que tratan de aceptar a Jesús en sus vidas. Los católicos recurren a María en la oración, no porque la vean en un plano de igualdad con Dios, sino porque la ven como una manera de llegar a Dios.

Puntos esenciales

- Jesús también es llamado Cristo, Mesías, Hijo de Dios, Señor, y Encarnación.

- Jesucristo es Dios verdadero y hombre verdadero, la señal física y visible de un Dios invisible.

- El Espíritu de Dios le permitió a María concebir a Jesús en su vientre, convirtiéndolo no sólo en alguien verdaderamente humano, sino también en alguien verdaderamente divino.

- Aunque María estaba predestinada desde el principio de los tiempos a ser la madre de Dios, tenía la libertad de aceptar o de rechazar la petición de Dios.

- La Inmaculada Concepción se refiere a la concepción de María sin la mancha del pecado original, en previsión de su papel en la historia de la salvación.

- La Virgen María es la madre espiritual de todos los católicos, y un símbolo de la Iglesia.

capítulo 7

El viaje de Jesucristo

La vida de Jesús desde su nacimiento hasta la Ascensión

El papel de los milagros de Jesús

Cuando Jesús es tentado por Satanás

Entender por qué ocurrió la Crucifixión

La esperanza y la gracia de la Resurrección

Ahora llegamos a los hechos reales de la vida de Jesús, a los acontecimientos registrados en las Escrituras, los cuales nos dan una idea de quién es Jesús, qué dijo, y cómo vivía. Para muchos cristianos, algunas de estas historias son tan conocidas como las historias de las vidas de sus propias familias. Para otros, saber las formas tan diversas en que Jesús ayudó, sanó, y salvó, serán noticias "buenas y refrescantes".

Jesús salvó a la humanidad a través de su muerte en la cruz y de su Resurrección. Sin embargo, fueron los actos individuales de toda su vida los que condujeron a la culminación de su misión en la tierra. No podemos entender lo que Jesús hizo por nosotros si no vemos con detenimiento la vida que le tocó vivir.

El significado de su vida

El credo analiza los acontecimientos que rodearon la Encarnación —la concepción y el nacimiento de

Jesús—, y los acontecimientos relacionados con lo que la Iglesia llama el "misterio pascual": su *Pasión*, Crucifixión, muerte, sepultura, descenso a los infiernos, Resurrección y Ascensión. (512)

> **Habla la Iglesia**
>
> La palabra pasión viene del latín patior, que significa "soportar, padecer, o sufrir". Recibimos el sustantivo "paciente", así como "pasión" de esta raíz latina. En la Iglesia, la Pasión de Cristo se refiere a los sufrimientos y muerte padecidos por Jesús. El Domingo de Ramos también se conoce como Domingo de Pasión. Dos veces durante la Cuaresma —el Domingo de Ramos y el Viernes Santo—, los católicos escuchan la Pasión, que es el relato evangélico de las últimas horas de Cristo, desde la Última Cena hasta su crucifixión.

El Catecismo explica que toda la vida terrenal de Cristo —desde las cosas que dijo e hizo hasta los acontecimientos de su "vida oculta" (algo que explicaremos con más detalle en un minuto) y los sufrimientos que tuvo que padecer—, es una revelación que cada vez nos acerca más a Dios Padre. Su vida fue un "misterio de la redención". (517)

Su vida también es llamada un "misterio de la recapitulación". Suena mal, pero no lo es, al menos no para nosotros. Esto significa que todo aquello que Jesús tuvo que vivir, ocurrió con el fin de hacernos volver a nuestra vocación originaria, de modo que lo que habíamos perdido con Adán pudiéramos recuperarlo con Jesús. (518)

Tenemos que empezar por reconocer que Jesucristo no vino a la vida en la tierra para poder comprar una casa bonita en un barrio de Nazaret, y convertirse en el presidente ejecutivo de Dios, Inc. Él vino a la tierra no para lograr algo para sí mismo, sino para lograrlo todo por nosotros. Tal como dice el Credo de Nicea: "Por nosotros, los hombres, y por nuestra salvación, bajó del cielo".

Nacimiento y bautismo

Todo comienza en Navidad, que obviamente, en ese entonces no se llamaba Navidad. Tal como lo cuenta Lucas en la historia que escuchamos en cada Misa de Gallo, María y José hicieron un viaje largo y arduo a Belén por causa de un censo del gobierno y, tal como la mayoría de nosotros hemos experimentado en algunas ocasiones, no podrían haberlo hecho en un momento peor. María estaba embarazada de un niño. No había vacantes en la posada. Pero resulta que esto era exactamente lo que se suponía que debía ser.

En el relato de Lucas, Jesús no estaba destinado a venir en medio de una gloria palaciega, sino con humildad. Nació en un establo sucio, rodeado de heno y de animales de corral.

Hay una serie de eventos en la infancia de Jesús, narrados por Mateo y Lucas, que son de gran importancia en la vida de la Iglesia y de la fe. Pueden parecer muy comunes en apariencia, pero el Catecismo explica que significan mucho más:

La narración de Lucas sobre la circuncisión de Jesús cuando tenía ocho días de nacido no es simplemente una tradición judía que la familia de Jesús tuviera la obligación de respetar. Más bien, es una señal de los vínculos de Jesús con el pueblo de Israel, cuyas leyes observó y cuyos rituales celebró a lo largo de su vida. También es una prefiguración del bautismo, que un día sería el evento central que reuniría a todos los católicos en la familia de la fe. (527)

La historia de Mateo sobre la Epifanía, cuando los reyes magos, venidos de Oriente para rendir homenaje al niño Jesús, no consiste en que María y José hagan lo mismo que hacen todos los padres e insistan, "tienen que venir a ver al bebé". La Epifanía es lo que el Catecismo llama una "manifestación de Jesús como Mesías de Israel, Hijo de Dios y Salvador del mundo". En otras palabras, la Epifanía del Señor demuestra que las personas de todas las naciones y orígenes pueden venir a Jesús, así como lo hicieron los reyes magos cuando buscaron al "rey de las naciones". (528)

El relato de Lucas acerca de la presencia de Jesús en el templo es otro hecho común y corriente, pero que tiene un significado extraordinario. Cuando Jesús fue llevado ante Simeón y Ana, fue reconocido como el Mesías. Este evento significó la espera del pueblo de Israel por el Mesías esperado. Fue allí también donde fue vaticinado el dolor en la vida de Jesús, y donde le dijeron a María que una espada atravesaría su corazón. (529)

El relato de Mateo sobre la huida a Egipto y la matanza de los inocentes perpetrada por los soldados del rey Herodes, significa que durante toda la vida de Jesús se vivió "bajo el signo de la persecución". Su salida de Egipto hizo recordar el éxodo del pueblo judío de Egipto y estableció a Jesús como el nuevo Moisés, y como "liberador definitivo" de la humanidad. (530)

- El hallazgo en el templo es un evento posterior en la infancia de Jesús, narrado por Lucas, que nos da una rara visión de Jesús durante una época que está ausente en buena parte de los Evangelios. En este episodio, vemos a Jesús salir de su "vida oculta" para mostrarnos su compromiso total con la misión de su Padre.

Cada año, María y José llevaron a Jesús a celebrar la fiesta de la Pascua en Jerusalén. Cuando tenía 12 años de edad, no fue con sus padres en una caravana rumbo a casa, sino que permaneció escuchando a los rabinos y haciendo preguntas en el templo. Transcurrió más de un día antes de que María y José se dieran cuenta de que no estaba con ellos, y tardaron varios días en encontrarlo. Cuando finalmente lo hicieron, Jesús dijo simplemente: "¿No saben que tengo que estar en la casa de mi Padre?". (Lucas 2:49) Aunque sólo era un niño, Jesús fue llamado a representar un papel especial en el plan de su Padre, aunque muchas veces María y José no pudieran entenderlo por completo.

Después de la narración de Lucas del hallazgo de Jesús en el templo, todos los Evangelios pasan de los primeros días de su infancia a su vida adulta en el ojo público. No sabemos nada de los varios años en que Jesús fue una persona normal y llevó una vida sencilla en medio de gente común y corriente, trabajando, rezando y siendo obediente a su familia y a la ley judía. La parte de su vida que no se menciona mucho en las Escrituras se llama la "vida oculta" de Jesús, y seguramente es la más semejante a la nuestra.

Con su bautismo por Juan en el río Jordán, Jesús salió a la luz pública una vez más. Podrías preguntarte por qué Jesús necesitaba ser bautizado si era el Hijo de Dios. El Catecismo explica que al ser bautizado, Jesús aceptó su misión como el siervo sufriente de Dios (tal como está anunciado en Isaías 42-53), quien sufriría por el bien del pueblo de Israel a manos del pueblo de Israel.

Mediante su bautismo, Jesús, aunque sin pecado, se "permitió a sí mismo estar entre los pecadores" y se anticipó al "bautismo" de su muerte sangrienta. Con su muerte y resurrección, las puertas del cielo, que se habían cerrado por culpa de Adán se volvieron a abrir, y Jesús asumió su papel como el *Cordero de Dios*, que quitaría los pecados del mundo. (536)

Habla La Iglesia

Jesús es conocido como el Cordero de Dios, un título en referencia a su sacrificio por la humanidad en una nueva Pascua, así como un cordero es sacrificado en la tradición judía para marcar el inicio de la Pascua de los hebreos en tiempos de Moisés.

La tentación en el desierto

Ahora llegamos a la tentación de Jesús en el desierto: podría parecernos extraño pensar que Jesús podía ser tentado. Si Jesús es Dios, ¿cómo puede ser tentado, y qué hizo durante 40 días en el desierto? ¿No era acaso lo suficientemente puro? Recuerda que él es Dios, pero también hombre en todas las cosas, salvo en el pecado. Esta experiencia del desierto le dio a Jesús una oportunidad para tomar todo lo que hizo Adán y darle vuelta.

Cuando Jesús estaba hambriento, solo y seguramente un poco cansado en el desierto, Satanás decidió poner su templanza a prueba. Tentó tres veces a Jesús, sugiriendo que debía ser un Mesías llamativo, un Salvador vistoso. Satanás, que es el símbolo de todo lo que se opone a Dios, le dijo que convirtiera las piedras en pan, que saltara desde la cúspide del templo para ver si Dios lo salvaba, y que se inclinara ante Satanás y el poder, más allá de sus sueños más desenfrenados. Estas tentaciones de Satanás nos recuerdan que él también tentó a Adán en el Paraíso y a los israelitas mientras vagaban 40 años por el desierto. Sin embargo, las similitudes terminan ahí, ya que Jesús rechazó todas las tentaciones de Satanás. Y Satanás "se apartó de él por un tiempo", lo que significa que él tenía toda la intención de regresar cuando las cosas estuvieran sombrías y Jesús estuviera débil. (Lucas 4:13)

Un Momento De Enseñanza

Durante la Cuaresma, la Iglesia conecta a los católicos con los 40 días de ayuno de Jesús en el desierto; los católicos viajan a través de un desierto espiritual, del ayuno y de la oración durante 40 días, en preparación para la Semana Santa y la Pascua.

El Catecismo explica que en el desierto, Jesús "es el vencedor del diablo", dándonos una idea de lo que sucedería durante la Pasión, cuando Jesús se somete en obediencia total a la voluntad de su Padre. (539)

Señales y prodigios

Después del bautismo de Jesús, las cosas comenzaron a suceder rápidamente. En cuestión de instantes, Juan el Bautista fue arrestado y decapitado. Mientras tanto, Jesús estaba en Galilea, predicando y escogiendo a los hombres que serían sus apóstoles. El mensaje principal de Jesús era que como Hijo del Hombre, él había venido por *todas* las personas, no sólo por los hijos de Israel, sino por cada ser humano. Y no importa si eres un pecador; siempre y cuando te arrepientas y sigas a Jesús, podrás entrar en el reino de Dios.

El Catecismo nos recuerda que Jesús, "comparte la vida de los pobres" y que les tendió la mano de una manera especial, diciéndoles a sus seguidores que debían amar y cuidar a aquellos que lo necesitan si querían tener un lugar en el reino de Dios. Él también acudió a los pecadores, a los marginados y a los parias de la sociedad. Él "los invita a la conversión" y les muestra la misericordia del Padre. (544-545)

Obviamente, Jesús no se limitó a predicar las Buenas Nuevas. Sus palabras eran respaldadas con milagros. No hizo actos milagrosos para satisfacer la curiosidad, sino para dar testimonio de quién era y cuál era su misión. Dio de comer a los hambrientos, curó a los inválidos, y expulsó a los demonios como señales visibles de su conexión invisible con Dios Padre. A través de sus milagros, Jesús les dio a todos una idea de su victoria definitiva sobre Satanás. (550)

Habla La Iglesia

En su predicación, Jesús utilizó parábolas, historias que nos enseñan lecciones sobre Dios mediante comparaciones con experiencias reales. El buen Samaritano, el Hijo pródigo, y la Oveja perdida son algunas de las parábolas más conocidas que utilizó Jesús para enseñar la doctrina profunda de una manera fácil de entender.

Para ayudarle en su misión en la tierra, Jesús escogió a los Doce Apóstoles, dándoles una "parte de su autoridad" y enviándolos a predicar las Buenas Nuevas. Simón Pedro, a quien Jesús llamó la "roca" sobre la cual construiría su Iglesia, reconoció a Jesús desde el principio como el "Mesías e Hijo de Dios viviente" (Mateo 16:16-18). A Pedro le fueron prometidas las llaves del reino de los cielos y, finalmente, ocupó el "primer lugar" entre los Doce. (552)

Después de su resurrección, Jesús hizo que la misión de los apóstoles fuera aún más específica. Le dio a Pedro el "poder de las llaves", es decir, autoridad para gobernar la casa de Dios, que es la Iglesia. Aún más, les dio poder para "atar y desatar", lo que significa absolver los pecados, y pronunciar "las sentencias doctrinales", que son las interpretaciones autorizadas de las enseñanzas de Jesús. (553) Este mandato continúa hasta nuestros días, llevado a cabo por el Colegio de los Obispos, con el Papa ocupando el lugar que tuvo Pedro.

Transfiguración

A medida que llegamos al final de la vida de predicación pública de Jesús y continuamos con su pasión y muerte, hay dos eventos importantes que deben ser discutidos: la Transfiguración y la entrada de Jesús en Jerusalén.

En la Transfiguración, Jesús condujo a Pedro, a Santiago y a Juan a una montaña, donde se "transfiguró" delante de ellos. Su rostro y su ropa se hicieron brillantes por causa de la luz. Moisés y Elías aparecieron a ambos lados de él. Apareció una nube y una sombra sobre ellos, y luego una voz dijo: "Este es mi Hijo elegido; escúchenlo". (Lucas 9:35)

Jesús reveló su verdadera naturaleza durante la Transfiguración y, de acuerdo con Santo Tomás de Aquino en su *Summa Theologica*, también reveló la Santísima Trinidad: "El Padre en la voz, el Hijo en el hombre, el Espíritu en la nube luminosa". (555)

El relato evangélico discurre claramente sobre la Transfiguración del Señor, y también sobre el sufrimiento que habría de padecer. Habla de su gloria, y también de su muerte inminente. Habla de su condición como el mayor de los legisladores y el mayor de los profetas, y habla también de su condición como el siervo sufriente de Dios, quien a pesar de ser inocente, tendría que padecer y morir por Israel.

La Transfiguración les dio a los tres apóstoles que la presenciaron, algo a qué aferrarse cuando las cosas se hicieron cada vez más desesperadas y peligrosas a medida que se acercaba la pasión y la muerte de Jesús. Para los católicos de hoy, la Transfiguración sigue siendo una promesa de lo que está por venir, algo a qué aferrarse mientras nos acercamos al cielo.

Cuando Jesús entró triunfalmente en Jerusalén menos de una semana antes de su crucifixión, era difícil imaginar que las cosas saldrían tan mal. Sin embargo, cuando se dirigía hacia la ciudad santa, Jesús sabía que iba a morir allí, y así se los dijo a sus apóstoles. Entró en Jerusalén montado en un asno, mientras una multitud agitaba ramas de palma y gritaba *Hosanna*, que significa "sálvanos".

En la misa católica, al comienzo de la Liturgia de la Eucaristía, los feligreses cantan "Santo, Santo", y "Hosanna", haciendo eco de los gritos de la multitud entusiasta de Jerusalén hace tantos años.

Agonía y muerte

El Credo de los Apóstoles dice que Jesús "padeció bajo el poder de Poncio Pilato, fue crucificado, muerto y sepultado. Descendió a los infiernos, al tercer día resucitó de entre los muertos, subió a los cielos y está sentado a la diestra de Dios Padre Todopoderoso; desde allí ha de venir a juzgar a vivos y muertos".

El Credo de Nicea omite la parte del infierno y le agrega unas pocas frases en las que Jesús hace muchas cosas por amor a nosotros, haciendo realidad las Escrituras, viniendo en la gloria, y abriéndonos a un reino sin fin.

Sin embargo, hay una gran agonía antes de pasar a la gloria. La Iglesia llama a este paso de la agonía a la gloria "misterio pascual", que se refiere a los sufrimientos, muerte y Resurrección de Jesús. Esta es la cima de la misión de Jesús en la tierra, y este es el corazón de las Buenas Nuevas que todo seguidor de Jesús Cristo es desafiado a proclamar: Jesús, el Salvador del mundo, nos ha hecho libres a través de su cruz y de su Resurrección.

Veamos ahora por qué alguien querría que Jesús muriera en primer lugar. ¿No era un buen tipo? Él curaba a la gente, expulsaba a los demonios, transformaba el agua en vino. ¿A quién no le gustaría eso? Bueno, algunas de las cosas que nos parecen tan increíblemente sorprendentes y reconfortantes son las cosas que hacen que Jesús tenga problemas con los fariseos, los saduceos y con el gobierno.

Por ejemplo, él curó en un día festivo, lo cual estaba prohibido por la ley judía. Comía con los pecadores públicos. Fue acusado de posesión demoníaca, de blasfemia, y de todo tipo de crímenes religiosos que lo configuran como un enemigo de Israel. Y cuando él dijo que era el Hijo de Dios y uno con Dios, esa fue la gota que rebasó la copa para quienes estaban en el poder.

Estás Absuelto si …

Algunos podrían pensar que la Iglesia Católica acusa a los judíos de la muerte de Jesús. Aunque existe una referencia bíblica donde algunas personas de la multitud que condenan a Jesús y gritan: "Que su sangre caiga sobre nosotros y sobre nuestros hijos" (Mateo 27:25), la Iglesia de hoy enseña que los judíos no pueden ser considerados como responsables de los crímenes cometidos durante la Pasión.

Ahora que nos acercamos a la Pasión de Jesús, y a su sufrimiento final, la pregunta que probablemente nos hacemos es, ¿por qué Jesús tenía que morir? Si él es Dios, ¿no podía haber encontrado otra manera de salvar a la humanidad? La Iglesia enseña que la muerte de Jesús no fue un accidente, una coincidencia ni un mal cálculo de tiempo de su parte, sino el plan de Dios desde el principio de los tiempos.

Por supuesto, esto parece como si Jesús no tuviera libre albedrío, o como si los responsables no hubieran actuado por su propia voluntad. Pero no es cierto. Hay que recordar que Dios, quien existe desde antes de los siglos en su propio universo sin tiempo, no sólo conoce el plan, sino que sabe también que todo el mundo terminará por reaccionar al plan. Así que aunque Él puso el plan en marcha, no decide los resultados finales. Somos nosotros quienes hacemos esto. (600)

En otras palabras, Jesús se ofreció libremente a morir para librarnos de nuestros pecados, conforme a lo escrito en las Escrituras y en el plan divino de su Padre. (601)

Los últimos días de Cristo comienzan con la Última Cena, cuando él se sentó con los apóstoles para compartir la cena de la Pascua y la transformó, algo que la Iglesia recordaría y seguiría celebrando en la Eucaristía. "Este es mi cuerpo que será entregado a muerte a favor de ustedes. Hagan esto en memoria mía". (Lucas 22:19). Veremos la Eucaristía en el capítulo 13, así que por ahora, entendamos simplemente que Jesús se ofreció a sus discípulos. Luego, invitó a sus apóstoles a "perpetuar" esa oferta, que es lo que sucede cada vez que un sacerdote celebra la Misa. (611)

De la Última Cena pasamos a la Agonía en el Huerto de Getsemaní, donde Jesús le pidió a Dios que eliminara el sufrimiento que iba a padecer, pero aceptó libremente toda la voluntad de su Padre. Este fue el lugar donde Jesús fue arrestado después de la traición del apóstol Judas Iscariote.

El Catecismo explica que así como la desobediencia de Adán nos trajo el pecado a todos nosotros, la obediencia de Jesús al Padre nos trajo la redención. Jesús, el "Siervo Sufriente", se ofreció a sí mismo por nosotros, por todos nosotros, y por todos los tiempos. Sustituyó la desobediencia de Adán por su obediencia. (615)

El hecho de que Jesús expiara nuestros pecados no significa que no tengamos que hacer nada. Jesús llamó a todos sus discípulos para que "tomen su cruz y me sigan" (Mateo 16:24), recordándonos que no somos inmunes al sufrimiento. No es que tengamos que morir en una cruz literal, pero sí debemos estar dispuestos a llevar las cruces colocadas sobre nuestros hombros en las formas de sufrimiento, dolor y de tristeza, y no sucumbir a nuestras debilidades y defectos. (618)

Cuando Jesús murió en la cruz, fue colocado en una tumba prestada. Murió y fue enterrado como cualquier otro ser humano, pero a diferencia del resto de nosotros, que somos completamente mortales, el cuerpo de Jesús se mantuvo intacto. (627)

Resurrección y Ascensión

Ahora llegamos a la parte en que Jesús descendió a los infiernos, que sólo figura en el Credo de los Apóstoles, y no en el Credo de Nicea. Probablemente te estás preguntando por qué Jesús habría de ir al infierno. Si él no fue directamente al cielo, ¿entonces quién podría hacerlo? Bueno, no es exactamente el infierno en el sentido que podemos imaginarlo, aquel que está reservado para quienes quebrantan los Diez Mandamientos a diestra y siniestra.

Jesús tuvo una muerte humana, y por lo tanto, descendió al "reino de los muertos", donde llevó el mensaje del Evangelio de la salvación para ser cumplido a cabalidad. (634) Según la enseñanza de la Iglesia, todas las personas, sean buenas o malas, esperan la salvación, pues no pueden alcanzarla por sí solas. Todas necesitan a Jesús. Así que al morir, Jesús no descendió al lugar de la condenación eterna y del fuego del infierno, sino a un reino donde había almas que esperaban a su redentor. (633)

El Catecismo explica que al tener una muerte humana y descender al reino de los muertos, Jesús venció a la muerte y al diablo, y les abrió las puertas del cielo a las almas que habían descendido a los infiernos. (635)

El Credo de los Apóstoles asocia la Resurrección de Jesús con su descenso a los infiernos. "Resucitó al tercer día", dice. Es simplemente algo glorioso. La muerte de Jesús no fue en vano. Tal como lo había prometido, se levantó de entre los muertos y, al hacerlo, les dio a todas las personas una razón para que tuvieran esperanzas y supieran que la muerte no puede poseerlas.

La Iglesia enseña que la resurrección de Jesús no es simplemente un ejemplo figurado ni un recurso literario. Se trata de un caso real y verídico, aunque no podamos comprenderlo totalmente en términos humanos.

verdaderas confesiones

Después de la resurrección de Jesús, el apóstol Tomás no creyó la noticia, y dijo que no creería hasta poner su dedo en la marcas de los clavos y su mano en el costado de Jesús. (Mateo 20:24-29) Así que al principio, la resurrección de Jesús fue recibida con incredulidad, no sólo por sus enemigos, sino también por muchos de sus seguidores.

El Catecismo explica que con su muerte, Jesús liberó a la humanidad del pecado, y marcó una nueva forma de vida para todos con su resurrección. Con su muerte y resurrección, Jesús le dio una parte de su gracia a toda la humanidad, haciendo que todos los hombres y mujeres fueran sus hermanos y hermanas adoptivos. (654)

Después de su resurrección, Jesús permaneció entre los seres humanos en la tierra y revelándose a sus apóstoles de diversas maneras, muchas veces partiendo incluso el pan. Después de este período, ascendió en cuerpo y alma a su Padre en el cielo.

Terminemos esta sección del credo con las palabras: "Desde allí ha de venir a juzgar a vivos y muertos", es decir, que Jesús volverá para ser el juez de los que han llevado una vida recta y de los que han llevado una vida llena de pecado y maldad.

La Iglesia enseña que antes de que Jesús regrese otra vez, sus seguidores tendrán que someterse a un "juicio final". Sin embargo, Jesús triunfará al final de los tiempos, momento en el que revelará los secretos en el corazón de cada persona. (679)

Puntos esenciales

- Jesús vino para todas las personas y realizó milagros para dar testimonio del poder de Dios y de su propia misión de redención.

- La Transfiguración, que fue un momento crucial durante el ministerio de Jesús en la tierra, les reveló su verdadera naturaleza a los apóstoles Pedro, Santiago y Juan.

- Al aceptar libremente la crucifixión, Jesús abrió las puertas del cielo para toda la humanidad.

- Jesús redimió a la humanidad del pecado de Adán a través de su muerte en la cruz y de su Resurrección.

- Después de haber ascendido al cielo, Jesús está sentado a la diestra del Padre, y su humanidad asociada para siempre con la Trinidad.

- En el fin del mundo, Jesús vendrá de nuevo y juzgará a vivos y muertos.

capítulo 8

El Espíritu de Dios

Entender al Espíritu Santo y su papel

Los nombres y símbolos del Espíritu

Aprender en qué consistía el Pentecostés

El Espíritu de la Iglesia Católica de hoy, en acción

Ahora llegamos a lo que considero el aspecto más difícil de la Trinidad: el Espíritu Santo. Para mí, Dios Padre parece más concreto aunque sea invisible. El Hijo de Dios es muy concreto en Jesús. El Espíritu, por el contrario, es literalmente como tratar de atrapar el viento.

Vamos a hablar de dónde viene el Espíritu Santo, cómo llegó aquí, y por qué lo necesitamos. La clave está en recordar siempre que el Espíritu Santo es nada menos que Dios Padre y el Hijo. Es igual a ellos y ha existido como uno con ellos desde antes de los siglos.

Esta parte del Credo de los Apóstoles es corto y fácil: "Creo en el Espíritu Santo". Nada más y nada menos.

Como siempre, el Credo de Nicea va un poco más allá, diciendo: "Creo en el Espíritu Santo, Señor y dador de vida, que procede del Padre y del Hijo, que con el Padre y el Hijo recibe una misma adoración y gloria, y que habló por los profetas" . Bueno, esa parece una historia totalmente diferente, ¿verdad? De repente, comienza a surgir una imagen mucho más clara de esta tercera persona de la Trinidad, y empezaremos con ella.

¿Quién es el Espíritu Santo?

Jesús les dijo a sus apóstoles en la Última Cena (en Juan 14 y 16) que "otro *Paraclete*", un término griego que significa defensor, sería enviado a ellos. Este defensor es el "Espíritu de la verdad", que sería enviado bien por el Padre a petición de Jesús (Juan 14), o por el mismo Jesús cuando acudiera al Padre (Juan 16). Este Paráclito-Espíritu iba a ser enviado para habitar entre los discípulos con el fin de orientarlos y recordarles lo que Jesús les dijo cuando estuvo con ellos. Así que después de que Jesús acudió al Padre, el Espíritu permaneció en la tierra, y el Espíritu aún vive entre nosotros hasta el día de hoy. No podemos ver ni escuchar al Espíritu de una manera física, pero él está vivo en nosotros, a nuestro alrededor, en las Escrituras, y en las obras de la Iglesia.

Los primeros credos de la Iglesia proclamaron, en primer lugar, que el Espíritu Santo es una de las tres personas de la Santísima Trinidad, y esto sienta las bases para todo lo demás. Esto significa que el Espíritu Santo es co-igual y co-eterno con el Padre y con el Hijo. Él no surgió con Jesús ni con la resurrección. El Espíritu estuvo, desde antes de los siglos, en plena cooperación con el Padre y el Hijo, a pesar de ser la última persona de la Trinidad que nos ha sido revelada.

El Catecismo explica que para los creyentes católicos, el Espíritu es "el primero en despertar la fe en nosotros y en comunicarnos la nueva vida". (684) Por lo tanto, es el Espíritu el que le da fe a la vida y les permite a los fieles conocer a Dios y a Jesús de una manera personal.

Las señales del Espíritu

El Espíritu Santo tiene varios nombres diferentes en la Escritura y en las enseñanzas de la Iglesia, aunque el más común es el Espíritu Santo. También se le conoce como Paráclito, como hemos mencionado antes, y el Catecismo explica que es "el que está llamado a nuestro lado", o el Defensor. También es conocido como consolador, santificador, y Espíritu de la verdad, entre otros títulos menos conocidos que se encuentran en los Hechos de los Apóstoles y en las Epístolas de San Pablo. (692)

Es posible que también conozcas al Espíritu Santo por los símbolos que representan su presencia y acción en la vida y en los corazones de los creyentes; son varios:

El **agua**, el signo del nuevo nacimiento, es el símbolo del Espíritu Santo y de los actos de limpieza que ocurren a través de él en el sacramento del bautismo, y que veremos en detalle en el capítulo 12. El Catecismo explica que en el Espíritu "nacemos a la vida divina". (694)

La **unción** con el óleo, signo del sacramento de la confirmación, es casi un sinónimo del Espíritu Santo, según el Catecismo. Jesús fue ungido por el Espíritu, que ahora brota por el resto de nosotros. (695)

El **fuego** simboliza el espíritu de "la energía transformadora", que aparece a lo largo del Antiguo y del Nuevo Testamento. Juan el Bautista dice a sus seguidores: "Yo los bautizo con agua, pero viene uno más poderoso que yo, que ni siquiera merezco desatarle la correa de sus sandalias. Él los bautizará con el Espíritu Santo y con el fuego". (Lucas 3:16) Así como el fuego transforma lo que toca, así también lo hace el Espíritu. (696)

La **nube y la luz**, la antigua oscuridad y la luminosidad o revelación, son "manifestaciones" del Espíritu. Tanto en el Antiguo como en el Nuevo Testamento, estas manifestaciones les revelan a Dios a su pueblo: Moisés en el Monte Sinaí, María en la Anunciación, los tres apóstoles presentes en la Transfiguración, y así sucesivamente. (697)

El **sello** es un símbolo de la unción, lo que indica que el creyente lleva ahora una marca "indeleble" o permanente del Espíritu Santo. El sello es una parte fundamental de los sacramentos del bautismo, la confirmación, y la santidad, como veremos en capítulos posteriores.

La **mano** representa al Espíritu, puesto que Jesús curaba a los enfermos y bendecía a los hijos poniendo sus manos sobre ellos. Posteriormente, los apóstoles hicieron lo mismo en su nombre. Aún más significativamente, es gracias a la imposición de las manos de los apóstoles que el Espíritu Santo les fue dado a los demás. (699)

El **dedo** de la mano extendida de Dios es considerado como un símbolo del Espíritu. En el Antiguo Testamento, Dios usa su dedo para escribir los Diez Mandamientos en tablas de piedra. En el Nuevo Testamento, se dice que Jesús "escribió" en los corazones humanos. (700)

La **paloma** es uno de los símbolos más comunes del Espíritu. Cuando Jesús salió del agua después de su bautismo, el Espíritu Santo descendió sobre él en forma de paloma. La iconografía cristiana tradicional utiliza una paloma para representar el Espíritu. (701)

El Espíritu en acción

Hemos visto qué es el Espíritu y cómo es representado. Veamos ahora con mayor detalle qué hace el Espíritu Santo.

El Catecismo explica que podemos ver la obra del Espíritu Santo en una variedad de formas importantes: se ha inspirado en las Escrituras; en la Tradición de la Iglesia; en el Magisterio de la Iglesia, al que el Espíritu ayuda; en las palabras y los símbolos de la liturgia; en la oración, donde el Espíritu intercede por nosotros; en los ministerios de la Iglesia en la tierra; en los signos de la vida apostólica y misionera; y en el testimonio de los santos que muestran la santidad del Espíritu. (688)

El Espíritu, que está unido con el Padre y el Hijo, nunca funciona independiente de ellos. Él está en una misión conjunta con el Hijo en la obra de la salvación, y revive esa misión en las vidas de los hijos adoptivos del Padre, es decir, de todos nosotros. (689-690)

Es evidente que, basados en todo lo que hemos visto hasta ahora, el Espíritu Santo desempeña un papel muy importante en hacer que se cumpla el plan divino de Dios. Él estaba allí desde el primer día. Le habló a la humanidad a través de las palabras de los profetas del Antiguo Testamento. Él se dirigió a María y le permitió concebir al Hijo de Dios. Él estuvo con Jesús durante toda su vida y su muerte, y permaneció con los apóstoles y con todos nosotros para siempre: una hoja de vida muy interesante, sin duda alguna.

Un profeta es alguien enviado por Dios para proclamar su palabra, para hablar en nombre de Dios. Aunque los profetas no se dedicaron a predecir el futuro, a veces lo hicieron, pero algunas veces sus predicciones fueron erradas. Muchas veces criticaron a Israel; en otras ocasiones consolaron a Israel y le ofrecieron una esperanza para el futuro. El Antiguo Testamento incluye 18 libros proféticos. Juan el Bautista, en el Nuevo Testamento, completó la obra de los profetas de la vieja escuela.

Creo que a veces el Espíritu Santo no recibe el crédito que se merece, porque parece como aquel que llega de último en términos de la revelación y la intervención divina. Nada podría estar más lejos de la verdad. El Espíritu Santo es el "soplo" de Dios. Al principio de la creación, fue el Espíritu el que les dio vida a todos los seres vivos. Ciertamente, esto no es poca cosa. (703)

Más tarde, el Espíritu es el que revela, a través de diversas manifestaciones, las grandes verdades a los patriarcas del Antiguo Testamento, desde los Diez Mandamientos hasta los Salmos. (707-708)

Las Escrituras nos dicen que Juan el Bautista fue "lleno del Espíritu Santo" desde el momento de su concepción en el vientre de su madre. Y, por supuesto, sabemos que fue el Espíritu Santo el que descendió sobre María en la Anunciación y le permitió a Dios ser uno de nosotros.

El Catecismo nos dice que cuando María estaba encinta, visitó a su prima Isabel, que estaba embarazada de Juan el Bautista, fue una "visita de Dios a su pueblo". Incluso antes de su nacimiento, Dios hecho hombre ya estaba acudiendo al resto de la humanidad. (717)

Juan el Bautista fue el preludio de Jesús, y la Iglesia enseña que por medio de Juan, el Espíritu Santo "concluyó su discurso a través de los profetas". (719)

Retrocedamos ahora un poco para volver a María y al papel del Espíritu en su vida y en su decisión. El Catecismo explica que María fue "la obra maestra de la misión del Hijo y del Espíritu Santo en la plenitud de los tiempos". (721) ¡Guau!, María fue la "obra maestra". Ella se convirtió en la morada de Dios, y el Espíritu Santo lo hizo posible.

El Espíritu Santo "preparó" a María con su gracia, "cumplió" el plan del Padre en ella, "manifestó" en ella al Hijo de Dios, y a través de ella llevó a todas las personas "en comunión" con Jesucristo. (722-725) ¡*Esa* es la obra del Espíritu Santo!

Según el Catecismo, tenemos que leer toda la segunda sección del credo —la sección de Jesucristo—, a la luz del papel del Espíritu Santo. Se encontraban en una "misión conjunta", que Jesús reveló poco a poco a lo largo de su vida predicando, y de manera completa después de su muerte y Resurrección. (727)

Después de su Resurrección, cuando Jesús se apareció a sus discípulos, les dijo: "Paz a ustedes. Como el Padre me envió a mí, yo los envío a ustedes". (Juan 20:21) Luego, "insufló" el Espíritu Santo en ellos, dándoles la misión, que es la misión de la Iglesia hasta nuestros días, para continuar el trabajo que él comenzó.

Pentecostés

Cincuenta días después de la Resurrección, en lo que se conoce como Pentecostés, después de que Jesús ya había ascendido al cielo, el Espíritu del Señor descendió sobre los apóstoles y la Santísima Trinidad se reveló plenamente. (732)

"... De repente vino del cielo un ruido como una ráfaga de viento, que llenó toda la casa en que se encontraban. Entonces se les aparecieron lenguas como de fuego que se repartieron y se posaron sobre cada uno de ellos. Y fueron llenos del Espíritu Santo y comenzaron a hablar en otras lenguas, según el Espíritu les concedía expresarse". (Hechos 2:1-4)

Habla la Iglesia

Pentecostés viene de la palabra griega *pentekoste,* que significa "cincuenta días", y en la Iglesia Católica conmemora el día en que el Espíritu Santo descendió sobre los apóstoles, que fue aproximadamente 50 días después de Pascua. Para los judíos, era la "fiesta de las semanas", que cayó en el quincuagésimo día después de la Pascua, cuando los primeros frutos de la cosecha de trigo le fueron presentados al Señor (Deuteronomio 16:9).

Muy bien, así que cuando terminó el Pentecostés y los apóstoles aceptaron el hecho de que ahora ellos podían ser entendidos por personas que hablaban lenguas que los apóstoles nunca habían hablado, ¿qué ocurrió con el Espíritu Santo? Bueno, el Espíritu está presente hoy en día así como estuvo presente con los apóstoles hace tantos años. Tal vez no estamos escuchando vientos ni viendo el fuego descender de los cielos, pero sin embargo, el Espíritu está completamente vivo.

La Iglesia enseña que es gracias al don del Espíritu Santo que el amor de Dios es dado a cada uno de nosotros, y que gracias al Espíritu, cada uno de nosotros puede ser restaurado a la "semejanza divina" que perdimos por el pecado. (734)

El Catecismo explica —y cita la epístola de San Pablo a los Gálatas (5:22-23)—, que gracias al "poder del Espíritu", podemos llevar los "frutos del Espíritu", que son el amor, el gozo, la paz, la paciencia, la benignidad, la bondad, la fe, la mansedumbre y la templanza. (736)

Un Momento De Enseñanza

La Iglesia enseña que son siete los "dones" del Espíritu Santo: sabiduría, inteligencia, consejo, fuerza, ciencia, piedad, y temor de Dios. Estos dones se detallan en Isaías 11:1-3 como las características del Espíritu del Señor que descansarán sobre el Mesías. Son una parte explícita de la oración que se dice cuando el ministro del sacramento de la confirmación extiende sus manos antes de ungir al creyente.

El Espíritu en la Iglesia de hoy

Entonces, ¿cómo se manifiesta el Espíritu Santo en la Iglesia de hoy? El Catecismo explica que la misión conjunta de Cristo y del Espíritu es "llevada a cabo" en la Iglesia (737), y que el Espíritu "construye, anima y santifica" a la Iglesia en la tierra (747). Y ¿qué significa todo esto? Que la misión de la Iglesia no está unida ni separada de la misión de Jesús ni del Espíritu, sino que es "su sacramento," lo cual significa que la Iglesia hace que la misión de Jesús esté presente en el mundo actual. (738)

A través de los siete sacramentos de la Iglesia (que discutiremos en la siguiente sección de este libro), Cristo envía su Espíritu a los fieles. Citando la carta de San Pablo a los Romanos, el Catecismo explica que el Espíritu Santo, que ayuda a los creyentes a confrontar sus debilidades y que es el "maestro de oración", intercede en la vida de los fieles "con gemidos inefables" (Romanos 8:26), dándonos una imagen poética y concreta de un ser que está en muchos sentidos más allá de toda descripción. (741)

Puntos esenciales

- El Espíritu Santo es la tercera persona de la Santísima Trinidad, que se reveló plenamente a la humanidad en el Pentecostés. Es igual con el Padre y con el Hijo y, al igual que ellos, ha existido desde antes de los siglos.

- Hay muchos nombres para el Espíritu y una serie de símbolos —el agua, el fuego, la unción y la paloma—, que representan nuestros esfuerzos humanos para captar la esencia y la actividad del Espíritu.

- Jesús y el Espíritu Santo tienen una "misión conjunta" para salvar a la humanidad, que surgió con la muerte y resurrección de Jesús, y llegó a su etapa final, —pero no termina aún—, mediante de la efusión del Espíritu Santo.

- El Espíritu santifica y anima a la Iglesia de hoy en día para que pueda continuar la misión de Jesús.

- El poder del Espíritu Santo les ofrece a los creyentes "frutos" en forma de amor, alegría y paciencia, así como muchos "dones", como la sabiduría, la fortaleza y la piedad.

capítulo 9

La Santa Iglesia Católica

Qué significa profesar una creencia en
"una Iglesia santa, católica y apostólica"

El Pueblo de Dios, los no católicos y los no cristianos

Entender el papel del Papa y de los obispos

La vida consagrada a la pobreza, la castidad
y la obediencia

Del Padre, el Hijo y el Espíritu, pasamos ahora a una profesión de la fe en la Iglesia misma. Aparentemente, puede parecer un salto extraño, pero si lo vemos un poco más de cerca, veremos rápidamente que esta creencia se deriva directamente de las secciones anteriores de los credos.

El Credo de los Apóstoles dice simplemente: "Creo en… la Santa Iglesia Católica". El Credo de Nicea dice: "Creo en una Iglesia santa, católica y apostólica". En este capítulo, empezaremos con lo básico del Credo de los Apóstoles en la profesión de la fe y nos adentraremos en los detalles del Credo de Nicea.

Veremos no sólo a la Iglesia como un todo, sino también las partes individuales que componen ese todo, desde el Papa, los obispos, los sacerdotes, los hermanos y las hermanas religiosas, y también los hombres y las mujeres laicas. Este capítulo es una introducción a la estructura de la Iglesia y a los roles de sus miembros.

Misión posible

Al comienzo de esta sección del credo, el Catecismo incluye una descripción impresionante de cómo la Iglesia católica depende de Jesucristo y de la luz que vino a traer al mundo. "… La Iglesia es como la luna, toda su luz reflejada del sol". (748) ¿No pone esto a la Iglesia bajo una luz completamente nueva, por así decirlo?

La Iglesia no existe para su propia edificación, sino para la glorificación de Jesucristo y para continuar su misión en la tierra. La frase completa del Credo de los Apóstoles dice, "Creo en el Espíritu Santo, en la santa Iglesia católica…" La frase es pronunciada en un solo aliento porque la Iglesia fluye del Espíritu. El Catecismo explica que la Iglesia está allí donde "florece" el Espíritu Santo. (749)

Habla la Iglesia

Católico y católico (con "c" minúscula) significa dos cosas diferentes. La primera palabra se refiere a alguien que es un tipo particular de cristiano que sigue tres aspectos básicos: (1) los principios de una fe iniciada por Jesús y continuada por los apóstoles y sus sucesores en el colegio de los obispos, (2) las formas de culto que datan de la época apostólica, y (3) un sistema particular de gobierno. La segunda definición, que se utiliza en el Credo de Nicea, se refiere a "la universalidad". La Iglesia es "católica" en el sentido en que tiene una misión de Cristo para llevar la salvación a toda la humanidad. La Iglesia Ortodoxa Oriental, en su credo casi idéntico, también utiliza el término "católico", a pesar de que los miembros no están en comunión con la Iglesia Católica; los protestantes que rezan el credo también utilizan la palabra "católico" con "c" minúscula.

Independientemente de cómo la describamos, esta Iglesia estuvo, según el Catecismo, planeada desde el principio del mundo. Esto significa que desde el principio del tiempo, Dios ha previsto que el mundo estaría en comunión con la Trinidad a través de una "convocatoria" de personas que conocemos como la Iglesia. (760-761)

La Iglesia, tal como lo explica el Catecismo, nace de la entrega total de Cristo, está prevista en la institución de la Eucaristía por parte de Cristo, y se materializa a través de su muerte en la cruz. (766)

Mediante el poder del Espíritu Santo, la Iglesia comenzó su misión, que consiste en difundir el Evangelio de Jesucristo, y en hacer discípulas a todas las naciones. (768)

Un Momento De Enseñanza

Se dice que la Iglesia es un "sacramento", o signo e instrumento de comunión de la humanidad con Dios, y de la unidad de toda la raza humana. La Iglesia se convierte entonces en el "plan visible" del amor que Dios derramó por toda la humanidad. (775)

El pueblo de Dios

La Iglesia Católica está conformada por el "Pueblo de Dios", y dirigida por Jesucristo. No naciste en el pueblo de Dios. Por el contrario, lo escogiste a través del renacimiento espiritual del bautismo, o en el caso del bautismo de los niños, tus padres y la comunidad de la Iglesia lo decidieron por ti y luego te alimentaron en la fe.

El pueblo de Dios comparte la obra de Cristo como sacerdote, profeta y rey. Cada individuo, según las circunstancias de su propia vida, está llamado a asumir estos roles. El papel sacerdotal es compartido con los que se bautizan y se convierten en parte del "sacerdocio santo" de la fe; el papel profético se refiere a la enseñanza, la cual demuestran los creyentes al proclamar el Evangelio y dar testimonio de él en el mundo, y el papel del rey se relaciona con el gobierno y el pastoreo, lo que significa que los católicos tienen el reto de llegar a ser como Cristo Rey, que es el siervo de todos. (783)

Expresemos estos papeles en términos reales: los padres, en la "iglesia doméstica" de sus familias, bautizan a sus hijos y les transmiten la fe (sacerdotal), les enseñan sus palabras y ejemplos (profético), y los supervisan o "dirigen" no sólo a través de reglas, sino a través de un amor incondicional que los obliga a anteponer la vida de sus hijos (digno de un rey).

El papel de la Iglesia

La Iglesia es conocida como el "cuerpo de Cristo" y como "esposa de Cristo", títulos que se refieren a la relación íntima de la Iglesia con Jesús. El Catecismo explica que a través de los sacramentos, en especial el bautismo, la Confirmación y la Eucaristía, y con la ayuda del Espíritu Santo, los creyentes se convierten en miembros del cuerpo de Cristo, lo que significa que están unidos con él y con los demás en él. (790)

La Iglesia es conocida también como el "Templo del Espíritu Santo", donde el Espíritu es el alma y la fuerza de la vida de la Iglesia. Por lo tanto, el Espíritu es al Cuerpo de Cristo lo que el alma es al ser humano. (797)

¿Qué pasa con todos los demás?

Cuando los católicos decimos en el Credo de Nicea que creemos en "una Iglesia santa, católica y apostólica", ¿qué es exactamente lo que profesamos? Bueno, desglosemos esto palabra por palabra.

La Iglesia es "una" debido a su "fuente", que es la unidad de un solo Dios en la Trinidad; la Iglesia es una debido a su "fundador" Jesucristo, que reconcilió a todos los hombres y mujeres con Dios con la cruz; y finalmente, la Iglesia es una debido a su "alma", que es el Espíritu Santo, quien produce una comunión de los fieles con Cristo y entre sí.

Una vez más, la importancia de la unidad de la Santísima Trinidad en la vida de la Iglesia se puede encontrar incluso en el lenguaje más básico de sus oraciones. (813)

El Catecismo explica que esta unidad reúne a todos los fieles en una unidad que es posible gracias a la caridad. Vemos también esta unidad de la Iglesia presente en la profesión de la fe recibida de los apóstoles, en la celebración común del culto divino, especialmente en los sacramentos, y en la sucesión que continúa desde la época de los apóstoles hasta nuestros días. (815)

verdaderas confesiones

Desde el principio, la Iglesia ha tenido que lidiar con las disputas, las herejías, los cismas y, sin embargo, hay un deseo constante y un esfuerzo para reunir a todos los cristianos. El Catecismo explica que para que esta unificación se produzca, son necesarias ciertas cosas, incluyendo la oración común, un conocimiento más profundo de los demás, un diálogo permanente y la colaboración en el servicio a la humanidad. (821)

La Iglesia es "santa", porque Jesús santificó a la Iglesia a través de su muerte y Resurrección, y la ha dotado con el Espíritu Santo, por lo que la Iglesia no sólo es santificada, sino que es también la santificación. El objetivo de la Iglesia y de sus miembros es la santidad perfecta, y la caridad es "el alma" de la santidad. (823- 826) La Iglesia tiene modelos de esta santidad en la Virgen María y en los santos, en muchos hombres y mujeres extraordinarios que son reconocidos oficialmente por la Iglesia debido a su fidelidad y a sus virtudes. En el próximo capítulo veremos a los santos con mayor detalle.

Al afirmar que la Iglesia es "católica" (recordemos que es con "c" minúscula, que significa "universal" o "de acuerdo con el todo"), los creyentes están diciendo dos cosas: que la Iglesia es católica porque la "plenitud del cuerpo de Cristo" existe dentro de ella, y que la Iglesia es católica porque tiene una misión para llevar a Jesucristo a toda la humanidad. (830-831)

Hemos estado hablando hasta ahora de la Iglesia católica universal, es decir, de la Iglesia Católica en todo el mundo. Pero esta idea de la Iglesia católica —con "c" minúscula—, también se extiende a las iglesias individuales que conforman la Iglesia en general.

La Iglesia universal se encuentra en regiones geográficas y en países como "iglesias locales", mejor conocidas como "diócesis", cada una dirigida por un obispo. Las diócesis se dividen en "parroquias", que son pequeñas comunidades de culto que suelen dividirse según su ubicación geográfica. Estas pequeñas iglesias conforman la Iglesia santa, católica y apostólica.

Otros cristianos

El Catecismo nos enseña que todas las personas están llamadas a ser miembros del Pueblo de Dios, aunque sólo aquellas que profesan la fe católica y reciben sus sacramentos son propiamente católicas. Sin embargo, la Iglesia reconoce que muchas personas que no profesan la fe católica seguirán siendo bautizadas como cristianos. Estos cristianos no católicos, según el Catecismo, tienen una comunión imperfecta pero cierta con la Iglesia Católica. Citando al Papa Pablo VI, el Catecismo reconoce que las Iglesias ortodoxas están tan estrechamente vinculadas a la Iglesia Católica Romana que existen muy pocos elementos que impidan que las dos confesiones cristianas compartan una celebración común de la Eucaristía. (838)

Los no cristianos

Aquellos que no creen en Jesucristo y que no han recibido el Evangelio aún están conectados de varias maneras con la fe católica. La fe judía, a diferencia de cualquier otra fe no cristiana, comparte un profundo vínculo con la fe católica. (840)

Para los católicos, existe una conexión profunda y duradera con la fe judía. Jesús fue un judío devoto, educado por padres judíos devotos. Uno de los pocos momentos clave de la infancia tardía de Jesús —que está registrado en las Escrituras—, es cuando él estaba en el templo de Jerusalén al que habían ido sus padres como parte de la costumbre de la Pascua. La primera Eucaristía se produjo en una cena de la Pascua. Las Escrituras hebreas y los rituales del pueblo de la Antigua Alianza juegan un papel integral en la fe católica y en los rituales de la Iglesia hasta nuestros días.

La Iglesia reconoce que otras religiones no cristianas están en una búsqueda de Dios que es buena y verdadera. El Catecismo explica que la Iglesia considera a estas religiones como una "preparación para el Evangelio", y dice que reciben "de quien ilumina a todos los hombres", es decir, de Dios. (843)

¿Sólo los católicos son salvos?

Así que aquí está la gran pregunta: ¿Tienes que ser católico para ser salvo? Realmente, la respuesta es ¡no! Pero la Iglesia es muy específica acerca de esto y enseña que aquellos que conocen a Cristo y aún así lo niegan, no serán salvos. Por otro lado, aquellos que no conocen a Cristo ni a la Iglesia, pero están haciendo un esfuerzo sincero para conocer a Dios, podrán obtener la salvación.

En relación con esto, hay algunos que se preguntan por qué es que los católicos tienen que difundir el Evangelio y enviar misioneros para llevar a Jesús a los demás. ¿No pueden limitarse simplemente a creer? No. La misión de la Iglesia, tal como le fue encomendada por Jesús, es llevar su mensaje a los demás y "hacer discípulas a todas las naciones, bautizándolas en el nombre del Padre y del Hijo y del Espíritu Santo". (Mateo 28:19)

Habla La Iglesia

La sucesión apostólica se refiere al hecho de que la obra de los apóstoles, tanto su predicación como su autoridad para enseñar, es transmitida a los obispos, sus sucesores actuales.

El Papa y los obispos

Finalmente llegamos al último adjetivo en aquel renglón del Credo de Nicea: "apostólica". ¿Qué significa que la Iglesia Católica es apostólica? Es muy simple. El Catecismo explica que la Iglesia es apostólica porque fue "fundada sobre los apóstoles" de tres maneras distintas:

- La Iglesia está edificada sobre el "fundamento de los apóstoles", que fueron elegidos y enviados por Jesús.

- A través del Espíritu Santo, la Iglesia transmite las enseñanzas de los apóstoles.

- La Iglesia continúa siendo dirigida por los Apóstoles a través de sus sucesores en el colegio de los obispos, con la asistencia de los sacerdotes, y presidida por el Papa. (857)

La Iglesia enseña que los doce Apóstoles, elegidos por Jesús, eran una especie de "asamblea permanente" dirigida por Pedro, así como hoy en día el Colegio de los Obispos actúa como una asamblea permanente encabezada por el Papa. (880)

El mismo Jesús escogió a Pedro y declaró que era la "roca" sobre la cual edificaría su Iglesia. "Yo te daré las llaves del reino de los cielos. Lo que ates en la tierra quedará atado en los cielos, y lo que desates en la tierra quedará desatado en los cielos". (Mateo 16:19).

El Papa, también conocido como el obispo de Roma, es el sucesor de San Pedro. Él es el representante de Cristo en la tierra, es el pastor de toda la Iglesia Católica, y tiene el máximo poder sobre él. Sin embargo, él debe trabajar en comunión con el Colegio de los Obispos, de la cual es miembro y jefe. El Colegio de los Obispos no puede actuar por su propia cuenta, sino sólo en colaboración con el Papa.

Los obispos participan en las tareas de Cristo sobre la enseñanza, las reglas y la santificación de sus funciones como jefes de sus diócesis y pastores del Pueblo de Dios que están bajo su cuidado. Debido a esto, los obispos y las diócesis —y el Papa como su jefe—, se conocen como "vicarios de Cristo", es decir, que representan a Cristo en la tierra.

Las personas malinterpretan con frecuencia la enseñanza de la Iglesia sobre la infalibilidad papal. Esto no significa que el Papa no pueda pecar ni equivocarse en algún aspecto. La infalibilidad se refiere a aquellas raras ocasiones en que el Papa proclama formalmente que una doctrina de la Iglesia sobre la fe o la moral no tiene errores. Un ejemplo de esto ocurrió en 1950, cuando el Papa Pío XII declaró que la Asunción de María al cielo era un artículo de fe.

Llamando a todos los fieles

Obviamente, la Iglesia está conformada por muchísimas personas, tanto por quienes son ordenados como sacerdotes, diáconos y obispos, como por aquellos que no han sido ordenados. Mientras que los ordenados son llamados "clérigos", todos los miembros no ordenados son llamados "laicos". Entre los clérigos y los laicos, hay hombres y mujeres que han consagrado sus vidas a Dios de una manera especial.

Hombres y mujeres laicas

Hemos dicho que la Iglesia Católica está conformada por el Pueblo de Dios. Bueno, la mayoría de esas personas son los hombres y mujeres laicas o seglares. Se trata de personas comunes y corrientes —casadas o solteras, jóvenes o viejas—, que profesan la fe católica y dan testimonio de ella en el mundo.

El Catecismo explica que los hombres y las mujeres laicas tienen la *vocación* de "buscar el reino de Dios" y de dar gloria a Dios a través de las palabras y actos cotidianos en su vida terrenal. (898)

Habla
La
Iglesia

La vocación es un término utilizado para cualquier llamado que podamos tener en la vida. Muchas veces, las personas creen que la vocación se refiere sólo a una profesión religiosa específica, como un sacerdote, una hermana, o un hermano religioso. Sin embargo, la Iglesia reconoce que toda persona está llamada por Dios para cumplir una vocación particular, o destino, con el fin de glorificarlo a Él.

Habla
La
Iglesia

La vida consagrada se refiere a un estado permanente de vida elegido por los clérigos o laicos católicos, quienes profesan públicamente los votos de pobreza, castidad y obediencia, conocidos como los tres consejos evangélicos.

La vida consagrada

Vivir una *vida consagrada* significa profesar los votos de pobreza, castidad y obediencia, que se llaman los tres "consejos evangélicos". La vida consagrada está abierta a cualquier católico que quiera comprometerse con Dios de una manera más profunda. Sin embargo, los hombres y mujeres que profesan la mayoría de estos votos, lo hacen con frecuencia como parte de una vocación por una comunidad religiosa determinada en calidad de sacerdote, de *hermana religiosa* (conocida popularmente como "monja") o de *hermano religioso*.

Mediante estos consejos evangélicos, el Catecismo explica que el hombre o la mujer consagrada trabaja en pro de la "perfección de la caridad" que todas las personas tenemos el reto de alcanzar. Sin embargo, los hombres y las mujeres consagradas hacen esto dentro de un estado permanente de la vida que es reconocido por la Iglesia. (915) La pobreza parece muy fácil de entender en apariencia, pero la forma en que se aplica la vida consagrada en el día a día es algo complejo. Los que profesan un voto de pobreza —un sacerdote, hermano o hermana religiosa—, no tienen posesiones personales. Lo único que tienen es poseído en común con la comunidad religiosa. Algunas comunidades religiosas llevan este voto un paso más allá y viven de forma muy austera, en solidaridad con los pobres que atienden. Obviamente, quienes llevan vidas consagradas en el mundo "poseen" cosas, pero deben hacer un esfuerzo consciente para llevar una vida simple.

Los hermanos y hermanas religiosas son los hombres y mujeres que profesan votos de pobreza, castidad y obediencia como miembros de determinadas comunidades religiosas. Tienen propiedades en común, oran en común, trabajan por una misión común, y suelen vivir en una comunidad. Los hermanos no están ordenados y no pueden celebrar los sacramentos, como sí pueden hacerlo los ministros ordenados. (Más adelante veremos este tipo de vocaciones con mayor detalle).

En una vida consagrada, la castidad se vive por medio del celibato. Los que profesan un voto de castidad se abstienen de tener relaciones sexuales por el resto de sus vidas.

Algunos sacerdotes son sacerdotes "religiosos", y otros son conocidos como sacerdotes "diocesanos". La diferencia es que un sacerdote religioso pertenece a una "orden" determinada, como la franciscana, dominica o jesuita, o a un instituto o sociedad secular de vida apostólica. Estos sacerdotes religiosos siguen una cierta espiritualidad que moldea sus vidas de oración y sus ministerios. Un sacerdote diocesano, en cambio, se educa y sirve en una diócesis concreta. No hace votos de pobreza, castidad y obediencia, sino que le hace "promesas" de celibato y obediencia a su obispo.

En cuanto a la obediencia, esto no significa simplemente seguir las enseñanzas de la Iglesia, sino también hacer un voto público de obediencia a la Iglesia y a los superiores religiosos y legítimos de la persona consagrada.

¿Quiénes son las personas consagradas? Bueno, además de los sacerdotes, las hermanas y hermanos de las órdenes religiosas que conforman la mayoría de las personas consagradas, también están los ermitaños, que son hombres que se retiran de la sociedad y viven en el silencio, la oración y la soledad, además de las "vírgenes consagradas" y las "viudas consagradas". Estas mujeres consagradas, que permanecen en el mundo exterior, han decidido llevar una vida de castidad y de celibato con el fin de seguir más de cerca a Jesús. (923)

Vocaciones religiosas

Aquellos que eligen una vocación religiosa profesan los mismos tres consejos evangélicos que los de la vida consagrada, pero su vocación va un paso más allá. Estos hombres religiosos (hermanos) y mujeres (hermanas) forman parte de las comunidades de otras personas religiosas, y suelen vivir juntos, rezar juntos, y servir a los demás basados en las características específicas de la comunidad o de la orden a la cual pertenecen.

La vida religiosa fue fundada durante los primeros siglos de la Iglesia. Las hermanas y los hermanos han sido una parte fundamental de la Iglesia a lo largo de la historia, trabajando en ministerios que van desde grandes colegios y hospitales, comedores populares, escuelas primarias u hospicios.

Además de las comunidades religiosas, la Iglesia también tiene "institutos seculares", que les permiten a los fieles cristianos que viven en el mundo secular luchar por la perfección de la caridad y trabajar por la santificación del mundo de una manera más estructurada.

También hay sociedades de "vida apostólica", cuyos miembros, a veces con los votos religiosos, y a veces sin ellos, cumplen con los objetivos de sus sociedades y llevan una vida como hermanos y hermanas en común.

Los hombres y mujeres laicas tienen la oportunidad de alinearse más estrechamente con las comunidades religiosas al convertirse en "asociados". Estos laicos asociados pueden llevar una vida consagrada en el mundo sin dejar de estar estrechamente vinculados a una comunidad religiosa específica a través de la oración, el servicio y el compromiso con la misión y los objetivos de su sociedad o instituto.

Puntos esenciales

- La Iglesia no existe para sí misma, sino más bien como un reflejo de Jesucristo, y para continuar su misión en la tierra.

- El Pueblo de Dios conforma la Iglesia; está llamado a imitar a Jesús, y a proclamar y a defender la fe.

- Quienes conocen a Jesús y lo rechazan, no podrán obtener la salvación, pero aquellos que no conocen a Jesús o a su mensaje del Evangelio, pueden ser salvados si llevan una vida de integridad.

- La Iglesia se originó con el Dios trino, fue comenzada por Jesús, está basada en la obra de los apóstoles, y continúa hasta nuestros días a través del Papa y del colegio de los obispos, quienes son los sucesores de los apóstoles.

- Los hombres y mujeres laicas tienen su propia vocación y están llamados a buscar el reino de Dios en sus vidas cotidianas.

- Algunos hombres y mujeres optan por llevar una vida consagrada, en la que profesan públicamente votos de pobreza, castidad y obediencia con el fin de entregar sus vidas a Dios de una manera permanente y profunda.

capítulo 10

Un popurrí de piedad

¿Cuál es la comunión de los santos?

La devoción a la Virgen María

El perdón de los pecados

La resurrección del cuerpo y el fin del mundo

El cielo, el infierno y el purgatorio

Ahora estamos llegando a la parte final del Credo. Si lees las últimas frases de cualquier credo, podrías creer que sirve para todo, como si los padres de la Iglesia hubieran pensado que sería mejor incluir todo tipo de contenidos. Pero no es así como funciona.

Cada palabra y cada frase de la parte final del credo surgen de las secciones anteriores y explican una creencia católica significativa. En las partes anteriores del credo, la atención se centra en las tres personas de la Trinidad. En la última parte del credo, la atención se concentra en las obras de la Trinidad. Ya hemos visto la Iglesia, que es una de esas obras. Echemos un vistazo ahora al resto.

En este capítulo, estudiaremos a los santos y a María, a la muerte y la resurrección, el infierno y el juicio final. La Iglesia nos ofrece algunas de sus creencias y doctrinas más importantes de un solo golpe, en la última parte del credo.

El término latino para la comunión de los santos es *communio sanctorum*, que se refiere a las almas del purgatorio, a todos nosotros aquí en la tierra, y a los santos en el cielo.

La comunión de los santos

En las últimas líneas del Credo de los Apóstoles, después de profesar una creencia en la propia Iglesia, la oración pasa a la *comunión de los santos*. El Catecismo explica que esta es una progresión natural, porque la Iglesia es, en un sentido real, una "asamblea de santos". Así que la comunión de los santos es la Iglesia misma. (946)

La Iglesia enseña que la comunión de los santos, o el pueblo de Dios, tienen todo en común, es decir, que todos los cristianos deben estar listos y dispuestos a acudir para ayudar a un vecino, especialmente a los más pobres entre los pobres.

Esto lo vemos en las Escrituras, cuando se habla de la vida comunal de la comunidad cristiana primitiva:

> Acudían asiduamente a la enseñanza de los apóstoles
> y de la vida comunitaria, para partir el pan y orar.
> Todos estaban asombrados a causa de los muchos
> milagros y señales que eran hechos por medio de los
> apóstoles. Los que habían creído estaban muy unidos
> y compartían sus bienes entre sí; vendían sus propie-
> dades y posesiones, y repartían el dinero según las
> necesidades de cada uno. (Hechos 2:42)

Ahora, toda la población católica no puede vivir junta en esta época ni compartir todo lo que tengan, porque hay demasiados católicos esparcidos por el mundo, lo que hace que esto sea físicamente imposible. Sin embargo, sí comparten todo espiritualmente, y las comunidades más pequeñas de católicos —las diócesis o parroquias individuales—, tienen muchas cosas en común y se apoyan mutuamente en lo espiritual a través de la oración, y físicamente, a través de la caridad y del servicio.

Cuando las personas oyen la frase "comunión de los santos", probablemente creen que la Iglesia se refiere a los santos en el cielo real, y esto los incluye a ellos, pero también a otros. El Catecismo explica que hay "tres estados de la Iglesia": los católicos que viven en la tierra en este momento, los católicos que han muerto y aún se encuentran en un proceso de purificación, y aquellos que han llegado a Dios en el cielo. Los santos se incluyen en esta última categoría. (954)

La Iglesia enseña que los santos, quienes están estrechamente unidos a Cristo, pueden interceder a favor de los fieles que aún están en la tierra. En otras palabras, los católicos pueden rezar a los santos, pidiéndoles que acudan al Padre como mediadores.

> **Estás Absuelto si ...**
>
> Podrías pensar que los católicos adoran a los santos y les rezan del mismo modo que lo hacen con Dios, pero no es así. Al igual que los cristianos de muchas otras denominaciones, los católicos pueden y oran directamente a Dios. Los católicos reconocen que sus oraciones siempre deben hacerse a través de Jesús. Sin embargo, la Iglesia Católica enseña que los santos, que ya están con Dios y que también están en unión con nosotros, pueden unir sus oraciones con las nuestras. Es como pedirle a un amigo que te ayude con algo. Los santos escuchan nuestras oraciones y luego se unen a nosotros para llevarlas a Dios en favor nuestro. Piensa en los santos como en conexiones con el cielo.

¿Cómo nos ayuda María?

Aunque ninguno de los credos menciona específicamente a la Virgen María hasta este momento, ella tiene una conexión lógica con esta parte del credo. Tenemos que recordar que María es "Santa María", es decir, que ella es parte de la comunión de los santos que acabamos de discutir.

Al comienzo del credo hablamos sobre el papel de María en la Encarnación. Ahora, el Catecismo explica que tenemos que hablar sobre el papel de María en el "misterio de la Iglesia". (963)

Gracias a su consentimiento para dar a luz al Hijo de Dios, María se convirtió en una colaboradora con el plan de Dios. Así que si Jesús es Salvador, María es la madre. El Catecismo explica que el papel de María en la vida de la Iglesia es "inseparable de su unión con Cristo, deriva directamente de ella". (964)

Como si esas credenciales no fueran lo suficientemente impresionantes, María también es conocida como la "Madre de Dios", algo bastante radical. María, una mujer completamente mortal, se llama la madre de Dios porque Jesús y Dios son uno. Así que si María es la madre de Jesucristo —y realmente lo es—, entonces es la Madre de Dios.

En el Evangelio de Juan, cuando Jesús estaba muriendo en la cruz, se volvió hacia su madre y al "discípulo amado", y dijo: "Mujer, ahí tienes a tu hijo". (Juan 19:26) Con estas palabras, la Iglesia enseña que Jesús no dio su madre a una sola persona, sino a todos los discípulos que lo siguieron.

Habla La Iglesia

La Asunción se refiere a la enseñanza de la Iglesia de que María, como consecuencia de su preservación del pecado original y en virtud de su papel como la madre del Hijo de Dios, fue llevada al cielo en cuerpo y alma al final de su vida terrenal. Gracias a esto, ella es la única que participa en la resurrección de su hijo y sirve como un símbolo de esperanza para todos los cristianos. La fiesta de la Asunción es el 15 de agosto. (966)

La devoción de la Iglesia por María puede ser confusa para algunas personas que no son católicas. María no es objeto de culto ni es adorada, como sí lo es la Santísima Trinidad. Sin embargo, la Iglesia enseña —y el Catecismo explica—, que la devoción a María es "intrínseca al culto cristiano", y que ella ha sido honrada como la Madre de Dios desde los tiempos antiguos. (971)

La devoción a María se expresa a través de las fiestas especiales dedicadas a su nombre, y a través de oraciones "Marianas" como el Rosario, que según el Catecismo, encarna todas las enseñanzas del Evangelio. (971)

Un Momento De Enseñanza

El Rosario es al mismo tiempo una oración dedicada a María y un collar de cuentas que consta de cinco series de diez cuentas pequeñas. Los grupos de diez son llamados "decenas" y tienen con un cordón más grande entre cada serie. En las cuentas grandes se reza el Padrenuestro, y un Ave María en cada una de las más pequeñas, que es la oración central a María en la Iglesia Católica. Para rezar un Rosario completo, hay que darles cuatro vueltas a todas las cuentas. En cada una de las últimas decenas se reflexiona en un aspecto de la vida del Señor, conocido como los "misterios". Hay cuatro tipos de misterios: alegres, luminosos, dolorosos y gloriosos. Así que aunque reces oraciones dedicadas a María, deberás concentrarte en los momentos más significativos en la vida de Cristo. (Para más información sobre cómo rezar el Rosario, véase el anexo sobre la oración al final de este libro).

El poder de perdonar los pecados

El Credo de los Apóstoles se refiere luego al "perdón de los pecados", que se asocia a la fe en el Espíritu Santo, así como a la fe en la Iglesia y en la comunión de los santos. (976) La Iglesia enseña que Jesús instituyó la capacidad de la Iglesia para perdonar los pecados en su nombre, cuando les dio a sus apóstoles el poder para hacerlo después de su resurrección.

"Reciban el Espíritu Santo. A quienes ustedes perdonen los pecados, les quedarán perdonados; y a quienes no se los perdonen, les quedarán sin perdonar", dijo Jesús. (Juan 20:22-23)

El Catecismo explica que los pecados son perdonados inicialmente en el sacramento del bautismo. Cuando los pecados son cometidos después del bautismo, los fieles pueden recurrir al sacramento de la Reconciliación (también conocida como la confesión o penitencia), que veremos en detalle en el capítulo 13. "Por medio del sacramento de la penitencia el bautizado puede reconciliarse con Dios y con la Iglesia", explica el Catecismo. (980)

Vida eterna

El Credo de los Apóstoles concluye con una creencia en "la resurrección de la carne y la vida eterna", que veremos de forma individual, pero que obviamente, están estrechamente entrelazadas.

La resurrección del cuerpo

¿Qué significa la "resurrección de la carne" en la fe católica? Que no sólo nuestras almas vivirán después de nuestra muerte, sino también que nuestros cuerpos se unirán con nuestras almas y vivirán por toda la eternidad al final de todos los tiempos.

El término "cuerpo" también puede traducirse como "carne", la cual, explica el Catecismo, se refiere a la "debilidad y mortalidad" propias de la humanidad. Mediante la resurrección de la carne, el credo profesa que incluso el cuerpo mortal volverá un día a la vida. (990)

¿Cómo resucitan entonces los muertos? Bueno, empecemos con Jesús. Él murió en una cruz y fue enterrado en una tumba, pero tres días después, la tumba estaba vacía y varios de discípulos fueron testigos del Señor resucitado. Los católicos creen que así como Jesucristo resucitó entre los muertos, así también todos los creyentes se levantarán entre los muertos en el fin del mundo. (995)

La Iglesia enseña que, después de la muerte, nuestras almas viven, pero nuestros cuerpos decaen. En el juicio final, que veremos momentáneamente, Dios levantará nuestros cuerpos mortales y los transformará en entidades "gloriosas" o "espirituales". (999) Nadie puede saber realmente cómo ocurrirá esto, porque como explica el Catecismo, es algo que "sobrepasa nuestra imaginación e inteligencia", y sin embargo, está basado en la creencia en la Resurrección y en la Ascensión de Cristo. (1000)

> **Habla La Iglesia**
>
> La Parusía se refiere a la "segunda venida" de Jesucristo, que coincidirá con los "últimos días" o el fin del mundo tal como lo conocemos. Las referencias a la segunda venida de Cristo aparecen en el Nuevo Testamento. En ese momento, Cristo juzgará a los vivos y a los muertos.

En la fe católica, y en la fe cristiana en general, la muerte no es algo negativo, sino más bien una oportunidad de vivir con Dios por toda la eternidad. La Iglesia enseña que a través del sacramento del bautismo, los creyentes mueren con Cristo para vivir una vida nueva, y que en la muerte física completamos el acto y estamos unidos con él. (1010) Obviamente, para que esto suceda, tenemos que morir en "la gracia de Cristo", lo que significa que debemos prepararnos todo el tiempo para ello a través de la oración, viviendo el Evangelio y buscando el perdón por nuestros pecados.

El cielo, el infierno y el purgatorio

Cuando morimos, entramos en la "vida eterna", que comienza en el momento de nuestra muerte y no tiene fin. Pero antes de llegar a nuestro destino final y eterno, tenemos que hacer una parada importante en el camino: en el juicio.

Sí, es cierto. No entramos directamente al cielo sin tener que pagar por la entrada. La Iglesia enseña que Jesús verá lo que hayamos hecho o dejado de hacer, y tomará una decisión basado en eso.

¿Cuáles son nuestras opciones? Obviamente, el destino más solicitado es el cielo, pero no todo está perdido si no vamos directamente a él. Hay oportunidades para la "purificación" si no has estado a la altura de la regla de oro. La última opción, en la que nadie quiere pensar, es el infierno. Veamos todo esto con mayor detalle.

El cielo es la meta. Es allí donde, si morimos en la gracia de Dios y ya estamos purificados, llegaremos a conocer a Jesucristo cara a cara, y permaneceremos allí para siempre. (1023) Así que cuando hablamos del cielo, no estamos hablando de caminar por las nubes ni de comer chocolates todos los días; estamos hablando de alcanzar la "realización de las aspiraciones más profundas del hombre, el estado supremo y definitivo de dicha". (1024)

En el cielo, no sólo nos unimos con el Dios uno y trino, sino también con María, los ángeles, y con todos aquellos que han muerto antes que nosotros y que han llegado al cielo, tal como nos lo enseña la Iglesia.

Ahora, si no estás a la altura de los estándares de Dios, existe la posibilidad del purgatorio, el cual no es propiamente un lugar, ya que es una "purificación final". Significa que no fuiste perfecto del todo, pero tampoco fuiste tan malo que debas ser condenado por toda la eternidad. (1030)

Ir al purgatorio significa que alcanzarás la salvación eterna y la unión perfecta con Dios y con todos los demás que están en el cielo; podrías tener que pasar allá unos cuantos días, años o siglos a fin de pagar por lo que hiciste.

La Iglesia enseña que las almas que están pasando un tiempo en el purgatorio pueden ser ayudadas en su camino por nosotros, que seguimos haciendo tiempo aquí. Al orar y ofrecer misas por ellos, y al dar limosnas o hacer penitencia en su nombre, podemos darles el equivalente del tiempo servido.

Un Momento De Enseñanza

El purgatorio se basa en las Escrituras. En la primera carta a los Corintios, San Pablo utiliza la metáfora de una edificación para hablar del juicio de Dios después de la muerte: "… pero si lo que construyó llega a quemarse, lo perderá todo, aunque él mismo logrará salvarse como quien escapa del fuego". (1 Corintios 3:15) El fuego es la purificación del purgatorio, en comparación con las penas del infierno, mediante el cual nadie puede ser salvado, según la Iglesia.

Ahora llegamos al infierno; bueno, no literalmente, gracias a Dios. La Iglesia enseña que una vez vayas al infierno, no podrás salir de él. Se trata de un billete sólo de ida. No hay pases de salida. No hay manera de expresar esto con sutileza: el infierno es la condenación eterna, y está reservado para cualquier persona que muera en un estado de "pecado mortal sin arrepentimiento". El Catecismo dice que el infierno es un "estado de autoexclusión definitiva de la comunión con Dios y con los bienaventurados". (1033)

El infierno significa que nunca jamás podrás ver a Dios ni a todos los que están en el cielo por toda la eternidad. Jesús habló del *Gehena* y de sus fuegos que nunca se apagarán, y no se anduvo con rodeos:

> Así como la mala hierba se recoge y se echa al fuego para quemarla, así sucederá también al final del mundo. El hijo del hombre mandará a sus ángeles a recoger de su reino a todos los que hacen pecar a otros, y a los que practican el mal. Los echarán en el horno encendido, donde llorarán y les rechinarán los dientes. (Mateo 13:40-42)

Esto es bastante claro y elocuente, pero no te desanimes. La Iglesia enseña que nadie está predestinado a ir al infierno. Cada uno de nosotros puede escogerlo, pero la principal forma de ir al infierno es mediante la elección deliberada de rechazar a Dios sin aceptar su misericordia antes de la muerte. (1037)

El Juicio Final

Hemos hablado de la resurrección de los muertos, cuando nuestro cuerpo mortal se unirá a nuestras almas en el fin del mundo. Y cuando esto suceda, significa que Cristo habrá venido de nuevo y el mundo habrá terminado. Por lo tanto, esto será todo y no habrá más posibilidades.

En este punto, lo que se conoce como el "juicio final", la presencia de Jesucristo, revelará la verdad de la relación de cada persona con Dios. Basado en esta revelación, Jesús dará a conocer una sentencia definitiva sobre el lugar donde pasarás toda la eternidad. (1039)

Porque sólo Dios sabe la fecha y hora de este fin del mundo, la Iglesia no cesa de instar a sus miembros a estar preparados: "Manténganse ustedes despiertos, porque no saben ni el día ni la hora". (Mateo 25:13)

Una nueva esperanza

Aunque todo esto pueda parecer muy desesperanzador, la Iglesia —de nuevo basada en las Escrituras—, nos recuerda que los "justos" llegarán a reinar por siempre en el cielo con Jesucristo. (1042)

Citando el libro del Apocalipsis, el Catecismo nos dice que en esta "Jerusalén celestial", las lágrimas se secarán y la muerte dejará de existir. No habrá ningún sufrimiento, llanto ni dolor.

Así que si logras ir al cielo, te espera una eternidad de alegría y felicidad, más allá de lo que podemos imaginar en la tierra.

Puntos esenciales

- Los santos son aquellas personas cuyas almas están en el cielo, y que por su cercanía a Cristo, pueden interceder por nosotros.
- La devoción a la Virgen María, que data de tiempos antiguos, es una parte integral de la fe católica. María es la primera discípula, un modelo para todos los cristianos, y la Madre de Dios.
- Jesús instituyó el sacramento de la penitencia cuando les dijo a los apóstoles que lo que perdonaran en la tierra sería perdonado en el cielo, y que lo que desataran en la tierra también sería desatado en el cielo.
- La resurrección del cuerpo significa que, en el fin del mundo, nuestros cuerpos mortales se unirán con nuestras almas.
- Después de la muerte, las almas pueden ir al cielo, al infierno o al purgatorio, que es un lugar de purificación para aquellos que no eran perfectos cuando murieron.
- En el juicio final, Jesús revelará la verdad acerca de nuestra vida en la tierra y señalará nuestro lugar definitivo y eterno según esto.

Un misterio destinado a no ser resuelto

Los siete sacramentos de la Iglesia Católica son considerados como señales e instrumentos de la gracia que fortalecen la fe de un creyente y cada vez lo acercan más a Dios y a la verdadera santidad. Esto les proporciona a los católicos el camino a la vida divina, que es comunicado por el Espíritu Santo en cada uno de los sacramentos.

Los siete sacramentos, instituidos por Jesucristo y confiados a su Iglesia, se pueden dividir en tres categorías: los sacramentos de la "iniciación", que incluyen el bautismo, la confirmación y la Eucaristía, los sacramentos de la "sanación", que incluyen la penitencia y la unción de los enfermos; y los sacramentos de "compromiso", que incluyen las órdenes sagradas y el matrimonio.

En la sección anterior de este libro, vimos las creencias básicas de los católicos. Ahora veremos los rituales y las prácticas básicas que tienen las creencias y los hacen parte de la vida católica. En los próximos capítulos, exploraremos cada uno de los siete sacramentos en detalle, mirando las referencias bíblicas, así como las aplicaciones prácticas.

capítulo 11

La Misa no es sólo los domingos

La liturgia y por qué es tan importante

Los signos y símbolos en las celebraciones litúrgicas

Estatuas, vitrales y elementos sagrados

Desglosando el año eclesiástico

Para los católicos, no hay nada como la Misa. Es considerada una celebración conmemorativa, especialmente el "misterio pascual", que es la Pasión, muerte, Resurrección y Ascensión de Jesús. Los católicos que asisten a misa reciben la gracia y la fuerza del espíritu, al mismo tiempo que dan testimonio de su fe.

Aunque muchas personas creen que la Misa es sólo una obligación de carácter dominical, en realidad se celebra todos los días; de hecho, varias veces al día. El domingo puede ser un día especial para el culto en la Iglesia, pero no es, con mucho, el único día para la adoración. El primer día del año en que no se celebra misa en las iglesias católicas de todo el mundo es el Viernes Santo, cuando se conmemora la crucifixión y muerte de Jesús.

La Misa se compone de dos partes: la Liturgia de la Palabra y la Liturgia de la Eucaristía, y es fundamentalmente la misma en todas partes. El lenguaje puede variar de un país a otro, pero la Misa sigue siendo la misma.

En este capítulo, veremos la liturgia más de cerca, qué es, y por qué es tan importante. También veremos algunos de los elementos que la mayoría de las personas asocian tan estrechamente con la liturgia católica, desde el agua bendita y el incienso, a la música y los vitrales.

Habla La Iglesia

En una época, la liturgia se refería a una obra o deber público. En la fe cristiana, sin embargo, la liturgia se refiere al culto oficial y público que la separa de la oración privada. Al asistir a la misa católica, por ejemplo, estás asistiendo a una liturgia.

¿Qué es la liturgia?

La *liturgia* es allí donde el Pueblo de Dios "participa en la obra de Dios" y donde Jesucristo "continúa la obra de nuestra redención". (1069) El Catecismo llama a la liturgia la "cumbre" de toda la Iglesia y un lugar "privilegiado "para anunciar el Evangelio de Jesucristo. Pero la liturgia no es sólo es la cima de la vida de la Iglesia, sino también la "fuente" de la vida eclesiástica. Todos el "poder" de la Iglesia se deriva de ella. (1074)

A través de la liturgia, los creyentes pueden pasar de lo visible a lo invisible, del "signo a lo significado". (1074-1075) En otras palabras, es gracias a las manifestaciones físicas de la fe —la liturgia, los sacramentos y la oración—, que los católicos pueden tener acceso a las dimensiones espirituales de la fe de una manera más profunda y personal. (1074)

La liturgia está íntimamente ligada a la Santísima Trinidad, por lo que el Padre, el Hijo y el Espíritu tienen un papel en cada Misa. El padre bendice a los fieles a través de su Palabra encarnada, Jesucristo, y derrama en los corazones de los creyentes el don de los dones, el Espíritu Santo. (1082)

Durante la liturgia, Jesucristo manifiesta su propia muerte y resurrección una vez más. El Catecismo explica que Jesús destruyó la muerte con su resurrección, y que su misterio pascual no se queda en el pasado, sino que "participa en la eternidad divina", lo que significa que está presente y en toda su plenitud en cada liturgia. (1085)

El Espíritu Santo ocupa un lugar central durante la liturgia. En cada celebración de la liturgia, el Espíritu Santo es enviado para llevar a los creyentes a la comunión con Jesucristo, y para formar su "cuerpo" en la tierra.

El Catecismo llama al Espíritu el "artesano" de los sacramentos (1091) y dice que éste prepara a la Iglesia para encontrar a Cristo en la liturgia. El Espíritu, mediante su poder transformador, hace que la obra de Cristo se manifieste en cada liturgia. (1112)

Un Momento De Enseñanza

La liturgia católica combina elementos de adoración de la Antigua Alianza, o tradición judía, e incorpora elementos de la Nueva Alianza. Durante la liturgia, los fieles suelen escuchar una lectura del Antiguo Testamento, además de uno de los Salmos, seguido de una lectura de las epístolas o cartas del Nuevo Testamento, así como de una lectura por separado de uno de los cuatro Evangelios. Estos textos se leen en un ciclo de rotación para que durante un período de tres años, los católicos repasen gran parte de las Escrituras.

Así en la tierra como en el cielo

La Iglesia enseña que la liturgia es una "acción" del "Cristo total", es decir, que como jefe de la Iglesia, Jesús es el "sumo sacerdote" que se ofrece una y otra vez sin fin a su padre, junto con su Iglesia, tanto en la tierra como en el cielo. Esto quiere decir que la liturgia celebrada por los católicos practicantes está asociada a una liturgia celestial. (1136)

La enseñanza de una "liturgia celestial" se encuentra en el Libro del Apocalipsis, donde Juan habla de una visión del cielo y de lo que sucederá en la próxima vida. Él ve un trono, rodeado por 24 ancianos también en los tronos, que se refieren a los "siervos del Antiguo y Nuevo Testamento", según explica el Catecismo. (1138) Él ve a los ángeles y a los apóstoles, así como a las almas de los "sacrificados por el testimonio que dieron de la palabra de Dios", y que se refiere a los mártires de la Iglesia. Él ve a la "novia, la esposa del Cordero, que se refiere a María la Madre de Dios, y ve "una gran multitud, que nadie podía contar, de todas las naciones, razas, pueblos y lenguas". (Apocalipsis 7:9)

Juan nos está diciendo que liturgia en la que participan los católicos aquí en la tierra es una participación en la misma liturgia celebrada en el cielo.

La liturgia une a los católicos en un culto público, que es un aspecto crítico de la fe. No basta con orar a solas; la comunidad es un aspecto importante de ser católico. Esto no se debe a que los católicos sean mejores como grupo de lo que son como individuos, sino a que los católicos están llamados a ser el Cuerpo de Cristo en compañía de los demás.

Es por eso que a los católicos se les conoce como un "pueblo sacerdotal", donde cada persona actúa de acuerdo con su vocación y papel, pero está unida en el Espíritu Santo. En otras palabras, el clero ordenado está presente para presidir la Misa, y los hombres y mujeres laicas están presentes y participan a través de los ministerios en la Iglesia y en la asamblea. (1144)

serás Absuelto si ...

¿Te preguntas por qué los católicos se persignan con agua bendita? El agua bendita ha sido bendecida por un sacerdote o diácono. Se le llama "sacramental", y es un recordatorio de las aguas purificadoras del bautismo. Los católicos suelen sumergir los dedos de su mano derecha en el agua bendita al entrar en una iglesia, y hacen la señal de la cruz. Es un acto de reverencia, reconociendo que están entrando a un lugar sagrado; también es un compromiso renovado con los votos hechos en el bautismo.

Signos y símbolos

La liturgia es una celebración que reúne los signos y símbolos diseñados para ayudar a los seres humanos a establecer una conexión con su Padre celestial. En la Iglesia, los signos y los símbolos son importantes y necesarios porque permiten que los seres humanos nos comuniquemos con Dios de una manera más cómoda y familiar, pues estamos acostumbrados a las realidades físicas. (1146) En otras palabras, usamos cosas que son reales y comprensibles para nosotros.

La Iglesia toma sus signos sacramentales y símbolos de la creación de la "vida social" de la humanidad y de la Antigua Alianza.

Los símbolos de la creación incluyen la luz y la oscuridad, el viento y el fuego, el agua y la tierra, los árboles y sus frutos. Para los católicos, los símbolos se encuentran en elementos físicos como el agua bendita, las velas y las flores. (1147)

Los símbolos de la "vida social" incluyen el lavado y la unción, el pan y compartir el cáliz. Estas actividades, que se relacionan estrechamente con las actividades cotidianas de los seres humanos, son una parte importante de la liturgia católica, ya que son "un medio para expresar la acción de Dios que santifica a los hombres, y la acción de los hombres que le rinden culto a Dios". (1148)

Por último, los símbolos tomados de la Antigua Alianza, incluyen la unción y consagración, la imposición de las manos, los sacrificios, y lo más importante, la Pascua. La Iglesia utiliza estos símbolos, ya que "anuncian" los sacramentos de la Nueva Alianza. (1147)

Durante su vida, Jesús utilizó muchos de estos signos y símbolos en la predicación y las curaciones. Él hizo una pasta de barro y de agua para curar a un ciego. Convirtió el agua en vino en Caná. Multiplicó los panes y los peces para alimentar a cinco mil personas. Caminó sobre el agua. Habló sobre las aves del cielo y los lirios del campo, sobre las semillas de mostaza y las montañas. Sus enseñanzas estaban llenas de un tipo de simbolismo que podía ayudarles a los seres humanos a entender algo más grande que ellos, y la Iglesia sigue utilizando estos signos y símbolos en la actualidad.

Palabras y actos

La Liturgia de la Palabra es la parte de la Misa que se centra en la lectura de la Escritura. El Catecismo explica que la liturgia es "una reunión de los hijos de Dios con su Padre, en Cristo y el Espíritu Santo". La reunión es un "diálogo" de palabras y actos, y las palabras no son menos importantes que los actos. (1153)

Los fieles se alimentan a través de la Liturgia de la Palabra, pero se trata de algo más que de una simple lectura de las Escrituras. Si vas a una misa católica, podrás ver el leccionario, o libro de la Escritura, llevado en procesión con velas, y ser venerado con incienso en algunas ocasiones. Se lee desde un atril o púlpito, y luego el sacerdote o el diácono utilizan su homilía para explicar las lecturas con mayor detalle, o para enseñar a través de ellas. La congregación participa en las Escrituras mediante los responsorios y el canto.

Los católicos creen que la palabra de Dios es proclamada con autoridad y acogida con fe, y que tiene el poder de cambiar nuestros corazones, nuestras mentes, y nuestra propia realidad.

El incienso es una resina o goma fragante que desprende humo cuando se quema. La Iglesia utiliza el incienso como un "sacramental" (que más adelante veremos con mayor detalle). Se utiliza en la Misa para "venerar" o mostrar respeto por el libro de los Evangelios, el altar, la asamblea de los fieles, la Eucaristía, y mucho más.

Haciendo música

La música sacra es una parte importante de la liturgia católica, especialmente en la liturgia del domingo, pero no toda la música antigua es utilizada. Las canciones cantadas en la Misa deben estar en armonía con la doctrina católica y con la Escritura, y deben ser apropiadas para el ritual litúrgico.

El Catecismo explica que el canto y la música en la Misa están "estrechamente vinculados a las celebraciones litúrgicas de la Antigua Alianza" y que la combinación de la música las palabras sacras son una parte necesaria de la liturgia. (1156)

Además, la música no debe estar reservada exclusivamente a los integrantes del coro. La Iglesia enseña que la música sacra debe ser accesible a los fieles y que la asamblea debe ser animada a participar.

San Agustín dijo: "El que canta ora dos veces".

Se podría pensar que música de la Iglesia contemporánea significa cantar *Kumbaya,* esa canción favorita y popular de la década de 1970. La música contemporánea de hoy está, al igual que la música coral, arraigada en la enseñanza de la Escritura y la Iglesia, aunque a veces no esté acompañada de panderos o maracas.

Las imágenes sagradas

Cuando la mayoría de las personas piensan en iglesias católicas, se imaginan vitrales y estatuas, cosas que les dan a las iglesias su identidad. Pero ¿por qué son tan importantes esas imágenes?

En primer lugar, la Iglesia enseña que cuando se trata de las imágenes sagradas, no hay nada más importante que la imagen de Jesucristo. Las demás imágenes sagradas simplemente reflejan cómo Jesús ha glorificado a las demás, y que no deben reemplazar a la imagen de Cristo.

El Catecismo explica, "la iconografía cristiana expresa en imágenes el mismo mensaje evangélico que la Sagrada Escritura transmite con las palabras". (1160)

Así que las estatuas y vitrales de la Santísima Virgen, los santos y los ángeles, tienen el propósito de llamar a los fieles a acercarse a Cristo para contemplar su promesa de salvación, y de cómo estos hombres y mujeres santos sirven como testigos de esto durante sus vidas y se unen a Cristo en la vida eterna. (1161)

> **Habla La Iglesia**
>
> Un crucifijo es una cruz que contiene una figura de Cristo. Las iglesias católicas tienen un crucifijo detrás o en el altar. Muchos católicos tienen un crucifijo colgado en sus casas.

Una iglesia para todas las estaciones

El domingo es el epicentro del calendario litúrgico católico, porque es lo que la Iglesia considera el "Día del Señor", que es el día de la Resurrección. La culminación de la celebración sagrada de la Resurrección es la celebración anual de la Pascua.

Aunque el domingo es un día muy importante, todo el año litúrgico está destinado a celebrar el "misterio de Cristo", desde su Encarnación hasta su regreso al final de los tiempos. De este modo, la Iglesia celebra la liturgia no sólo los domingos sino todos los días, con días de fiesta reservados especialmente para honrar a María y a los santos. El Catecismo explica que desde el momento de la ley mosaica, las "fiestas observadas" se han cele-brado para dar gracias a Dios y para inculcar la fe en cada nueva generación. (1164)

¿Cómo se convirtió el domingo en el día del Señor? La Iglesia celebra el misterio pascual cada ocho días, reconociendo el domingo como el día transmitido por la Tradición de los Apóstoles como el Día del Señor. El Catecismo explica que la resurrección de Jesús es al mismo tiempo el primer día de la semana, que conmemora el primer día de la creación, y el "octavo día", que Jesús, después de haber descansado en el Gran Sábado, instituyó como el "día que ha hecho el Señor". (1166)

El año litúrgico

El Catecismo explica que la Semana Santa es la "fiesta de las fiestas" en el año litúrgico, que se celebra después de lo que se conoce como el Triduo Pascual, que son los tres días previos a la Pascua: el Jueves Santo, Viernes Santo y Sábado Santo. (1168)

Es probable que hayas notado que la Semana Santa, a diferencia de la Navidad, no tiene una fecha determinada y se mueve de un año a otro. Esto se debe a que, en el Concilio de Nicea en el año 325, la Iglesia decidió que la Pascua cristiana se celebraría el domingo siguiente a la primera luna llena después del equinoccio de primavera (esta es la fecha en que el día y la noche tienen casi la misma duración, marcando el primer día de primavera). Debido a los diferentes métodos que existen para calcular esto según el calendario judío, la fecha de la Pascua varía a veces entre las Iglesia Católica y la Ortodoxa Oriental.

Un Momento De Enseñanza

El año litúrgico comienza con el primer domingo de Adviento, que cae a finales de noviembre o principios de diciembre de cada año. El Adviento es el período de 4 semanas de preparación para la Navidad, y es seguido por la temporada de Navidad. La Cuaresma es el tiempo de 40 días de preparación para la Pascua y es seguida por la temporada de Pascua. El resto del año eclesiástico se conoce como "tiempo ordinario".

La liturgia de las horas

Los apóstoles predicaron que los cristianos deben "orar sin cesar". Esto se hace realidad con algo que se llama la Liturgia de las Horas, o el "Oficio Divino", una oración pública que se reza de común acuerdo con el ritmo de las horas del día y la noche.

Más estrechamente asociada con la vida monástica, la Liturgia de las Horas debe ser orada por todos los fieles tanto como sea posible. En el Catecismo se le conoce como una "extensión de la celebración de la Eucaristía". (1178)

La Liturgia de las Horas se compone de oraciones, salmos, himnos, pasajes de las Escrituras y lecturas espirituales que se recitan en ciertas horas del día.

Lectio Divina significa "lectura sagrada" y se refiere a un método para profundizar en las Escrituras o en otras lecturas espirituales como una forma de oración. Por lo general incluye cuatro pasos: la lectura de un pasaje, meditar en ella, rezar o responder a Dios, y luego contemplar o escuchar la respuesta de Dios.

Locación, Locación, Locación

Con el fin de celebrar la liturgia, las personas necesitan un lugar para adorar, y por eso tenemos tantas iglesias. El Catecismo explica que como "toda la tierra es sagrada" y le fue dada a la humanidad, no hay un lugar específico que sea adecuado para el culto. Después de todo, se supone que cada uno de nosotros es un templo del Espíritu Santo. (1179)

Dicho esto, se espera que los fieles levanten un lugar que sea "de buen gusto y un lugar digno para la oración y las ceremonias sagradas". Una iglesia es un lugar para que la comunidad se reúna. Es un lugar donde la Eucaristía es "celebrada y reservada", y donde los signos y símbolos convergen para demostrar que Cristo se manifiesta allí. (1181)

En todas las iglesias hay ciertos elementos sagrados básicos:

- El **altar** es el centro de la iglesia, donde el sacrificio de Jesús en la cruz está presente a través de los signos sacramentales. Es también la mesa del Señor, a la que es invitado el Pueblo de Dios. (1182)

- El **tabernáculo** es un lugar de dignidad donde la Eucaristía es servida de nuevo. Cuando la Eucaristía, el pan consagrado, también conocido como el Santísimo Sacramento, está presente en el tabernáculo, una vela está encendida cerca de ella en todo momento. (1183)

- El **crisma** es el aceite bendecido por el obispo local y se utiliza para la unción de algunos sacramentos. Se reserva en un lugar seguro en el santuario, que es la parte de la iglesia que contiene el altar. (1183)

- La **silla** del obispo (cátedra) o del sacerdote, muestra su posición al "presidir la asamblea y dirigir la oración". (1184)

- El **atril** o púlpito, es donde se proclama la Escritura. (1184) Es el podio desde donde se lee la Escritura.

- La **pila bautismal**, que contiene el agua bendita, es donde se realiza la celebración del sacramento del bautismo. También se puede utilizar cuando los fieles renuevan sus promesas bautismales en ciertas liturgias. (1185)

- El **confesionario** debe estar presente para que los fieles pueden buscar la reconciliación a través del sacramento de la penitencia. (1185) Consiste generalmente en una cabina cerrada donde los creyentes les confiesan sus pecados a un sacerdote en privado.

- La iglesia debe tener un lugar donde los fieles puedan sentarse en **oración silenciosa**.

- El Catecismo explica que la iglesia visible es un "símbolo de la casa del Padre" hacia la cual los fieles están en camino. Al cruzar el umbral de una iglesia, se pasa de un "mundo herido por el pecado" a un mundo de la "nueva vida". (1186)

Un Momento De Enseñanza

Aunque la mayoría de las liturgias se celebran en las iglesias, la iglesia no es necesaria para la celebración de la Misa. Jesús dijo: "Porque donde están dos o tres congregados en mi nombre, allí estoy yo en medio de ellos". (Mateo 18:20) Los sacerdotes pueden celebrar misas en los hospitales, en casas, en hoteles, y en muchos otros lugares.

Puntos esenciales

- La liturgia es la fuente y la cima de toda la actividad de la Iglesia.

- Los signos y los símbolos como el agua y el fuego, son las manifestaciones físicas de la vida espiritual que nos ayudan a entender mejor la obra de Dios.

- La música litúrgica, que debe seguir la doctrina de la Iglesia y la Escritura, es una parte integral de la liturgia. Los fieles están invitados a participar en la música.

- Las imágenes sagradas siempre tienen a Cristo en el centro. Incluso las imágenes de María, de los ángeles y de los santos, han sido diseñadas para que los fieles se acerquen más a Cristo, recordándoles la promesa de la salvación.

- El domingo es el principal día del año eclesiástico, y es considerado el día de la resurrección, que culmina en la Pascua de cada año.

- Las iglesias son signos visibles en la tierra de la casa del Padre en el cielo.

capítulo 12

Los sacramentos de la iniciación

El sacramento del bautismo

De cómo la confirmación fortalece la fe

La Eucaristía y su importancia

De cómo el pan y el vino se convierten en el cuerpo y en la sangre de Jesucristo

Los tres sacramentos de la iniciación cristiana son el bautismo, la confirmación y la Eucaristía. Juntos, proporcionan la base para una vida en la fe cristiana. A través del bautismo los fieles renacen, a través de la confirmación su fe cristiana se fortalece, y a través de la Eucaristía se nutren.

Estos tres sacramentos son los pilares de la fe. Todos los católicos, independientemente de que lo sean desde la infancia o cuando sean adultos, recibirán estos tres sacramentos como algo natural. El bautismo y la confirmación se reciben una sola vez, mientras que la Eucaristía se recibe con frecuencia y regularmente a lo largo de la vida.

En este capítulo, veremos estos tres sacramentos en detalle, y exploraremos no sólo sus dimensiones espirituales, sino también los rituales y las prácticas que hace que los católicos les den vida a los sacramentos cuando los reciban.

Yo te bautizo...

Para la mayoría de los católicos, el *bautismo* no es un sacramento que recuerden haber recibido, ya que probablemente eran niños cuando lo hicieron. Sin embargo, el bautismo es un sacramento fundamental para una vida de fe. Se trata de la "base" de la vida cristiana y de la puerta a todos los demás sacramentos. Citando al Concilio de Florencia de 1314, el Catecismo llama al bautismo la "puerta de entrada a la vida en el Espíritu". (1213)

A través del bautismo, los católicos son liberados del pecado (el pecado original y actual), nacen de nuevo en Cristo, y son bienvenidos a la Iglesia. La Iglesia enseña que al ser sumergidos en las aguas de una nueva vida, los fieles se unen a la muerte de Cristo y se levantan con él como nuevas creaciones.

El Catecismo explica que el bautismo produce el nacimiento del Espíritu, que es necesario para la salvación. A través de ésta, los fieles reciben la "iluminación", o la luz de la fe y, a su vez, se convierten en una luz de la fe para los demás. (1215-1216)

> **Habla la Iglesia**
>
> Bautizar, que viene de la palabra griega *baptizein,* significa "zambullirse" o "sumergirse" en el agua. El bautismo es el nombre para el rito principal utilizado en la celebración del sacramento: el derramamiento de agua sobre la cabeza de la persona bautizada o la inmersión de ésta en un charco de agua. En la Iglesia Católica, el primer procedimiento es más común. (1214)

Agua, agua por doquier

El bautismo es anunciado en la Antigua Alianza por medio de las muchas referencias al agua y de su papel en el plan de salvación de Dios. Tenemos el agua que cubría la tierra en los albores de la creación y de nuevo durante la gran inundación, la separación del Mar Rojo que permitió a los israelitas escapar de la esclavitud egipcia, y en el cruce del río Jordán, que llevó a los israelitas a la Tierra Prometida. (1219-1222)

Avancemos un poco y tenemos a Jesús —el cumplimiento de la Antigua Alianza— comenzando su ministerio público con el bautismo en el río

Jordán y terminando su vida terrenal con un corazón atravesado, del cual manaba agua (signo del bautismo) y sangre (signo de la Eucaristía).

Después de su resurrección, Jesús dijo a sus apóstoles "hagan discípulos a todas las naciones, bautícenlas en el nombre del Padre y del Hijo y del Espíritu Santo". (Mateo 28:19)

Desde el primer día de Pentecostés, la Iglesia ha bautizado a los que creen en Jesús como una manera de perdonar los pecados e impartir el Espíritu Santo. La Iglesia enseña que a través del bautismo, los católicos se "revisten de Cristo." (1227)

A lo largo de la historia, el proceso de la iniciación cristiana ha variado, con los primeros cristianos pasando por un período de catecumenado, o instrucción, a fin de prepararse para el bautismo. El bautismo de los niños, obviamente, no puede incluir la instrucción formal antes del sacramento, por lo que debe incluir la instrucción después del sacramento. Los adultos bautizados que no sean católicos y que desean ingresar a la Iglesia Católica son conocidos como "candidatos". No es necesario ser bautizados de nuevo. Los adultos no bautizados que desean entrar en la Iglesia Católica por medio del bautismo son llamados "catecúmenos". Ambos deben estudiar durante un tiempo a fin de prepararse para recibir los sacramentos, lo que sucede generalmente durante la Misa de Vigilia Pascual.

El rito del bautismo

Entonces, ¿cómo se realiza un bautismo y qué significan los signos y símbolos? Bueno, el rito comienza con la señal de la cruz. Durante el bautismo de los niños, el ministro, los padres y los padrinos suelen hacer la señal de la cruz en la frente del bebé. En el caso de los adultos, la persona bautizada hace esto por sí misma. La señal de la cruz tatúa en un sentido figurado a la persona que será bautizada, marcándola con la huella de Cristo.

Esto es seguido por la proclamación de la Palabra de Dios, es decir, de pasajes de las Escrituras que se leen en voz alta para "iluminar con la verdad revelada" al catecúmeno (el adulto bautizado) o al niño a través de los que estaban allí con el bebé, así como todos los demás reunidos para el bautismo. (1235-1236)

Esto es seguido por las oraciones de exorcismo, que no tienen nada que ver con la versión de Hollywood y todo lo relacionado con oraciones para proteger del mal a la persona bautizada y de impedir que esté libre de pecado (posteriormente hablaremos del exorcismo). El catecúmeno (o, en el caso de un bebé, quienes lo acompañan) renuncian de forma explícita a Satanás, momento en el que ya están listos para profesar la fe en la Iglesia. (1237)

Finalmente llegamos al "rito esencial" del bautismo, que es la inmersión del catecúmeno o del bebé en el agua, o el acto de verter agua sobre su cabeza, mientras se invocan a las tres personas de la Trinidad. Con cada nombre —Padre, Hijo y Espíritu Santo—, el catecúmeno o bebé es sumergido o se le vierte agua sobre su cabeza de nuevo. (1239) El último método es el más común en cualquier bautismo católico, pero sobre todo cuando participan niños.

Habla La Iglesia

El crisma es una mezcla de aceite y bálsamo, que es bendecido por el obispo y utilizado durante los ritos sacramentales como el bautismo, la confirmación y las órdenes sagradas.

Los recién bautizados reciben tres regalos:

1. La **unción** con el santo crisma, un aceite perfumado que simboliza el don del Espíritu Santo. A través de esta unción, el bautizado se convierte en alguien ungido por el Espíritu en Cristo.

2. Un **vestido blanco**, que simboliza que la persona recién bautizado se ha "revestido de Cristo".

3. Una **vela** encendida en el cirio pascual, que simboliza a Cristo como la luz del mundo y como la luz de la fe de la persona bautizada. (1241-1243)

El rito del bautismo concluye con una bendición solemne, y en el bautismo de un bebé, con una bendición especial para sus padres. (1245)

Si has estado en un bautismo de niños, probablemente hayas notado los vestidos blancos que se utilizan. El vestido blanco es una parte importante del rito bautismal y significa que la persona se ha "revestido de Cristo" y se ha levantado con él. Otro símbolo importante es la iluminación de una vela más pequeña que el "cirio pascual", realizado generalmente por un padrino o madrina. Esta luz significa que Jesucristo ha iluminado al recién bautizado, que ahora es "la luz del mundo" para los demás. (1243))

Cualquier persona, en cualquier momento

La mayoría de las personas asocian el bautismo en la Iglesia Católica con los bebés, pero la verdad es que cualquier persona puede ser bautizada a cualquier edad. El bautismo de adultos era la norma en la Iglesia primitiva, cuando los apóstoles bautizaron a los judíos y a los no judíos que creían en Jesucristo y que querían ser parte de su Iglesia en crecimiento.

Hoy, y al igual que en los primeros días del cristianismo, los adultos que quieren ser bautizados, se conocen como catecúmenos. Con el fin de ser iniciados en la fe católica, deben prepararse a través de la instrucción formal conocida como RICA (Rito de Iniciación Cristiana para Adultos).

Entonces, ¿por qué la Iglesia Católica bautiza a los bebés si no pueden ser instruidos formalmente en la fe? Como la Iglesia enseña que todos venimos a este mundo con el pecado original, ofrece entonces el bautismo como una manera de liberar a los niños de la potestad de las tinieblas, y para darles una vida nueva en Cristo. (1250)

El Catecismo, que llama al bautismo de los niños "una tradición inmemorial de la Iglesia", cita referencias bíblicas que muestran que, en la Iglesia primitiva, los niños pequeños eran bautizados con sus padres. "A esa misma hora de la noche les lavó sus heridas; luego él y toda su familia fueron bautizados". (Hechos 16:33) Según la Congregación para la Doctrina de la Fe de la Santa Sede, el bautismo infantil fue común por lo menos hasta el siglo segundo, pero es probable que lo haya sido desde el comienzo de la Iglesia, cuando familias enteras fueron bautizadas de una sola vez. (1252)

Cuando los católicos son bautizados, se les pregunta qué buscan en la Iglesia, y ellos, o bien los padres o padrinos del bebé, responden: "la fe". El bautismo no perfecciona la fe, pero les ofrece un punto de partida a los recién bautizados. El Catecismo explica que el bautismo conduce a los bautizados al "umbral de una nueva vida". Quedan muchas cosas más por hacer después del bautismo, especialmente para los niños que deben confiar en sus padres y padrinos para ser ejemplos de la fe, y animarlos en su viaje de fe a medida que crecen. (1235)

El bautismo es realizado habitualmente por un clérigo: un obispo, sacerdote o diácono. (En el capítulo 14 hablaremos con mayor detalle de los diáconos). Sin embargo, cuando un miembro del clero está ausente, una persona que haya sido designada legítimamente puede realizar bautismos. De hecho, cualquier persona, aunque no sea cristiana, puede bautizar a alguien "en caso de necesidad", como por ejemplo, cuando la muerte es inminente. Esto es posible siempre y cuando la persona intente hacer en el ritual lo que la Iglesia quiere que se haga, y si utiliza la misma fórmula de la Iglesia, ya sea sumergiendo en el agua a la persona que va a ser bautizada, o derramando agua sobre su cabeza y bautizándola en el nombre del Padre, del Hijo y del Espíritu Santo. (1256)

verdaderas confesiones

Una vez existió una teoría popular en los círculos de la Iglesia, que decía que los bebés que murieran sin el beneficio del bautismo iban a un lugar llamado *limbo,* donde nunca estarían unidos con Dios, como sí lo están las personas en el cielo, pero que tampoco sufrirían nunca. Sin embargo, en 2007, los miembros la Comisión Teológica Internacional designada por el Papa, sacaron al limbo del mapa teológico. Como reflejo de una Instrucción de 1980 sobre el Bautismo de Infantes de la Congregación para la Doctrina de la Fe, el Catecismo dice específicamente que la Iglesia confía los bebés que han muerto sin ser bautizados "a la misericordia de Dios como lo hace en el rito de las exequias por ellos". (1261)

Beneficios bautismales

La Iglesia enseña que Jesús dejó en claro que el bautismo es el camino necesario para la salvación de los creyentes, diciendo que no se puede entrar en el reino de Dios si no nacen del "agua y del Espíritu". (1257)

Por medio del bautismo, los católicos reciben el perdón no sólo por el pecado original, sino también por todos sus pecados personales y por los castigos que puedan generar. Se convierten en hijos adoptivos de Dios y logran participar en su "naturaleza divina" a través de las gracias que reciben del

Espíritu Santo. El bautismo "incorpora a los católicos en la Iglesia" y les da un papel en la misión de Cristo.

El Catecismo explica que por medio del bautismo, una persona ya no pertenece a sí misma, sino a Cristo. (1265-1269) El sacramento también une a todos los cristianos, e incluso a aquellos que aún no están "en plena comunión" con la Iglesia Católica, quedan unidos al cristianismo gracias al bautismo. (1271)

Finalmente, el bautismo es un sacramento que sólo se recibe una vez. La Iglesia enseña que el bautismo deja una "huella espiritual indeleble" o "sello" en la persona bautizada que dura para siempre. Ningún pecado ni elección posterior de la persona bautizada puede borrar este sello. Sin importar lo que pase después, el efecto del bautismo es para siempre. (1272)

Un Momento De Enseñanza

Cuando eres bautizado, normalmente recibes un nombre de pila, que es el nombre de una virtud cristiana, como por ejemplo, la Fe o la Esperanza, o el nombre de un santo que servirá como modelo de fe y de patrón, como por ejemplo, Ana o José. Sin embargo, muchos padres hoy en día no les dan a sus hijos estos nombres de pila, y la Iglesia está de acuerdo con esto. Por otra parte, el Catecismo, citando el Código de Derecho Canónico, dice que los padres no pueden dar a sus hijos nombres que sean "ajenos al sentir cristiano", como por ejemplo, Lucifer o Voldemort. (2156)

El sacramento de la Confirmación

La confirmación no es una idea de último momento en la Iglesia Católica, a pesar de que en el rito latino se presente generalmente muchos años después del bautismo infantil. La Iglesia enseña que la confirmación es necesaria para completar la gracia recibida en el bautismo. Es gracias a la confirmación que los católicos se unen de una manera más íntima a la Iglesia y reciben la fuerza del Espíritu Santo para ayudarles en su camino espiritual. (1285)

Sellado con el Espíritu

Por medio de la confirmación, un católico se comprometa plenamente con la vida de la fe y de la Iglesia. El Catecismo explica que la unción de la confirmación es un "signo de la consagración", que le permite a la persona ungida "compartir en mayor medida la misión de Jesucristo y la plenitud del Espíritu Santo". (1294)

La persona que está siendo confirmada recibe la marca o el "sello" del Espíritu, así como Jesús fue marcado con el sello de su Padre. El sello del Espíritu en la Confirmación significa una "pertenencia total" a Cristo. (1295-1296)

Al igual que con el bautismo, la confirmación deja una marca indeleble en un católico, razón por la cual este sacramento se recibe una sola vez.

El rito esencial de la confirmación se produce cuando la persona que está siendo confirmada, también llamada "confirmando", es ungida en la frente con el santo crisma, mientras que se dicen las siguientes palabras: "Recibe por esta señal el don del Espíritu Santo". (1300)

Del Pentecostés en adelante

La confirmación es el equivalente moderno de lo que los apóstoles experimentaron en el primer Pentecostés, el derramamiento del Espíritu Santo.

El Catecismo explica que por medio de la confirmación, los católicos reciben un aumento de la gracia bautismal, cada vez se arraigan más como hijos de Dios, están más firmemente unidos a Jesucristo, reciben un mayor número de dones del Espíritu Santo, perfeccionan su vínculo con la Iglesia, y reciben una fuerza especial para defender y propagar la fe. (1303)

Todos los católicos bautizados que no se confirmen, deben ser confirmados en el "momento apropiado". En el rito latino de la Iglesia de EE.UU., el momento adecuado se ubica entre la "edad de la discreción", que es de alrededor de los siete y los dieciséis años. (1307)

El Catecismo explica que para ser confirmados, los católicos deben prepararse con una instrucción diseñada especialmente para "despertar a un sentido de pertenencia a la Iglesia de Jesucristo, a la Iglesia universal, y a la comunidad parroquial". Los confirmandos suelen recibir esta instrucción dentro de sus comunidades parroquiales, ya sea mediante clases ofrecidas como parte de su plan de estudios en la escuela católica o, recibiendo clases después de la escuela o en la noche (generalmente, una vez por semana) en caso de estudiar en escuelas públicas. La mayoría de los niños asisten a clases regulares de educación religiosa durante sus años escolares, culminando la confirmación cuando cursan la escuela secundaria.

La persona que va a ser confirmada elige un patrocinador, que suele ser un padrino, un familiar o un amigo que le ofrecerá ayuda espiritual y le servirá como un modelo a seguir. El confirmando también elige el nombre de un santo, así como en el bautismo, en calidad de patrocinador y modelo de fe. Existen muchísimos nombres de santos, pero algunos de los ejemplos más comunes son José, Ana, Juan, Teresa, Catalina y Francisco. Puede ser el nombre de un santo muy conocido o de otro desconocido, siempre y cuando la Iglesia reconozca que efectivamente se trata de un santo.

La confirmación es administrada por un obispo, aunque éste puede darles a los sacerdotes la facultad de hacerlo si es necesario. El Catecismo explica que el motivo por el cual el obispo es la primera opción, tiene que ver con su papel como sucesor de los apóstoles. Como ministro de este sacramento, el obispo une a quienes están siendo confirmados más estrechamente con la Iglesia y con sus "orígenes apostólicos". (1313)

Al igual que el sacramento de la primera Eucaristía o Comunión (que veremos más adelante), la confirmación es un día muy especial en la vida de un católico. Normalmente, todos los niños que van a ser confirmados en una parroquia se reúnen en la iglesia parroquial con su familia y amigos para una ceremonia en la que cada niño (a menudo vestidos con túnicas de color rojo o blanco) se presenta ante el obispo con su patrocinador y es ungido con el crisma.

La Eucaristía: El misterio más grande

El tercer sacramento de esta serie es la Eucaristía, el sacramento central de la fe católica. Todo en la vida de la Iglesia deriva de la Eucaristía y se dirige hacia ella: "La Eucaristía es fuente y cima de la vida cristiana". (1324)

Para algunas personas, la Eucaristía, que los católicos reciben durante la Misa, puede parecer simple pan y vino, pero es mucho más que eso. De hecho, los católicos creen que durante la Misa, el pan y el vino se convierten en cuerpo y sangre de Jesús, lo que se conoce como la "presencia real", aunque mantengan la apariencia del pan y del vino.

La Eucaristía o Comunión, como se le conoce comúnmente, es el sacrificio del cuerpo y la sangre de Jesucristo, que están a disposición de la humanidad como una forma de "perpetuar el sacrificio de la cruz a lo largo de los siglos, hasta su regreso", tal como explica el Catecismo. En la Última Cena, cuando Jesús celebró la Pascua con sus apóstoles, les dio la Eucaristía (el pan y el vino transformados en su cuerpo y sangre), como un memorial de su muerte y resurrección. El Catecismo llama a la Eucaristía sacramento de piedad, signo de unidad, vínculo de caridad y banquete pascual, en el cual los creyentes que consumen a Cristo están llenos de gracia y reciben una promesa de la gloria futura. (1323)

Así que para asegurarse de estar comprometidos con la profundidad de la Eucaristía, los católicos creen que el pan y el vino ofrecidos en la misa realmente se convierten en el cuerpo y en la sangre de Jesucristo mediante la *transubstanciación*. No creen que sea un símbolo del cuerpo y de la sangre, sino que a través de la oración de la consagración elevada por el sacerdote celebrante, el pan y el vino se *convierten* en Jesús.

La Eucaristía, explica el Catecismo, es la "culminación" tanto de la santificación del mundo que hace Dios a través de su Hijo, y de la adoración ofrecida por la humanidad a Jesucristo y, por medio de él, al Padre en el Espíritu Santo. (1325)

> **Habla la Iglesia**
>
> La transubstanciación es un término utilizado para describir la transformación del pan y del vino en el cuerpo y en la sangre de Jesús durante la celebración eucarística. Esto significa que durante la consagración ocurre una transformación completa de la sustancia, aunque mantenga la apariencia del pan y del vino.

El sacramento de la Eucaristía es conocido con muchos nombres diferentes en la Iglesia. La palabra "Eucaristía" se refiere a un acto de acción de gracias a Dios. Otros nombres para la Eucaristía son Banquete del Señor, Fracción del Pan, Memorial de la Pasión y de la Resurrección del Señor, Santo Sacrificio, Santa y Divina Liturgia, Santísimo Sacramento, y Sagrada Comunión, entre otros. (1328-1330)

En la Antigua Alianza, los dones del pan y del vino eran ofrecidos como una señal de acción de gracias al creador. El pan sin levadura de la Pascua, que conmemora el éxodo de los israelitas de Egipto, es renovado por Jesús, que toma el pan sin levadura de la Pascua y lo transforma en su cuerpo. El vino, que se ofrece como un "cáliz de bendición" al final de la Pascua judía, adquiere un nuevo significado cuando Jesús lo transforma en su sangre, dejando un recuerdo incesante de su sufrimiento por la Iglesia. (1334-1335)

Cuando Jesús multiplicó cinco panes para alimentar a una multitud de 5.000 (Juan 6:1-15), anunció la "sobreabundancia" del pan eucarístico. Del mismo modo, cuando convirtió el agua en vino en las bodas de Caná (Juan 2:1-11), anunció el banquete de bodas en el cielo, donde los fieles "beben el vino nuevo que se ha convertido en sangre de Cristo". (1335)

La Última Cena, la Primera Comunión

Jesús quiso dejarles a sus seguidores algo que siempre lo conectara con ellos. Lo hizo a través de la Eucaristía.

En la Última Cena, Jesús reunió a sus apóstoles en torno a él, sabiendo que la hora de su muerte se acercaba rápidamente. Cuando estaban sentados a la mesa de la Pascua, partió el pan, lo dio a los apóstoles, y les dijo: "Tomad y comed, porque éste es mi cuerpo". Luego tomó el cáliz de vino y les dijo: "Bebed todos de él, porque esto es mi sangre de la alianza, que será derramada por muchos para el perdón de los pecados". (Mateo 26:26-28)

Con esto, Jesús le "dio a la Pascua judía su sentido definitivo", explica el Catecismo. El "paso" de Jesús a su Padre por medio de su muerte y resurrección se convierte en la "nueva Pascua" y anticipa la pascua final que ocurrirá al final de los tiempos. (1340)

Así que Jesús dio su cuerpo y su sangre, y también hizo algo más: les pidió a sus discípulos: "Haced esto en conmemoración mía" (1 Corintios 11:24). Durante la Misa, en la oración de consagración, los acontecimientos de la Última Cena son narrados de nuevo a través de las palabras de Cristo y del poder del Espíritu Santo, y el pan y el vino se convierten en el cuerpo y en la sangre de Jesús.

En cada Misa católica, el Catecismo dice que la liturgia de la Eucaristía "se desarrolla de acuerdo a una estructura fundamental que se ha conservado a lo largo de los siglos". La liturgia, como hemos comentado en el capítulo anterior, se divide en dos partes: la Liturgia de la Palabra —que incluye lecturas de las Escrituras, la oración de intercesión y una homilía—, y la liturgia de la Eucaristía, que incluye la presentación del pan y del vino, la oración de consagración y la comunión. Esta doble celebración refleja la cena de la Pascua de Jesús, donde les habló por primera vez a sus discípulos sobre la Escritura y luego les dio su Cuerpo y su Sangre bajo las "especias" del pan y del vino. (1347)

En la Misa, Cristo es considerado como el "sumo sacerdote", y es representado por un sacerdote católico o por un obispo, que "actúa en la persona de Cristo". (1348) No se puede celebrar una misa católica sin un sacerdote o un obispo, aunque es posible contar con los servicios de la comunión u otras celebraciones litúrgicas que no incluyan la oración de consagración de la Eucaristía, pero que utilicen comuniones consagradas en una misa anterior. En estos casos, un diácono, una hermana o hermano religioso, o un laico, pueden oficiar. Los ministros extraordinarios de la Eucaristía son hombres y mujeres laicos que han sido entrenados para distribuir la comunión en la Misa o llevarla a los inválidos.

Un sacrificio que no termina

La Eucaristía no es sólo un recuerdo de la última cena de la Pascua de Jesús, sino también un recordatorio que hace que el sacrificio de Jesús en la cruz esté "siempre presente" para los creyentes. (1364) En otras palabras, el sacrificio de la muerte de Jesús en la cruz y el sacrificio de la Eucaristía en la Misa son "un solo sacrificio". (1367)

Para efectos de una mayor comprensión, piensa que cada vez que se celebra una misa católica, esto nos recuerda que Jesús ofreció su cuerpo y su sangre para redimir a la humanidad. En la Eucaristía, toda la Iglesia se une con el sacrificio de Jesucristo, desde el Papa y los obispos diocesanos, a los miembros de parroquias y la comunión de los santos en el cielo. (1371)

Es imposible explicar a cabalidad lo que ocurre durante la consagración de la Eucaristía en términos lógicos y humanos. Al igual que la Trinidad, la Eucaristía es una cuestión de fe que está en muchos sentidos más allá de nuestra comprensión; sin embargo, intentaré explicarla, ya que es muy importante para la comprensión de la fe católica.

La Iglesia enseña que a través de la consagración de la Eucaristía, que el pan y el vino se convierten en verdadero Cuerpo y Sangre de Jesús, aunque sigan manteniendo la apariencia del pan y del vino. ¿El pan y el vino consagrados tienen una apariencia diferente? No. ¿Tienen un sabor diferente? No. Son totalmente transformados en su esencia, pero no en su apariencia.

La presencia "verdadera, real y sustancial" de Cristo en la Eucaristía hace que este sacramento sea más importante que cualquier otro, y explica también otros aspectos de la vida católica con los que están familiarizados muchas personas. Por ejemplo, cuando los católicos entran en una Iglesia, se arrodillan en señal de reverencia ante la presencia de la Eucaristía. Cuando la Eucaristía está presente en el tabernáculo o en el altar —o cerca de él—, una vela está encendida en todo momento. Durante la consagración en la Misa, la mayoría de los católicos se arrodillan.

La Iglesia enseña que desde el momento de la consagración y durante el tiempo que permanezcan las "especies" eucarísticas, Cristo está presente en ellos y no puede ser dividido. En otras palabras, cuando el sacerdote parte el pan de la Comunión y lo distribuye, no divide a Jesús, que está totalmente presente en cualquier pedazo de pan consagrado o sorbo de vino consagrado. (1378)

Estás Absuelto si ... Aunque la mayoría de los católicos reciben ahora la Comunión en la mano en el rito latino, todavía puedes recibir la comunión directamente en la lengua. Para aquellos que opten por recibirla en la mano, no deben hacerlo de cualquier manera. Deben hacerlo de un modo específico: colocas tu mano dominante en forma de copa sobre tu otra mano; por ejemplo, la derecha ahuecada en la izquierda, y dejas que el sacerdote, diácono o ministro encargado ponga la hostia de la comunión en la palma de tu mano. Entonces, antes de abandonar la presencia del ministro de la eucaristía, te llevas la hostia a la lengua con reverencia y con tu mano dominante.

En realidad, este es mi cuerpo

Al explorar la importancia de la Eucaristía y lo que se conoce como la "presencia real", la Iglesia se remite a los palabras que Jesús pronunció no solo en la Última Cena, sino también durante sus prédicas.

"Amén, amén, les digo: si no comen la carne del Hijo del Hombre y no beben su sangre, no tendrán vida". (Juan 6:53) En respuesta a este mandato duro y directo, la Iglesia invita a los creyentes a recibir la comunión los domingos y los días festivos, o, si es posible, todos los días, siempre y cuando hayan hecho un examen preparatorio de su conciencia o, cuando sea necesario debido al pecado grave, hayan asistido al sacramento de la reconciliación, el cual discutiremos en profundidad en el próximo capítulo.

Aunque se recomienda que los católicos reciban la comunión siempre que vayan a misa, están obligados a recibir la Comunión al menos una vez al año, durante la temporada de Semana Santa. (1389) En la Iglesia de EE.UU., el tiempo para el cumplimiento de esa obligación se extiende desde el primer domingo de Cuaresma hasta el Domingo de Trinidad, que es el primer domingo después de Pentecostés, o unas ocho semanas después de la Pascua.

Un Momento De Enseñanza

La Iglesia Católica les permite a los niños recibir el sacramento de la primera comunión cuando alcanzan el "uso de razón", generalmente alrededor de los 7 años, o cuando están en segundo grado.

Al explorar el significado de la Eucaristía y lo que se conoce como "la presencia real", la Iglesia se remite a las palabras de Jesús no sólo en la Última Cena, sino también durante su predicación.

La Iglesia enseña que así como Jesús no puede ser dividido cuando la Eucaristía es partida o distribuida en la Misa, él también está completamente presente en las dos especies del pan y del vino, lo que significa que si lo recibes bajo una sola "forma", recibirás al Cristo real, verdadero y sustancial, íntegro y entero. Sin embargo, el Catecismo explica que el signo de la comunión es "más completo" cuando se recibe bajo las dos especies. (1390)

Al recibir la Eucaristía, o la Santa Comunión, los católicos están íntimamente unidos a Jesús. La Eucaristía sirve como base para una vida en Cristo, con el alimento espiritual de la Comunión haciendo por la vida espiritual del creyente lo que la comida material hace por la vida humana. (1391-1392)

Puntos esenciales

- Hay tres sacramentos de la iniciación en la fe católica: bautismo, confirmación y Eucaristía.

- El bautismo lava el pecado original, los pecados actuales, y sus castigos, y sienta las bases para una vida en Cristo.

- La confirmación completa la iniciación comenzada en el bautismo, uniendo al receptor más perfectamente con la Iglesia como un verdadero testigo de Cristo.

- La Eucaristía, que es un recordatorio de la muerte de Cristo en la cruz, es el sacramento central de la fe católica.

- El pan y el vino se transforman en el cuerpo y la sangre de Jesucristo durante la plegaria eucarística de la Misa.

- La Iglesia recomienda que los católicos reciban la comunión en la Misa los domingos y los días de fiesta, pero los obliga a recibir la comunión al menos una vez durante la temporada de Semana Santa.

CAPÍTULO 13

Los sacramentos de curación

El significado del sacramento de la reconciliación

¿Es realmente necesario un sacerdote para perdonar los pecados?

Cómo hacer una "buena" confesión

La unción de los enfermos, y quiénes pueden recibirla

El sacramento de la reconciliación, también conocido como el sacramento de la penitencia (o a veces llamado simplemente "confesión"), y el sacramento de la unción de los enfermos, son los dos sacramentos de curación. Han sido instituidos por Cristo y confiados a la Iglesia como una manera de recobrar la fortaleza espiritual por parte de quienes están sufriendo a causa del pecado o la debilidad, en el caso de la reconciliación, o en la enfermedad o vejez, en el caso de la unción.

El Catecismo llama a Jesús "médico de nuestras almas y cuerpos" (1421) y explica que estos dos sacramentos continúan donde terminan los tres últimos. Los sacramentos de la iniciación les dan a los católicos una nueva vida en Cristo y en la comunidad cristiana. Pero somos humanos, y por lo tanto, tendremos que hacer frente a la enfermedad, ya sea física o espiritual, o ambas cosas. Los sacramentos de curación le permiten a la Iglesia continuar con la curación y salvación que Jesucristo llevó a los demás, y les ofrece a los creyentes una manera de renovar su fe en la Iglesia.

En este capítulo, pondremos estos dos sacramentos bajo el microscopio. Exploraremos los puntos más delicados de la reconciliación, desde la confesión y la penitencia, hasta el pecado y el perdón, y veremos los entresijos de la unción de los enfermos, que no está reservada sólo para aquellos que están muriendo.

Entender la confesión

El sacramento de la reconciliación suscita con frecuencia un montón de preguntas a los católicos y no católicos por igual. ¿Por qué los católicos tienen que confesarse con un sacerdote? ¿Cómo es que otro ser humano puede perdonar los pecados de alguien? ¿Qué pasa con estos misterios? ¿Será que alguien se confiesa todavía?

Este sacramento consiste en las posibilidades del perdón, la misericordia, y las segundas oportunidades. Los católicos recurren a él cuando quieren borrón y cuenta nueva, y empezar de nuevo con el alma libre de pecado, como lo hicieron el día en que fueron bautizados.

Cuando los católicos son bautizados, el pecado original y otros pecados que puedan haber cometido son lavados. ¿Por qué entonces es necesaria la reconciliación si el bautismo se encarga de todo? Aunque el bautismo nos ofrece el perdón por todos los pecados anteriores, no nos ofrece protección especial de los pecados futuros cometidos a lo largo de toda la vida, y no elimina la inclinación humana hacia el pecado.

> **Habla La Iglesia**
>
> Estar contrito significa estar arrepentido o lamentarlo. En términos católicos, significa lamentar tus pecados. Cuando los católicos rezan un Acto de Contrición, no sólo expresan el dolor por los pecados cometidos, sino también la promesa de tratar de evitar el pecado en el futuro.

La Iglesia enseña que el "llamado a la conversión" de Jesús, que comienza con el bautismo, es una parte permanente de la vida de los creyentes y de la Iglesia en su conjunto. Mediante la confesión, la penitencia y la renovación, un católico con un "corazón contrito" puede ser purificado y acercarse más a Dios y a la Iglesia. (1428) Así que no es suficiente con confesarse; debes estar verdaderamente arrepentido de lo que has hecho, y tener toda la intención de evitar el pecado en el futuro.

La penitencia no es castigo

La penitencia no es sólo un nombre para este sacramento, sino que es también la palabra utilizada para describir un acto que se realiza para reparar un pecado. Siempre que te confieses, recibirás una penitencia, que consiste generalmente en unas pocas oraciones o acciones que debes realizar como una forma de ayudar al proceso de conversión. Aún más, la penitencia, para ser más que un gesto vacío, presupone la penitencia o el arrepentimiento.

La penitencia no consiste en un castigo. El Catecismo explica que el llamado a la conversión de Jesús no consistía en el ayuno ni en una demostración pública de sufrimiento, sino en una penitencia interior que podría producir una "conversión del corazón". El Catecismo se refiere a esta penitencia interior como a una reorientación "radical de toda la vida". (1430-1431)

Así que el sacramento de la reconciliación no consiste sólo en confesarle tus pecados a un extraño que está detrás de una ventanilla o sentado frente a ti, sino en reformar tu vida, en abandonar el pecado, en expresar el dolor, y en comprometerse a tratar de vivir una vida centrada en Dios.

Eso no quiere decir que las formas concretas de la penitencia no tengan un lugar en una vida inclinada a la conversión, pues lo cierto es que lo tienen. De hecho, la penitencia interior conduce a las señales más visibles de la penitencia, como el ayuno, la oración y la limosna. (1434)

Esta conversión, explica el Catecismo, puede ser llevada a cabo en las actividades diarias de un católico, como el cuidado de los pobres, recibir la Eucaristía, confesarse, leer las Escrituras, renunciar a ciertas cosas como una forma de negación de sí mismo, y darles a los demás a través de obras de caridad. (1434-1439)

Un Momento De Enseñanza

En la historia del hijo pródigo de las Escrituras, un padre les da a sus dos hijos su parte de la herencia. Uno se queda en casa, ahorra su dinero y sigue ayudando a su padre. El otro hijo despilfarra el dinero hasta gastarlo todo, y tiene que aceptar un trabajo alimentando cerdos. Se da cuenta del error y vuelve a su padre, pidiendo clemencia. Su padre le da la bienvenida y le da un festín digno de un rey. (Lucas 15:11-32) ¿Cuál es la moraleja de esta historia? La profundidad del amor de Dios es tan grande, que no importa lo que hagamos, seremos perdonados si nos arrepentimos y regresamos a casa junto a él.

Cómo arrepentirse

Ahora llegamos a lo básico del sacramento de la verdadera reconciliación. Consiste en su "estructura fundamental", con dos actos "igualmente esenciales": la conversión del pecador a través de "la acción del Espíritu Santo", y la acción de Dios a través de la intervención de la Iglesia, que, a través de sus obispos y sacerdotes, perdona los pecados en el nombre de Jesucristo. (1448)

Explicaremos esto en términos aún más simples. El sacramento de la reconciliación requiere que una persona que, respondiendo a la gracia de Dios, se arrepienta genuinamente de lo haya hecho mal y quiera hacer las paces y reconciliarse con Dios. También requiere que un sacerdote o un obispo oren por esta persona, le impongan una penitencia, y absuelvan o perdonen los pecados de esta persona en el nombre de Jesucristo.

Tu imagen de la confesión puede ser la misma de aquellas películas que siempre retratan a los católicos arrodillados en confesionarios completamente oscuros, susurrándole a un sacerdote detrás de una ventanilla. Aunque los católicos pueden y deben utilizar los confesionarios, en realidad son el producto de una época anterior. Aunque tienen derecho a confesarse detrás de una ventanilla, actualmente, y la mayoría de las veces, los católicos se confiesan cara a cara. Simplemente se sientan frente al sacerdote en un salón o en un rincón tranquilo de la iglesia, y hablan como lo harían con un amigo.

Así es como tendría lugar una experiencia real de este sacramento. Si quisieras confesarte, harías esto:

- Antes de ir a confesarte, dedicarías un tiempo para hacer un "examen de conciencia". Esto significa reflexionar sobre lo que has hecho desde tu última confesión y pensar en los errores que has cometido o en los problemas que estás tratando de superar.

- Después de haber llevado tus pecados a tu conciencia, no sólo tienes que mirarlos, sino arrepentirte realmente de ellos.

- A continuación, te arrodillas en un confesionario o te sientas frente a un sacerdote, haces la señal de la cruz, y dices las siguientes palabras: "Bendíceme, padre, porque he pecado. Ha pasado [tanto tiempo] desde mi última confesión. Estos son mis pecados".

- Esta es la parte difícil. Ahora tienes que contarle tus pecados al sacerdote. Se supone que tienes que contarle *todos* tus pecados graves, no sólo aquellos de los que no se sientas muy avergonzado.

- Finalmente, el sacerdote te impondrá una penitencia. Podría decirte que reces tres padrenuestros y tres avemarías, que hagas algo bueno por tu esposa, o dediques un momento de cada día para estar en oración. No hay una penitencia determinada para pecados o pecadores en particular.

- Después de esto, el sacerdote suele darte un consejo. Luego orará por ti y te concederá la *absolución*. Podría pedirte que digas el Acto de Contrición en voz alta.

Habla La Iglesia

La absolución se refiere a la parte esencial del sacramento de la reconciliación o confesión, cuando el sacerdote o el obispo, a través del poder que le confió Cristo, perdona los pecados de la persona que se ha confesado. Al final de la confesión, el sacerdote o el obispo rezará por el penitente, diciendo: "Dios, Padre de las misericordias, que a través de la muerte y la resurrección de tu Hijo has reconciliado al mundo contigo mismo y enviado al Espíritu Santo para el perdón de los pecados; a través del ministerio de la Iglesia, que Dios te conceda el perdón y la paz; yo te absuelvo de tus pecados en el nombre del Padre y del Hijo y del Espíritu Santo".

Retrocedamos un minuto para hablar sobre el pecado. Hay dos tipos básicos de pecados: mortales y veniales. En el capítulo 15, analizaremos estos pecados con mayor detalle, pero mientras tanto, veamos algunos aspectos básicos.

Un *pecado mortal* es un pecado "grave", algo serio y malo, y que sabías muy bien que estaba mal cuando decidiste seguir adelante y hacerlo de todos modos. Cualquier violación grave de uno de los Diez Mandamientos, por ejemplo, se califica como un pecado mortal. Engañar a tu pareja, robarle a una persona todo lo que tenía para sobrevivir, matar deliberadamente a otra persona. Esos son algunos ejemplos de los pecados mortales.

Un *pecado venial*, por el contrario, es un pecado menor, algo que no es muy agradable, pero que probablemente sea un error o falla cotidiana, como por ejemplo, gritarles a tus hijos o pelear con tu marido.

Debes confesar todos los pecados mortales cuando vayas a confesarte. No tienes que confesar los pecados veniales, pero se recomienda hacerlo. De hecho, la Iglesia enseña que al confesarnos con frecuencia, terminamos con una conciencia más sólida, y somos más propensos a resistir las tentaciones del pecado. (1456-1458)

La Iglesia exige a todos los católicos que han alcanzado la "edad de la discreción" confesarse al menos una vez al año, preferentemente durante la temporada de Semana Santa. Además, si sabes que has cometido un pecado mortal, no podrás recibir la comunión sin haber pasado antes por el sacramento de la reconciliación. (1457)

La sección del Catecismo sobre la confesión omite un renglón importante que existe en el Código de Derecho Canónico, que es el de la ley de la Iglesia Católica. El Catecismo dice que si sabes que estás en un estado de pecado mortal, no podrás recibir la comunión sin antes confesarte, a menos que exista una "causa grave" y que no tengas absolutamente ninguna posibilidad de confesarte. El Código de Derecho Canónico (Canon 916) dice lo mismo, excepto que al final de la instrucción agrega que debes recordar que estás obligado a hacer un acto de contrición perfecta, que incluya el compromiso de confesarte tan pronto sea posible. En este sentido, el derecho canónico prevalece sobre el Catecismo.

Obviamente, la confesión tiene que hacerse ante un sacerdote. ¿Por qué? Bueno, porque la Iglesia enseña que Jesucristo les confió a sus apóstoles el ministerio de la reconciliación cuando les dio la facultad de perdonar los pecados en su nombre a través del poder del Espíritu Santo.

"Reciban el Espíritu Santo. A quienes ustedes perdonen los pecados, les serán perdonados; y a quienes no se los perdonen, les quedarán sin perdonar". (Juan 20:21-23)

Recuerda que los Doce Apóstoles son la "asamblea permanente" original, que actualmente tiene sus sucesores en el Colegio de los Obispos de la Iglesia. Por lo tanto, la Iglesia enseña que Jesús les concedió a los apóstoles y a sus sucesores directos el poder de perdonar los pecados. Los obispos y sus "colaboradores", los sacerdotes de la Iglesia, continúan el ministerio de perdonar los pecados en el nombre del Padre y del Hijo y del Espíritu Santo. (1461)

El Catecismo explica que los sacerdotes "deben animar a los fieles a acercarse al sacramento de la penitencia", y deben estar disponibles para celebrar el sacramento cuando así se lo pidan. (1463) El sacerdote, cuando administra el sacramento, se considera un "signo e instrumento del amor misericordioso de Dios para con el pecador". (1465)

> **Un Momento De Enseñanza**
>
> El sello sacramental de la confesión significa que un sacerdote está obligado "bajo castigos muy severos" a mantener en secreto todo lo que oiga durante la confesión. No hay excepciones a esto. (1467) Lo que sucede en la confesión, permanece en la confesión.

¡Las reglas del perdón!

Entonces, ¿cuál es el objetivo de la confesión? ¿No podrías susurrarle simplemente a Dios "Lo siento" y obtener el mismo resultado? No exactamente. La Iglesia enseña que el sacramento de la reconciliación, cuando el penitente está verdaderamente arrepentido, trae consigo una "resurrección espiritual", así como una sensación de "paz y serenidad". (1468) Pero aún más, produce la reconciliación con el pueblo de Dios y con la Iglesia, restaurando una comunión con otros cristianos que se había roto por el pecado. (1469)

Aunque las experiencias confesionales pueden variar de un sacerdote a otro, la experiencia de la confesión debe ser de serenidad y de alegría, no de vergüenza y miedo.

> **Habla La Iglesia**
>
> Una indulgencia es la liberación de la "pena temporal" por los pecados que han sido perdonados. (1471) El sacramento de la reconciliación perdona el "castigo eterno", pero eso no significa necesariamente que no tengas que pagar con un poco de tiempo por las consecuencias de tus pecados. Puedes reducir tu castigo a través de la reconciliación, de oraciones específicas, o de actos (indulgencias). Además de eso, si sientes generosidad, puedes ofrecer oraciones o acciones en nombre de otra persona y reducir así tu castigo.

El sacramento de la penitencia es siempre una acción comunitaria, ya que es uno de los siete sacramentos de la Iglesia. Sin embargo, y a pesar del aspecto comunitario del sacramento, la Iglesia exige que los católicos confiesen generalmente sus pecados a un sacerdote de manera individual, después de lo cual el sacerdote le da la absolución. Incluso en una celebración "comunitaria" del sacramento de la reconciliación, la confesión y la absolución individual están "insertadas" en la celebración de la comunidad. (1482) Sólo en los casos de "grave necesidad" es posible ofrecer una absolución general a un grupo sin previa confesión individual. Incluso en los casos de "absolución general", los que lo reciben deben tener la intención de confesar los pecados absueltos de forma individual para que la absolución entre en vigencia. (1483)

El Catecismo explica que hay "razones profundas" para la confesión individual, y la principal de ellas es el hecho de que Jesucristo "se dirige a todos los pecadores" de manera individual y "los reintegra" a la comunión con la Iglesia. "La confesión personal es pues, la forma más expresiva de la reconciliación con Dios y con la Iglesia". (1484)

La unción de los enfermos

Pocos de nosotros escapamos de una enfermedad grave en el transcurso de nuestras vidas. Ya sea que suframos enfermedades físicas o mentales, o los efectos debilitantes de la vejez, con el paso del tiempo todos tendremos que lidiar con cosas que nos detienen, afligen nuestro espíritu, o hacen que nos preguntemos por qué el sufrimiento es una parte normal de la vida.

La Iglesia ofrece el segundo sacramento de curación, la unción de los enfermos, como una manera de llevar consuelo y fortaleza espiritual a aquellos que han alcanzado el "uso de razón" y están en peligro debido a una enfermedad o a la vejez. Este no es un sacramento restringido sólo a los moribundos, y no es un sacramento que se reciba una sola vez. La unción de los enfermos está diseñada para fortalecer a los que están perdiendo fuerza espiritual y física.

El cuidado espiritual de los que sufren

La Iglesia recurre a Jesucristo en su papel de "médico" y sanador de cuerpos y almas cuando habla de este sacramento. Jesús tenía una cercanía especial con los enfermos y dolientes, ofreciéndoles esperanza y un toque sanador.

Cuando él dice: "Yo estaba enfermo y me visitaste" (Mateo 25:36), se identifica con los enfermos y les recuerda a los cristianos su llamado para ayudar a quienes padecen una enfermedad. (1503)

Esta profunda conexión entre Jesucristo sanador y los necesitados es la base para el sacramento de la unción de los enfermos. Aunque a veces este sacramento puede dar lugar a la curación física, no consiste en eso. Jesús no cura todas las enfermedades ni elimina todo el sufrimiento. Más bien, él les enseñó a sus discípulos que la enfermedad no era dueña de nosotros, pues él les había llevado el reino de Dios. "Con su pasión y muerte en la Cruz, Cristo le dio un sentido nuevo al sufrimiento: desde entonces, éste nos configura con él y nos une a su pasión redentora". (1505)

Estás Absuelto si ...

Podrías pensar en este sacramento como en los "últimos ritos", que no eran el nombre de un sacramento, sino un término que se aplica a tres sacramentos en particular que son ofrecidos a un moribundo: la unción de los enfermos, la penitencia, y la comunión. Aunque ya no se conocen como los últimos ritos, siguen siendo los "últimos sacramentos" que recibe un moribundo.

El quién y el por qué de la unción

El rito específico para la unción se remonta a la Carta de Santiago:

> Si alguno está enfermo, que llame a los ancianos de
> la Iglesia, para que oren por él y en el nombre del
> señor le unten aceite. Y si ha cometido pecados, les
> serán perdonados. (Santiago 5:14)

Esto nos da un punto de partida para hablar sobre los detalles de la unción de los enfermos. En primer lugar, y como lo hemos comentado anteriormente, el sacramento de la unción a los enfermos es exactamente eso: es para los enfermos, y no sólo para los moribundos. No importa la edad que tengas, lo joven que seas (siempre y cuando tengas uso de razón), o la enfermedad que tengas. Si estás gravemente enfermo, puedes recibir la unción. (1514)

No estás limitado a una sola unción en la vida. Si recibes la unción de los enfermos y luego te recuperas, podrás recibir el sacramento de nuevo si te enfermas gravemente o estás cerca de la muerte debido a la vejez. Incluso si no te has curado, podrás recibir el sacramento de nuevo si tu condición empeora. Puedes recibirlo antes de la cirugía, por sufrimiento físico o mental, o por cualquier otra condición que debilite tu cuerpo o espíritu. (1515)

Sólo los sacerdotes y los obispos pueden ser ministros de la unción de los enfermos, que pueden ser administrados en una iglesia, un hospital o en una casa de familia, para una persona o grupo de personas. (1517)

El rito esencial de la unción de los enfermos, generalmente precedido por un "acto de arrepentimiento" y por la lectura de la Escritura, incluye la imposición de las manos con el rezo de una oración por el sacerdote. El acto central de este sacramento es la unción de la frente y de las manos del enfermo con aceite bendecido por parte de un obispo, o bien la bendición por un sacerdote durante la celebración del sacramento. (1518-1519)

A través de esta unción, el creyente recibe la fuerza, la paz y el ánimo "para superar las dificultades que acompañan a la condición de enfermedad grave o a la fragilidad de la vejez". (1520) Esto no significa que habrá una curación física, aunque sea posible. Se trata más bien de la curación del alma, incluyendo el perdón de los pecados. Además, este sacramento está destinado a ayudar a que las personas enfermas asocien su sufrimiento con la Pasión de Jesucristo. (1521)

> **Habla La Iglesia**
>
> El viático es la Comunión final o Eucaristía, administrada a un moribundo junto con los sacramentos de la reconciliación y la unción. La Eucaristía que es dada justo antes del momento del "tránsito", adquiere mayor importancia, ya que prepara al moribundo para su viaje a la otra vida. (1524)

Por último, la unción de los enfermos prepara al creyente para la vida futura, y concluye el viaje que comenzó en el bautismo. El Catecismo explica que así como el bautismo nos prepara para la vida nueva y la confirmación nos fortalece para el "combate de esta vida", la unción nos "fortalece" al final de nuestro viaje. (1523)

Puntos esenciales

- El sacramento de la reconciliación y el sacramento de la unción de los enfermos son conocidos como los sacramentos de curación.

- El sacramento de la reconciliación, también llamado el sacramento de la penitencia o simplemente confesión, es una manera en que los católicos reciben el perdón por sus pecados después del Bautismo.

- Cuando te confiesas, recibirás una penitencia, que consiste generalmente en una serie de oraciones y acciones para ayudar a compensar las cosas que hiciste mal, y para restablecer los hábitos propios de un discípulo de Cristo.

- El sacramento de la unción de los enfermos es para aquellos que están muriendo, así como para los que sufren, ya sea física o mentalmente, debido a una enfermedad grave o vejez.

- La unción de los enfermos, puede recibirse más de una vez; ofrece el perdón de los pecados, y cuando se recibe al final de la vida con la reconciliación y la Eucaristía, prepara a un católico para el camino hacia el Padre.

capítulo 14

Los sacramentos de compromiso

Las órdenes sagradas y el sacerdocio exclusivamente masculino

Entender el matrimonio como un sacramento

Los signos sagrados de la gracia en los sacramentales y en las devociones populares

Los funerales cristianos en la fe católica

Finalmente, llegamos a los últimos dos de los siete sacramentos: el Orden y el matrimonio, conocidos como sacramentos de compromiso o sacramentos de servicio. A diferencia de los otros cinco sacramentos, que se centran en la construcción de la persona que los recibe, estos dos sacramentos se centran en la construcción de otras personas. En concreto, están destinados a la construcción del Pueblo de Dios.

El Catecismo explica que el Orden y el matrimonio están "dirigidos a la salvación de los demás". Pueden contribuir también a la salvación personal, pero sólo como un subproducto de servicio. (1534)

En este capítulo, exploraremos el Orden, que incluyen la ordenación de obispos, sacerdotes y diáconos, y veremos el matrimonio en la Iglesia católica y la forma en que se eleva al nivel de un sacramento.

El Orden

Podrías preguntarte qué es el sacramento del Orden. ¿Es la versión católica de ser escogido para servir a la Iglesia? Falso. El sacramento del Orden consiste en un llamado de Dios, y en continuar con la sucesión ininterrumpida del ministerio de los doce apóstoles originales hasta el fin de todos los tiempos.

El término "Orden" tiene sus raíces en la antigua Roma, donde una "Orden" se refiere a un "órgano civil establecido, especialmente de un órgano de gobierno". (1537) En la Iglesia Católica, el Orden "confiere un don del Espíritu Santo que permite el ejercicio de un 'poder sagrado', que sólo puede venir de Cristo por su Iglesia". Así que el don del Espíritu recibido en la ordenación no proviene de la comunidad ni incluso de la Iglesia, sino de Cristo *a través* de la Iglesia. (1538)

El sacerdocio

Antes de entrar en los detalles del Orden, veamos la historia de este sacramento. Al igual que muchos otros aspectos de la fe católica, el sacerdocio católico está prefigurado en el sacerdocio de la Antigua Alianza. Entre el pueblo elegido de Dios, los levitas fueron escogidos por Dios para ser sacerdotes. El catecismo expone cómo la Iglesia reconoce el sacerdocio de Aarón, el servicio de los levitas, y la "institución de los 70 ancianos" (Números 11:24), como prefiguración del ministerio ordenado de la Nueva Alianza. (1541)

Jesús, entonces, es visto como el cumplimiento de la Antigua Alianza. Él es el sumo sacerdote, el "único mediador entre Dios y la raza humana" (1 Timoteo 2:5). En la Nueva Alianza, sólo hay un sacerdocio de Jesucristo. También hay un solo sacerdote, Jesucristo. ¿Qué pasa con todos los que son ordenados como sacerdotes? El Catecismo dice que estos sacerdotes hacen presente al Sacerdote. Santo Tomás de Aquino dice que "sólo Cristo es el verdadero sacerdote; los otros (son) sólo sus ministros". Debido a esto, se dice que los sacerdotes ordenados hoy en día son miembros del "sacerdocio ministerial". (1545)

El hecho de que obispos, sacerdotes y diáconos sean los representantes de Cristo en la tierra, no quiere decir que estén libres de las debilidades, errores y pecados humanos. El Catecismo explica que el Espíritu Santo "no garantiza todos los actos de sus ministros de la misma manera". Lo que la Iglesia dice, sin embargo, es que los pecados del ministro no "impiden" la gracia recibida en los sacramentos, aunque los pecados puedan perjudicar a la Iglesia en ciertas ocasiones. (1550) Así que si estás bautizado o confirmado por un sacerdote que cometa un pecado atroz, el sacramento seguirá siendo válido.

Explicación sobre la ordenación

La Iglesia enseña que hay tres "grados" de *ordenación*: episcopado (obispo), presbiterado (lo que llamamos sacerdotes), y el diaconado (diáconos). Los dos primeros, los obispos y sacerdotes, se consideran " sacerdotes ministeriales", es decir, que participan y manifiestan el único sacerdocio de Cristo. Por otra parte, los diáconos están ahí para ayudar y servir a los sacerdotes y obispos. Veamos el significado real de cada uno de estos "grados".

La ordenación se refiere al rito esencial del sacramento del orden sagrado a través del cual un hombre se hace diácono, sacerdote u obispo. El momento de la ordenación tiene lugar durante la "imposición de manos", cuando el obispo pone su mano sobre la cabeza de la persona que está siendo ordenada y dice una oración de consagración.

Un obispo empieza siendo ordenado como diácono (más adelante hablaremos más sobre los diáconos), y luego es ordenado presbítero o sacerdote. Se convierte en un obispo después de su ordenación episcopal, tras ser nombrado por el Papa, y sirve por lo general en una zona geográfica específica (diócesis), en una oficina particular de la Iglesia, o en ambas. Un obispo puede hacer todas las cosas que haga un sacerdote, y otras más. Además de celebrar misa, confesar, bautizar a los bebés, ungir a los enfermos, bendecir matrimonios, el obispo también puede confirmar y ordenar. Por lo tanto, un obispo está en capacidad de celebrar los siete sacramentos. Un obispo es también una función de liderazgo en una escala más amplia que la de un sacerdote. Un sacerdote puede ser el pastor de su parroquia, pero un obispo

es el pastor de muchas parroquias, y se considera un sucesor de los apóstoles. En ese papel, el obispo se convierte en un miembro del colegio de los
obispos y, con el Papa, comparte las acciones de la autoridad magisterial de
la Iglesia.

Un sacerdote empieza siendo un seminarista, que es alguien que estudia
para ser sacerdote. Después de varios años de estudiar teología y de trabajar en las parroquias y en otros ministerios, un seminarista se convierte en
diácono. Este tipo de diácono se conoce como "transicional", es decir, que
es un diácono sólo por un período corto de tiempo (generalmente un año o
menos) antes de ser ordenado sacerdote.

Un sacerdote puede hacer todas las cosas mencionadas anteriormente: bautizar, bendecir matrimonios, celebrar misa, confesar, ungir a los enfermos,
y, en algunos casos, cuando el obispo se lo pide, confirmar. Un sacerdote
puede trabajar en una parroquia o en otros tipos de ministerios, como en
un hospital o como capellán de prisión, consejero, maestro, y en muchas
otras posiciones.

> **Habla La Iglesia**
>
> La ordenación episcopal se refiere a la ordenación de un obispo, lo que
> provoca la "plenitud" del sacramento del Orden. A través de la ordenación
> episcopal, el obispo toma su lugar como sucesor de los apóstoles como
> un maestro, pastor y sacerdote. (1557-1558)

Entonces, ¿cómo ocurre realmente la ordenación? Bueno, el rito esencial
del sacramento es la "imposición de manos" por el obispo en la cabeza
de la persona que está siendo ordenada. En ese momento, el obispo dice
una oración especial de consagración, pidiéndole al Espíritu Santo que
descienda sobre la persona y la guíe en su ministerio, ya sea un obispo,
sacerdote o diácono. (1573)

Una ordenación suele tener lugar en el contexto de una misa, de preferencia
en un domingo en una catedral, con el mayor número posible de fieles. La
ordenación es vista como algo sumamente importante para la vida de la
Iglesia, por lo que es igualmente importante que la comunidad de la Iglesia
se haga presente para presenciarla y celebrarla. (1572) Al igual que con el
bautismo y la confirmación, este sacramento deja una marca indeleble, llamada "carácter", y sólo se puede recibir una vez.

Debido a que la Iglesia enseña que los obispos son los sucesores de los após-toles, a que Jesucristo sigue actuando a través de ellos, y a que el sacramento de las órdenes sagradas se considera "el sacramento del ministerio apostóli-co", a los obispos sólo se les permite ordenar a los demás obispos, sacerdotes y diáconos. (1576) ¿A quién se le permite ser ordenado? La respuesta es: sólo a los hombres bautizados. ¿Por qué no a las mujeres? Bueno, la Iglesia considera al colegio de los obispos como sucesores de los doce apóstoles originales, que fueron elegidos por Jesús, y todos los cuales eran hombres. A fin de hacer "siempre presentes" a los primeros Doce Apóstoles, la Iglesia enseña que está "obligada" a las elecciones del propio Jesucristo, por lo que la "ordenación de mujeres no es posible". (1577)

La Iglesia latina no permite que sus sacerdotes y obispos se casen. Esto se basa en la convicción de que están llamados a dar con "corazón indiviso al Señor", y por lo tanto, deben permanecer célibes durante toda su vida. El Catecismo explica que el celibato es un signo de su "nueva vida" en el Señor. (1579)

El celibato es una "disciplina", no una cuestión de doctrina de la Iglesia. La Iglesia Oriental sigue una disciplina diferente. Sus sacerdotes y diáconos pueden casarse, pero sus obispos deben ser hombres solteros y célibes. (1580) Hay algunos casos en la Iglesia Católica Romana, donde algunos sacerdotes anglicanos casados han sido recibidos en el sacerdocio católico junto con sus esposas e hijos. (1580) Tanto en las iglesias latinas y orientales, la única regla común sobre el celibato es esta: los hombres casados pueden ser ordenados, pero los hombres ordenados no se pueden casar.

verdaderas confesiones

Aunque las mujeres no pueden ser sacerdotes, siempre han ocupado posi-ciones de poder dentro de la Iglesia. Desde hace más de 100 años, las hermanas han servido como presidentes de hospitales y de universidades. Cada vez más, las mujeres están siendo nombradas como "cancilleres", las jefes de los archivos de una diócesis. Muchas hermanas y hombres y mujeres laicas son administradores de parroquias, y se encargan de la mayor parte del trabajo no sacramental de la iglesia local.

¿Qué son los diáconos?

Como se mencionó brevemente en el comienzo de la sección anterior, un diácono es un tipo completamente distinto de clérigo ordenado. Un diácono no tiene las mismas capacidades que un sacerdote ni un obispo.

Los diáconos son considerados con un nivel más bajo en la jerarquía. Aunque reciben la imposición de manos en la ordenación y se trata de una marca "indeleble" que nunca se puede borrar, no es la misma que la recibida por los sacerdotes y obispos. (1569)

Mediante la ordenación, los diáconos adquieren una participación en la misión de Jesucristo el Siervo, y se comprometen a servir a sus obispos y sacerdotes. Un diácono puede bautizar, bendecir matrimonios, dar la Comunión, proclamar el Evangelio, predicar, presidir funerales, y servir a través de los ministerios de caridad. Los diáconos no pueden celebrar misa, confesar ni ungir a los enfermos.

A diferencia de los sacerdotes y obispos, un diácono "permanente" —no un seminarista camino al sacerdocio, sino un hombre que seguirá siendo un diácono por el resto de su vida—, puede estar casado, siempre y cuando lo haya hecho antes de ser ordenado diácono. Si su esposa muere después de haber sido ordenado, tendrá que mantener el celibato a partir de entonces.

Un Momento De Enseñanza

El matrimonio, según la Iglesia Católica, no es una "institución puramente humana". Dios es el autor del matrimonio, del cual surge y encuentra su fuerza en Dios, y pese a las diferencias en las culturas, en las estructuras sociales y en la espiritualidad, todos los matrimonios tienen "rasgos comunes y permanentes". La estabilidad y el bienestar del matrimonio tienen un impacto no sólo en las parejas involucradas, sino también en la Iglesia de Cristo, así como en la sociedad en su conjunto. (1603)

Ahora los declaro...

Ahora llegamos al matrimonio, que probablemente nunca creíste que era una vocación del mismo modo en que llamamos vocación al sacerdocio. La mayoría de nosotros crece y se casa. Sin embargo, la Iglesia mira al matrimonio bajo una luz diferente. No es sólo una etapa de la vida en general, sino una vocación específica. Los esposos y esposas están llamados a la vida matrimonial del mismo modo en que otros hombres y mujeres están llamados al sacerdocio, a la vida religiosa, o a la vida de solteros.

La Iglesia ve al matrimonio como un "pacto" entre un hombre y una mujer que establece una sociedad de por vida, diseñada para beneficiar a los socios, así como a sus descendientes. Este pacto, entonces, no es sólo un mero acuerdo civil. Cuando se hace entre personas bautizadas, el matrimonio es un sacramento. (1601)

Así es como funciona: Dios creó al hombre y a la mujer por amor, y los llama a amar a los demás. El amor mutuo entre marido y mujer se convierte en un espejo de Dios, que es amor, y del amor de Dios para la humanidad. En marido y mujer vemos reflejado el amor de Dios. El Catecismo explica que esta creencia en el carácter específicamente religioso del matrimonio se remonta al Antiguo y al Nuevo Testamento. (1604)

En primer lugar, tenemos el libro del Génesis, donde vemos cómo Dios creó al primer hombre, pero no quiere que el hombre esté solo. Entonces, Dios creó una mujer, "carne de su carne", para que fuera igual al hombre, su compañera y su compañera. "Por eso dejará el hombre a su padre y a su madre y se unirá a su mujer, y los dos serán una sola carne". (Gen 2:24)

En el Nuevo Testamento, vemos a Jesús reiterando la enseñanza del Génesis sobre el plan del Creador desde el principio: "Así que ya no son dos, sino una sola carne. Por lo tanto, lo que Dios ha unido, no lo separará el hombre". (Mateo 19:6)

Ahora, la Iglesia puede enseñar que el matrimonio es un sacramento y que es para siempre, pero eso no significa que la Iglesia no reconozca que el matrimonio no siempre es fácil. Debido a la caída original de la humanidad, el hombre y la mujer tienen una tensión entre ellos, un gusto por el pecado, por herirse mutuamente, por pelear, por engañarse, y por mucho más. Así como Adán y Eva, los hombres y las mujeres modernas tienen dificultades con problemas de celos, de lujuria, de odio y de dominación, pero la Iglesia enseña que Dios está siempre ahí, sanando sus heridas, dándoles la gracia que necesitan para seguir adelante y recuperar su amor el uno por el otro. (1606-1608)

Lo nupcial es todo lo relacionado con el matrimonio o con una boda. Si te casas en una misa nupcial, sólo significa que el sacramento del matrimonio —los votos, la bendición, el intercambio de anillos—, se llevará a cabo durante una misa.

¿Qué hace santo al matrimonio?

Cuando se trata de ello, sin importar lo cerca que estén un hombre y una mujer creyentes, por cuántos años se hayan conocido o amado el uno al otro, su relación no es una realidad sagrada hasta que se declaren su amor ante Dios.

En la Iglesia latina, se considera óptimo que los católicos celebren el matrimonio en una misa, conectando así al matrimonio con el sacramento de la Eucaristía, donde Jesucristo es reconocido como el esposo, y la Iglesia como su esposa. El Catecismo explica que cuando "sellan su consentimiento" en la Misa, el marido y la mujer se unen con el sacrificio de Cristo, y mediante la recepción de la Eucaristía, forman "un cuerpo" en Cristo Jesús. (1621)

La Iglesia latina enseña que los cónyuges bautizados son "ministros de la gracia de Cristo" y, como tales, les confiere el sacramento del matrimonio entre sí en una ceremonia pública ante un obispo, sacerdote o diácono. En la Iglesia de Oriente, el ministro del sacramento del matrimonio es el sacerdote o el obispo que, después de haber recibido el consentimiento mutuo de los esposos, los corona como marido y mujer. (1623)

Aunque celebrar el matrimonio dentro de la Misa es el método más habitual, es posible dar el "sí" en una ceremonia católica independiente. La ceremonia normalmente debería tener lugar en una parroquia o en algún lugar religioso, como por ejemplo, en una capilla universitaria. Hay algunas circunstancias que podrían justificar la autorización para celebrar la ceremonia en otro "lugar adecuado", según lo especificado por el derecho canónico. (1118 Canon) Sin embargo, es imposible casarse por ejemplo en una playa. A fin de preservar el carácter sagrado de la dignidad y la celebración del matrimonio, el permiso raramente se da para bodas al aire libre.

Votos inquebrantables

La Iglesia espera que un hombre y una mujer bautizados que desean comprometerse con el matrimonio, sean "libres" para casarse, lo que significa que no debe haber restricciones o impedimentos a la ley natural o eclesiástica. Por ejemplo, no puede haber ninguna razón jurídica —como ser menor de edad o tener parentesco de sangre—, que impida la validez del matrimonio. (1625)

Los esposos también deben dar su consentimiento pleno e incondicional del matrimonio (no se permiten armas en una boda. Tampoco debe hacerse ningún esfuerzo para obligar a uno de los novios mediante la intimidación o la fuerza. (1626-1628)

Normalmente, un obispo, sacerdote o diácono deberá estar presente; él te pedirá que expreses tus votos, y luego los aceptará en nombre de la Iglesia. Por regla general, debe haber también al menos dos testigos, y como el sacramento del matrimonio es un "acto litúrgico", el Catecismo explica que es adecuado celebrarlo en la "liturgia pública de la Iglesia". (1631) Dicho de otro modo, debido a que el matrimonio es un acto sagrado, la Iglesia no quiere que te cases en un ambiente secular, sino dentro de una ceremonia religiosa.

Ahora, ¿qué sucede si eres un católico bautizado, pero tu futuro cónyuge no lo es? Bueno, si te vas a casar con un cristiano católico no bautizado, la Iglesia lo llama un matrimonio mixto, o un matrimonio de religión mixta, en cuyo caso es necesario un permiso especial de la autoridad de la Iglesia. Si te casas con alguien que no haya sido bautizado, la Iglesia lo llama un matrimonio con disparidad de culto (adoración). Suena un poco inquietante, pero sólo significa que hay diferencias significativas en lo que crees —más incluso que las diferencias entre un católico y un bautizado que no es católico ni cristiano—, por lo que la Iglesia tiene que estar muy segura de que seas consciente de los posibles problemas que podrían surgir en el camino. Para una boda con disparidad de culto, es necesaria una dispensa expedida por la autoridad de la Iglesia por concepto de impedimento o de ley eclesiástica. (1633)

"Las diferencias en la fe y la misma noción de matrimonio, pero también las distintas mentalidades religiosas, pueden constituir una fuente de tensión en el matrimonio, especialmente en lo que respecta a la educación de los niños", explica el Catecismo, añadiendo que en tales casos, "la indiferencia religiosa" puede ser el resultado final. (1634) La Iglesia Católica exige que el cónyuge católico asuma la responsabilidad de educar a sus hijos en la fe. (1635)

La mayoría de las personas conoce por lo menos a una familia que cría a un hijo en la fe judía y a un hijo en la fe católica. Lo que la Iglesia está diciendo es que sin importar lo agradable que pueda parecer todo a primera vista, este tipo de debilitamiento de las creencias de ambos cónyuges sólo conduce a problemas, o a la eliminación completa de la fe desde el centro de la vida de la familia a fin de evitar que alguien se sienta molesto o herido.

La conclusión es ésta: la Iglesia, antes de la celebración del matrimonio, está tratando de detectar cualquier problema potencial que podría conducir a un matrimonio inválido, o a un matrimonio que se dirige inevitablemente al desastre. Es por eso que la Iglesia Católica exige parejas comprometidas que asistan a algo llamado Pre-Caná. Llamadas en honor a las bodas de Caná —donde Jesús convirtió el agua en vino—, estas clases pretenden ayudar a las parejas a confrontar a sus problemas antes de dar el "sí".

verdaderas confesiones

A pesar de que la Iglesia enseña que el vínculo matrimonial entre dos personas bautizadas sólo puede disolverse con la muerte, también hay algo conocido como la anulación. Esta no es la versión católica del divorcio. Si te conceden una anulación, significa que algo impidió que el matrimonio se convierta en el pacto que Dios quería que fuera el matrimonio. Por ejemplo, tu cónyuge no te dijo que no quería tener hijos, o tu esposa profesó sus votos matrimoniales mientras sostenía una relación adúltera con otro hombre. En la mayoría de los países de habla inglesa, una anulación de la Iglesia no tiene ninguna implicación civil.

El amor conyugal

La Iglesia enseña que el amor conyugal consiste en el compromiso total de un cónyuge con el otro. El Catecismo explica que esto conduce a una "unidad profundamente personal", que va más allá de la unión de la carne a la unión entre el alma y el corazón. En ese sentido, "exige la indisolubilidad y la fidelidad" y debe estar abierto a la "fertilidad". (1643)

Como veremos con más detalle en el capítulo 20, el matrimonio exige plena fidelidad entre los cónyuges. El adulterio, la poligamia, y un sinfín de otros pecados son contrarios al sacramento del matrimonio, ya que dividen al amor conyugal inherente. (1645)

Por supuesto, no todo los matrimonio son cuentos de hadas, y la Iglesia reconoce que puede haber algunas circunstancias que requiera que los cónyuges vivan separados, como el adulterio o la amenaza de peligro (abuso) a un cónyuge o a los hijos. Esto no significa que la Iglesia permita que una pareja que se divorcie desde punto de vista ético, sino solamente físico. (1649)

Dicho esto, hay una gran cantidad de católicos que obtienen separaciones legales y divorcios. ¿Qué significa esto para ellos como católicos? De nuevo, discutiremos esto con más detalle en el capítulo 20, pero por ahora, lo que necesitas saber es que el hecho de estar separados o divorciados no les impide recibir los sacramentos. Sin embargo, si se vuelven a casar, la Iglesia considera que el nuevo matrimonio no es válido, porque la Iglesia sigue reconociendo el primer matrimonio. En el caso de segundas nupcias, no podrán recibir la comunión ni confesarse, a menos que su nuevo matrimonio sea reconocido por una ceremonia de la Iglesia o por una ley eclesiástica después de que el ex cónyuge haya muerto, o se haya recibido una disolución o anulación del matrimonio anterior. (1650)

Un Momento De Enseñanza	Toda esta discusión sobre el amor conyugal nos lleva al asunto de los niños. Si eres católico, ¿debes tener 10, 5, o incluso ningún hijo? La Iglesia ve el matrimonio como "ordenado a la procreación y educación de la prole" (1652), de modo que sí, se espera que tengas hijos. Pero eso no es todo. La Iglesia no sólo espera que las parejas católicas estén dispuestas a tener hijos, sino también a ser los "primeros educadores" de ellos. Esto no sólo significa enseñarles a jugar béisbol o a tocar piano; significa enseñarles acerca de la fe. La "tarea fundamental del matrimonio", explica el Catecismo, es estar "al servicio de la vida". (1653)

La Iglesia doméstica

Cada familia católica es conocida como su propia "Iglesia doméstica" pequeña y autónoma. El Catecismo explica que desde el principio de la fe cristiana, el "núcleo de la Iglesia" solía consistir en personas que se reunían en sus hogares. Cuando se convertían al cristianismo, varios hogares o familias solían convertirse al mismo tiempo. "Estas familias convertidas eran islotes de vida cristiana en un mundo no creyente", dice el Catecismo. (1655)

La Iglesia de hoy ve un paralelo en las familias católicas que mantienen la fe en el centro de sus vidas a pesar de vivir en un mundo que es "frecuentemente extraño e incluso hostil" a la fe católica. El Concilio Vaticano II declaró a la familia *Ecclesia domestica*, Iglesia doméstica, porque es allí donde la fe es estimulada y fomentada a través de la palabra y del ejemplo. Es en ella donde los niños y los padres aprenden acerca de la generosidad, el perdón, la oración, la perseverancia, y mucho más. Es en ella donde el "sacerdocio" de los bautizados es ejercido por miembros de la familia de una manera privilegiada. (1656-1657)

Sacramentales y devociones

Cambiemos un poco de rumbo y hablemos de algo llamado sacramentales, que son "signos sagrados" de la gracia y que no deben confundirse con "instrumentos sagrados" de la gracia, como lo son los sacramentos. Los sacramentales están diseñados para ayudar a los católicos en diversas circunstancias de la vida con el fin de acercarse a la verdadera santidad. (1667) Los sacramentales no pueden darte el tipo de gracia que recibes de los sacramentos reales, pero te permitirán estar más abierto a la gracia cuando llegue el momento.

¿Cuáles son algunos sacramentales que debes conocer o utilizar incluso en forma regular? Pues bien, un sacramental siempre incluye una oración e incluye con frecuencia un signo determinado, como la señal de la cruz, la aspersión con agua bendita, una bendición o un exorcismo. (1668)

Las bendiciones, que son "primeras" entre los sacramentales, pueden incluir la consagración de personas: un abad de un monasterio, una virgen consagrada, un profesor de educación religiosa, o la consagración de objetos: un altar, los santos óleos, y los recipientes utilizados en la misa. (1672)

Además de los sacramentales, están las devociones "populares". Estas son las formas de piedad que incluyen la veneración de las reliquias, las peregrinaciones, las Estaciones de la Cruz, el Rosario, y el uso de medallas religiosas, entre otras expresiones de fe. Estas devociones no sólo ocupan el lugar de la vida sacramental de la Iglesia, sino que además de ello, la extienden más allá de los límites de la liturgia. (1674-1675)

Habla la Iglesia

Un exorcismo es un sacramental a través del cual la Iglesia, en nombre de Jesucristo, pide públicamente que alguien o algo sea protegido contra el poder del "Maligno", también conocido como Satanás. Un exorcismo "simple" se realiza como parte de todo rito del bautismo. Un exorcismo "solemne" o exorcismo "mayor", se realiza cuando un sacerdote, con el permiso de un obispo, intenta liberar a una persona de la posesión demoníaca. El exorcismo no consiste en curar enfermedades mentales, algo que la Iglesia les deja a los profesionales de la medicina, sino en expulsar a los demonios, o a la presencia de Satanás, de un ser humano. (1673)

Funerales cristianos

Vamos a terminar esta sección sobre los sacramentos con una breve discusión sobre los funerales cristianos. Puede sonar un poco extraño al principio, pero el funeral cristiano es el "cumplimiento" de todos los demás sacramentos. En nuestro mundo, donde nunca nos damos por vencidos, los cristianos creemos en que el objetivo es la muerte, porque sólo entonces alcanzamos la plenitud de la vida en el reino. (1680)

El funeral cristiano se conoce como "la última Pascua". En la muerte, el cristiano es introducido a un nuevo nacimiento que comenzó en el bautismo. Para los cristianos, la muerte, aunque no siempre es bienvenida en el momento, no es algo para temer. (1682)

Aunque las iglesias locales pueden celebrar los ritos funerarios de diversas maneras, siempre hay un denominador común: expresan el "carácter pascual" de la muerte cristiana, es decir, que reflejan la conexión a la Pasión de Jesús, su muerte y resurrección. (1685)

Independientemente del estilo del rito, cada funeral católico incluye cuatro partes básicas: el saludo a la comunidad con una palabra de consuelo, la Liturgia de la Palabra, el sacrificio de la Eucaristía, y la "despedida" a la persona fallecida, en cuyo momento el difunto es encomendado a Dios y el cuerpo es sepultado en anticipación de la resurrección final. (1686-1690)

Un Momento De Enseñanza

La Iglesia Católica permite la cremación, siempre y cuando no se haga como una negación de la fe en la resurrección. (2301) Veremos este tema de nuevo en el capítulo 19, donde se abordará en el marco del respeto a los muertos.

Puntos esenciales

- El Orden y el matrimonio se consideran los dos sacramentos de compromiso o de servicios.

- La consagración de obispos, sacerdotes y diáconos en el servicio a la Iglesia, se llama Orden.

- Sólo los hombres solteros pueden ser ordenados sacerdotes y obispos, aunque los hombres casados pueden ser diáconos permanentes (sin embargo, no pueden contraer matrimonio después de ordenarse como diáconos).

- Un matrimonio sacramental es un pacto entre esposo y esposa, el establecimiento de una alianza para toda la vida que beneficia a la pareja, a sus hijos y a la sociedad.

- Los sacramentales son oraciones, bendiciones y otros signos sagrados que abren a los fieles a las gracias recibidas durante los sacramentos.

- Los funerales cristianos son el cumplimiento de los siete sacramentos, y conducen a los fallecidos a una nueva vida que comenzó con el bautismo.

Vivir la buena vida

En la Iglesia católica, la fe no es algo que simplemente profeses los domingos y la coloques en una caja hasta la próxima semana. La fe es algo que vivimos todos los días, algo que impregna cada comportamiento, cada decisión, cada acción.

Cuando hablamos de la fe en este sentido, estamos hablando de la moral —correcta e incorrecta, buena y mala. En la fe católica, defender la dignidad humana, cuidar a los demás, y llevar una vida recta, son parte del paquete. La fe no es para ser vivida solamente dentro de las iglesias, sino para vivirla en el mundo.

En los próximos capítulos, veremos en primera instancia la moralidad en general, —la virtud y el vicio, el libre albedrío, la conciencia, el pecado— y nuestro papel en el cuidado de los demás. Luego abordaremos los Diez Mandamientos, lo que no es poca cosa.

capítulo 15

La moralidad: la raíz de toda dignidad

El significado y la responsabilidad del libre albedrío

Escuchar esa voz en tu cabeza

Exploración de la virtud y el vicio

Los distintos tipos de pecados

Anteriormente hablamos de cómo los hombres y las mujeres son creados a imagen de Dios. Ahora volveremos a este punto tan importante, ya que juega un papel fundamental en la moral. Haber sido creado a imagen de Dios influye —o debería influir—, en todo lo que un católico diga y haga.

Repasemos los conceptos básicos: ser creados a imagen de Dios significa que los humanos tenemos inteligencia y libre albedrío. La Iglesia enseña que estas características se combinan para darle una dignidad inherente a cada ser humano, lo que proporciona un marco para todas las decisiones y acciones que forman parte de la vida cotidiana.

En este capítulo veremos cómo funciona todo esto. ¿Qué significa tener libre albedrío? ¿Por qué algunos eligen el mal sobre la virtud? ¿Qué tan grave es el pecado? ¿Y qué tiene que ver todo esto con nuestro camino hacia Dios?

El ejercicio del libre albedrío

Anteriormente, cuando abordamos la primera sección del credo, dijimos que Dios permite que todas sus criaturas trabajen en cooperación con él, lo que significa que Dios nos da libre albedrío y la posibilidad de cometer errores o de tomar malas decisiones.

El Catecismo explica que la libertad es "el poder, arraigado en la razón y en la voluntad, de actuar o de no actuar, de hacer esto o aquello, y así llevar a cabo acciones deliberadas bajo la propia responsabilidad". (1731)

Eso significa que no siempre se puede decir que alguien está moviendo los hilos. Si hacemos algo mal o bien, generalmente es porque decidimos hacerlo todo según nuestra propia voluntad. Moldeamos nuestras propias vidas en su mayor parte, y cuando maduramos en "la verdad y en la bondad", nos acercamos a la perfección de la libertad, que siempre se dirige hacia Dios. (1731)

Habla La Iglesia

La bienaventuranza significa "felicidad" o "bendición". El Catecismo explica que todos los seres humanos estamos llamados a la bienaventuranza eterna, que es la vida con Dios en el reino. (1719) Los católicos solemos asociar esta palabra con las Bienaventuranzas, que son una serie de enseñanzas que Jesús dio en el Sermón de la Montaña (Mateo 5:3-12). Una lista completa de las Bienaventuranzas se incluye en el anexo de oraciones católicas al final de este libro.

Si nuestra libertad no está completa y definitivamente conectada con Dios, corremos el riesgo de quedar atrapados en un juego entre el bien y el mal, y todos sabemos que cuando esto sucede, a veces triunfa el mal. Por eso, nuestro objetivo es elegir el bien, lo que nos hará "más libres" y evitará el mal, que al final, terminará esclavizándonos. (1732-1733)

Porque somos libres, también somos responsables; las dos cosas van de la mano. El Catecismo explica que ser "responsable" significa que somos responsables no sólo de nuestras acciones directas —como hacer trampa en un examen o robar en el trabajo—, sino también de las acciones indirectas u omisiones que causan otras cosas malas, como por ejemplo, ignorar las leyes de tránsito. Ahora, si eres ignorante de alguna regla o ley, o haces algo sin querer, por miedo o por costumbre, serás un poco menos culpable cuando se trata de encontrar un culpable. (1734-1736)

La Iglesia enseña que cada ser humano tiene "derecho" a ser una persona libre y responsable, y que todos debemos respetarnos. A fin de vivir con dignidad, las personas deben tener el derecho a ejercer la libertad. Esta libertad debe ser respetada en asuntos morales y religiosos, y protegida por las autoridades civiles. (1738) En otras palabras, no hay dignidad sin libertad.

Así que si todos somos tan libres, ¿cómo es posible que haya tantas cosas que están prohibidas? ¿La libertad no consiste acaso en hacer lo que queramos y cuando queramos, sin que nadie nos diga lo que podemos y no podemos hacer? No. Aquí no estamos hablando de la libertad de las reglas, de las leyes y de la moral. Estamos hablando de la libertad para fijar el rumbo de nuestra vida, la libertad para elegir el bien del mal (y, por supuesto, se supone que debemos escoger el bien), la libertad de asumir la responsabilidad por nuestros actos y, en última instancia, la libertad para entrar en la bienaventuranza de Dios.

¿Y dónde se supone que debemos encontrar el valor y la fuerza para lograr este tipo de libertad? En Jesucristo, por supuesto, por la gracia del Espíritu Santo. (1742)

Un Momento De Enseñanza

La moral se refiere a los actos buenos y malos que cometemos los seres humanos. La Iglesia enseña que hay tres "fuentes" de la moral: el "objeto", que es cualquier curso de acción que decidas tomar; la "intención", que es el objetivo final que tenías en mente cuando actuaste; y las "circunstancias", que incluyen las consecuencias de tus actos. Puedes tener las mejores intenciones, pero si el acto o las circunstancias son intrínsecamente malas, no contarás con suerte. Las tres cosas tienen que ser moralmente buenas. En resumidas cuentas, el fin nunca puede justificar los medios. (1750-1755)

La voz en tu cabeza

Ahora hablaremos de la conciencia; ya sabes, esa vocecita que te dice que no hagas algo que realmente quieres hacer. En el mundo de las historietas, la conciencia es representada como un angelito y un diablillo sentado encima de tus hombros, susurrándote alternativamente al oído. De acuerdo con la enseñanza de la Iglesia, tu conciencia no está sentada en tu hombro, sino más bien concentrada en tu corazón. Reconoce la diferencia entre el bien y el mal y te empuja hacia el bien. El Catecismo dice que si escuchas a tu conciencia, "podrás oír a Dios hablar". (1777)

Si tienes una conciencia bien formada, significa que no sólo reconoces el mal, sino que asumes la responsabilidad si obras mal, y permites que el juicio permanezca contigo e influya en las decisiones futuras para bien. (1781) Retrocedamos un minuto. ¿Qué es una conciencia bien formada, y dónde se puede conseguir una? El Catecismo dice que una conciencia bien formada es "recta y veraz", y que "formula juicios según la razón". (1783)

Obviamente, no llegamos a este mundo con una conciencia bien formada. Algo o alguien tiene que ayudar a darle forma, un proceso que continúa a lo largo de toda la vida. Desde el momento en que somos muy jóvenes hasta la edad adulta, nuestros padres, así como nuestros profesores, familiares y amigos, nos ayudan a formar una conciencia verdadera, pero esto no es suficiente. También hay que asimilar la Palabra de Dios en nuestras vidas, algo que ocurre a través de los dones del Espíritu Santo, las enseñanzas de la Iglesia, y la ayuda de otros católicos, que sirven como testigos. (1785)

Por supuesto, incluso aquellas personas con las conciencias mejor formadas pueden cometer errores. Esto no quiere decir que fueron deliberadamente en contra de su conciencia para hacer algo malo. Se puede decir que eran simplemente ignorantes de algo, por lo que su conciencia no tenía los conocimientos suficientes como para estar indignada. En esos casos, estas personas suelen estar libres de culpa. (1790)

Pero no creas que si no te molestas en estudiar un tema, entonces podrás despreocuparte y evitar la responsabilidad. El Catecismo explica que si evitas descubrir la verdad acerca de algo de manera deliberada, o si estás "cegado" por el hábito del pecado, de todos modos serás responsable por el mal que hayas hecho. ¿Qué podría cegarte a la verdad? Los malos ejemplos de los demás, ser esclavo de tus pasiones, ser ignorante de la verdad de manera deliberada, o rechazar la enseñanza de la Iglesia, para nombrar unas pocas. (1792-1793)

Aunque por lo general es muy fácil diferenciar el bien del mal, puede haber ocasiones en las que sea difícil ver el bosque debido a los árboles. La Iglesia ofrece unas pocas normas sencillas que debemos recordar siempre que estamos frente a una decisión difícil: seguir la "regla de oro" y tratar a los demás como te gustaría ser tratado, evitar cualquier cosa que haga pecar a alguien, y recordar que un buen resultado no puede justificar las malas acciones. (1789)

La virtud sobre el vicio

Oímos hablar mucho acerca de lo importante que es ser virtuoso, pero ¿qué significa eso: que tenemos que ser santos vivos? Y de todos modos, ¿qué es exactamente una virtud? Realmente es algo muy simple. La virtud es "una disposición habitual y firme para hacer el bien", dice el Catecismo. Si eres una persona virtuosa, no sólo obrarás bien, sino que darás también lo mejor de ti mismo. (1803)

La Iglesia enseña que hay dos clases de virtudes: las humanas y las teologales. Tenemos las "virtudes humanas" por medio de la educación y la perseverancia. (Recuerda el viejo dicho: si al principio no tienes éxito, inténtalo de nuevo). Sin embargo, lo que hacemos por nosotros mismos no nos lleva muy lejos ni nos mantiene mucho tiempo en equilibrio. Debido a que todos estamos heridos por el pecado, también necesitamos la gracia divina que nos ilumine y nos eleve para mantenernos en el camino correcto. (1811) También necesitamos la gracia divina para mantenernos arraigados en la vida de Dios. Por lo tanto, estamos dotados de "virtudes teologales", en las que deben estar arraigadas nuestras virtudes humanas. (1812) Veamos cada tipo de virtud con un poco más de detalle.

Las virtudes cardinales

De las virtudes humanas, hay cuatro "virtudes cardinales" que juegan un papel fundamental en la vida moral: la prudencia, la justicia, la fortaleza y la templanza. Todas las otras virtudes humanas dependerán de estas.

La **prudencia** consiste en utilizar la razón práctica para preguntarse qué es lo realmente bueno en todas las circunstancias, y en elegir los medios adecuados para llegar a ese bien. La prudencia guía todas las demás virtudes "al establecer las reglas y medidas". Si eres una persona prudente, no significa que sientas miedo de actuar, sino que has pensado en la acción y has concluido que es algo bueno que debe ser perseguido, o un mal que debe evitarse. (1806)

La **justicia** es la virtud que pone los derechos y reclamos de los demás en el centro de atención. Con la justicia como tu guía, respetas a los demás, y promueves y buscas la "equidad" para los individuos y para el bien común. (1807)

La **fortaleza** te da la fuerza para decirle no a algo malo cuando realmente quieres decir que sí. Es la virtud que te ayuda a resistir la tentación y a superar los obstáculos. (1808)

La **templanza** no es la virtud que te impide tomar una margarita en tu restaurante mexicano favorito. Sin embargo, es la virtud que te impide tomar cinco o seis margaritas. La templanza es sólo una forma menos común de decir "equilibrio". Esta virtud consiste en la moderación y nos da el "dominio" sobre nuestros instintos. (1809)

Las virtudes teologales

Todas las virtudes humanas están arraigadas en las virtudes teologales, que se relacionan directamente con Dios y son la "base de la actividad moral cristiana". Éstas les permiten a los seres humanos "vivir en una relación con la Santísima Trinidad". Éstas son las tres virtudes teologales: fe, esperanza y caridad. (1812-1813)

La **fe** es la virtud que nos permite creer en Dios, en lo que nos ha revelado, y en lo que la Iglesia propone como revelado por nuestra creencia. La Iglesia dice que la fe está muerta si no se pone en acción. (Santiago 2:26) Un católico está llamado no sólo a profesar la fe, sino también a vivir la fe y a propagarla. (1814-1816)

La **esperanza** es lo que nos hace buscar la felicidad en Dios y en el reino de los cielos y en la vida eterna, ya que depositamos nuestra confianza en las promesas de Cristo y no en nuestras propias capacidades. Obtenemos nuestra fuerza y esperanza a través de las gracias que recibimos del Espíritu Santo, que nos abre el corazón y nos impide el desaliento. (1817-1818)

La caridad es la virtud que nos impulsa a amar a Dios más que a nada en este mundo, y a "amar a nuestro prójimo como a nosotros mismos" por el amor de Dios. La caridad es el ADN de la vida moral. El Catecismo dice que la caridad es "superior" a las otras virtudes y la llama "la fuente y el objetivo" de la práctica cristiana. (1822-1827)

verdaderas confesiones

La Iglesia Católica enseña que para estar plenamente unidos con Jesucristo, los cristianos deben vivir su fe en el amor, ya que esto se da a conocer a través de las buenas obras. La relación entre la fe y el amor es un asunto que genera cierta controversia entre los cristianos. Los católicos dicen que el amor es la "forma" de la fe, mientras que los luteranos y los otros cristianos de la Reforma dicen que el amor es la "flor" de la fe. La creencia de la Iglesia católica en el llamado de Jesús para poner la fe en acción, ha llevado a esta institución a establecer y operar algunas de las mayores organizaciones de caridad en el mundo. Tanto a nivel mundial como local, la Iglesia y las diversas comunidades religiosas ofrecen educación, cuidado de la salud, orfanatos, servicios de inmigración, cuidado de los pobres, y muchos otros programas que distintos tipos, desde el ministerio de las prisiones y los comedores de beneficencia, hasta el ministerio y hospicios para el sida.

Dones y frutos

Además de todas estas virtudes, los cristianos son guiados en su vida moral por los dones y frutos del Espíritu Santo. Hay siete dones: sabiduría, entendimiento, consejo, fuerza, ciencia, piedad y temor de Dios. El Catecismo dice que estos dones "completan y perfeccionan" las virtudes. (1831)

La Iglesia enseña que hay 12 *frutos* del Espíritu Santo: caridad, gozo, paz, paciencia, benignidad, bondad, generosidad, mansedumbre, fe, modestia, templanza y castidad. Estos frutos son "perfecciones" que el Espíritu forma en los cristianos, en preparación para la vida en el reino. (1832)

El pecado: las secuelas

Ya hemos hablado en detalle sobre el pecado en el capítulo 13. Recuerda: existen el pecado mortal, que es lo realmente malo, y el pecado venial, que es asunto de todos los días. Piensa en asesinar a tu vecino y compáralo con discutir con tu cónyuge. En un momento hablaremos de cada uno.

En este momento tenemos que hablar de la misericordia de Dios, que después de todo, es la única manera de estar bien con Dios. La Iglesia Católica enseña que Dios nos creó a todos por sus propios medios; nosotros no hemos hecho nada para garantizar nuestra propia creación. Sin embargo, no podemos ser salvos si no nos involucramos y asumimos la responsabilidad por las cosas malas que hemos hecho. (1847)

El pecado es una "ofensa a Dios". Cuando pecamos, dejamos que nuestras pasiones y apegos nos alejen de Dios. Al igual que el pecado original de Adán, nuestros pecados son un intento de ser Dios en nuestros propios términos, de erigirnos en el principio y el fin de toda la vida. En este sentido, nos encontramos en oposición a la forma de vida de Jesús, quien nos muestra que la salvación no proviene del orgullo, sino de la humildad, no del amor desordenado de sí mismo, sino de amar a Dios y a los demás, no de la autonomía, sino de la obediencia. (1850)

Muy bien, volvamos entonces a los diferentes tipos de pecados que podemos cometer. Hay pecados espirituales, pecados contra Dios, y pecados contra el prójimo y contra nosotros mismos. Podemos pecar con nuestros pensamientos, con nuestros actos, y con nuestras omisiones. (1853)

El Catecismo explica que los pecados son juzgados por su "gravedad" y que la "distinción entre pecado mortal y venial" se encuentra en la Escritura, es corroborado en la experiencia, y ha sido transmitido por la Tradición de la Iglesia. (1854)

Para cometer un pecado mortal, deben reunirse tres condiciones: debe ser un "asunto grave", tenías "pleno conocimiento" con anterioridad, y lo cometiste con un "consentimiento completo". Un asunto grave sería alguno de los especificados en los Diez Mandamientos. (1857-1858)

Un pecado mortal destruye nuestra caridad y nos separa de Dios. Si no es redimido por nuestro arrepentimiento y por el perdón de Dios, nos enviará al infierno por toda la eternidad. (1861)

Ahora, un pecado venial es menos grave que un pecado mortal. Puede debilitar nuestra caridad o retrasar nuestro camino hacia el reino, pero no nos alejará de él. Pero si seguimos cometiendo pecados veniales sin arrepentirnos, podemos acostumbrarnos a cometer pecados menores, lo cual allanará el camino para los pecados mortales. Así que aunque los pecados veniales no te impidan recibir la Comunión o entrar en el cielo, podrían llevarte por el sendero del jardín al infierno si no los cortas de raíz. (1863)

El Catecismo dice que a través de la repetición, el pecado "se refuerza a sí mismo". Es aquí donde entran los vicios; estos se definen por las virtudes a las que se oponen y vienen en muchas formas y colores. Hay siete pecados, llamados *pecados capitales*, y están etiquetados como tales porque están en la parte superior de la lista, pues engendran otros pecados y vicios. Ellos son: la soberbia, la avaricia (codicia), la envidia, la ira, la lujuria, la gula y la pereza. (1866)

Antes de saber por cuáles vicios y pecados debes preocuparte, aquí está otro aspecto que debes considerar: no sólo eres responsable de tus propios pecados, sino también de los pecados de otras personas si cooperas con ellas. En otras palabras, asumes la responsabilidad por el pecado de otra persona si participas en forma directa, lo ordenas o apruebas, lo elogias, no haces nada para evitar que suceda, o si proteges al pecador después de los hechos. (1868)

Puntos esenciales

- Dios nos da a cada uno de nosotros el libre albedrío, que nos hace responsables de nuestros actos, ya sean buenos o malos.
- Si escuchamos sinceramente a nuestra conciencia, que se centra en nuestro corazón, podemos oír a Dios hablar.
- Las virtudes, que pueden ser humanas o teológicas, son hábitos que nos llevan a hacer cosas buenas.
- El pecado tiene dos formas básicas: mortal, es decir grave, y venial, que es menos grave.
- El pecado conduce a más pecados y vicios, que son lo opuesto a las virtudes que ofenden.

capítulo 16

Nuestro lugar en el mundo

Nuestro deber como seres humanos

Cómo trabajar por el bien común

Entender la justicia social y la solidaridad

El significado de la ley

Exploración de la gracia y del llamado a la santidad

Hemos hablado mucho sobre el hecho de que la fe no está destinada a ser algo que practiquemos los domingos en la iglesia o que mantengamos en un pequeño compartimiento de la vida para sacar sólo en ocasiones especiales. La fe es para ser vivida cada día, lo que nos lleva a este capítulo.

En las páginas siguientes, veremos nuestra "vocación" como seres humanos; en otras palabras, lo que estamos llamados a hacer en el mundo. No estamos hablando de nuestras profesiones, aunque éstas podrían entrar en juego, sino de nuestro deber como cristianos para llevar justicia, amor, caridad e igualdad a todas las personas debido a su dignidad inherente conferida por Dios.

Veremos el bien común y la justicia social, la ley natural y moral, la gracia y el mérito. Es la preparación final que necesitamos antes de pasar a los Diez Mandamientos.

La vocación humana

La Iglesia Católica enseña que los seres humanos necesitan vivir en el mundo. La sociedad no es algo que tomas o dejas, sino un requisito. La sociedad es el lugar donde vivimos nuestra fe sirviendo a los demás, compartiendo con los demás, y amando a los demás, es decir, a nuestro "prójimo". Aquí es donde nos convertimos en los cristianos que estamos llamados a ser.

Vemos a la "sociedad" dentro de nuestras familias y nuestras comunidades locales, pero también —y en un sentido más amplio—, en las asociaciones e instituciones que nos involucran con la economía, la cultura, los deportes, las actividades profesionales, y la política. Citando a la *Gadium et Spes* (Constitución Pastoral de la Iglesia en el mundo moderno), el Catecismo explica que nuestra participación en organizaciones sociales, "expresa una tendencia natural de los seres humanos a asociarse con otros en aras de la obtención de los objetivos que exceden las capacidades individuales". En otras palabras, nos necesitamos mutuamente para crecer y para cumplir con nuestro potencial como seres humanos. (1882)

> **Habla la Iglesia**
>
> El principio de subsidiariedad en términos de la Iglesia, se refiere a la idea de que las asociaciones y las organizaciones más grandes no deben usurpar la autoridad de comunidades y organizaciones de nivel inferior, sino que deben apoyarlas. Esto significa, por ejemplo, que las organizaciones internacionales o nacionales no deben interferir con las organizaciones locales sobre temas que pueden y deben ser manejados a nivel local.

La Iglesia enseña que Dios no tiene todo el poder para sí mismo y que le da a cada una de sus criaturas la capacidad de realizar ciertas tareas de acuerdo con su "naturaleza". Recordemos aquí el concepto de vocación, y que Dios nos da a todos la capacidad especial para ese propósito. El Catecismo también nos enseña que así como Dios gobierna sus criaturas, los seres humanos deben comportarse entre sí, y que la sociedad no debe intervenir en la vida de las personas de modo que ponga en peligro "la libertad e iniciativa personal". (1883-1884)

Una vez más, tenemos que volver de nuevo a la libertad y al libre albedrío, y entender que cuando la Iglesia habla de la libertad personal como un derecho, no está hablando de la libertad de las leyes o de la moral, sino de la libertad que tenemos los seres humanos para determinar el curso de nuestras propias vidas de una manera justa.

El Catecismo explica que es a través de la "conversión interior", o de la conversión espiritual, que los seres humanos podemos lograr un cambio social positivo. Esta conversión del corazón humano requiere que una persona trabaje para cambiar las situaciones sociales que paralizan la justicia o inducen a otros a pecar. Fomentamos un cambio positivo a través de la caridad, que desafía a las personas a amarse unas a otras y a cuidarse mutuamente, incluso a riesgo de su propia comodidad y seguridad. (1888-1889)

Hemos hablado tanto acerca de la libertad personal y de la justicia social, que podría sonar como una propaganda en favor de la anarquía o, al menos, del liberalismo. Pero la enseñanza de la Iglesia no tiene nada en contra de la autoridad. La Iglesia apoya el papel de la "autoridad legítima", es decir, de una autoridad que proteja y promueva el bien de todas las personas. (1897)

Con respecto a la autoridad política, el Catecismo, citando al Concilio Vaticano II, afirma que los regímenes políticos y los gobernantes deben ser elegidos libremente por sus ciudadanos, y servir al "bien legítimo" de sus comunidades con el fin de ser "moralmente aceptables". Esto significa un rechazo a los déspotas. Además, las autoridades políticas se deben regir por el "imperio de la ley" y no por los caprichos de una pequeña minoría. Todas las leyes que son injustas o "contrarias al orden moral" no son "obligatorias en términos de conciencia". Por ejemplo, los ciudadanos alemanes que se negaron a obedecer la persecución a los judíos ordenada por el gobierno, encajan en esta categoría. Esto significa que no tenemos que defender una ley que vaya en contra de la ley moral destinada a gobernar a toda la humanidad. (1901-1904)

Trabajar por el bien común

Seguramente te estarás preguntando qué tiene que ver todo este discurso sobre la sociedad, la comunidad y la autoridad con la fe. Bueno, la Iglesia enseña que el bien de cada persona está contenido en el *bien común*. Pero, ¿qué *es* exactamente el bien común? El Catecismo cita de nuevo el *Gadium et Spes* cuando explica que el bien común se refiere al "conjunto de aquellas condiciones sociales" que les permiten a los individuos y grupos alcanzar su "satisfacción" de manera más plena y fácil. (1906)

El bien común incluye tres elementos "esenciales" (1907-1909):

1. El respeto por cada persona y por sus derechos fundamentales

2. El desarrollo del "bienestar social"; es decir, la prosperidad de sus miembros, o por lo menos el acceso a los fundamentos de la vida humana

3. Paz y la seguridad para la sociedad y sus miembros

Todo esto parece un sentimiento muy hermoso, pero ¿cómo lo traducimos a la actividad en la vida real? La Iglesia enseña que cada persona debe participar voluntariamente en la promoción del bien común, dependiendo de su posición y vocación. Hacemos esto en primer lugar, mediante la adopción de la "responsabilidad personal" que incluye el cuidado de nuestra familia y la dedicación a nuestro trabajo. Luego, llevamos nuestro compromiso hacia el exterior para poder participar en la "vida pública" tanto como sea posible. (1913-1915)

El Bien común universal se refiere a lo que el Catecismo llama "la interdependencia humana" o la "unidad de la familia humana". La Iglesia, como se explica en el *Gadium et Spes,* les pide a todas las naciones que trabajen juntas para satisfacer las diversas necesidades de las personas en todo el mundo al proporcionarles alimentos, refugio y educación o al aliviar el sufrimiento de los refugiados y los migrantes. (1911)

Justicia social y solidaridad

La justicia social, según la Iglesia, se da cuando la sociedad proporciona las condiciones que les permiten a las personas o asociaciones obtener lo que les corresponde. En otras palabras, la estructura de la sociedad y las políticas deberían hacer posible que todas las personas y grupos se sostengan por sí mismos de una manera básica, como mínimo, y que sean miembros viables y productivos de la sociedad. Además, la justicia social debe estar relacionada con el bien común y con el "ejercicio de la autoridad", o con el cuerpo del gobierno de una sociedad. (1928)

Trabajar por la justicia social nos obliga a respetar la dignidad de los demás, considerar a todos como nuestro "prójimo", servir a aquellos que están en desventaja, y amar a nuestros enemigos, incluso si odiamos el mal que hacen. (1930-1933)

La Iglesia enseña que cada ser humano fue creado a imagen de Dios y tiene la misma dignidad. Obviamente, no se necesita mucho para mirar alrededor y ver que mientras que todos somos iguales en dignidad, no todos somos iguales en riqueza o en capacidades. Según el Catecismo, estas diferencias "pertenecen al plan de Dios". Dios cuenta con nosotros para cuidar de aquellos que son jóvenes, enfermos, pobres o discapacitados, y estas disparidades están destinadas a fomentar la caridad. (1936-1937) Existen también desigualdades escandalosas en nuestro mundo, que afectan a millones de personas y están en abierta contradicción con las enseñanzas del Evangelio. Los cristianos no deben tener miedo para hacer frente a estas afrentas al amor de Dios. (1938)

Además de la justicia social, la Iglesia hace énfasis en algo que se llama "solidaridad humana", a la que el Papa Juan Pablo II se refirió como "amistad" y "caridad social" en su encíclica *Sollicitudo Rei Socialis* (Sobre la preocupación social). Se considera una "exigencia directa" del acto de ser humano y cristiano. (1939)

La solidaridad no consiste sólo en trabajar para cambiar las situaciones injustas, sino también en una especie de hermandad entre ricos y pobres, entre los pobres, y entre las naciones y los individuos. (1941) Este tipo de solidaridad surge gracias a nuestro vínculo en común como miembros de una familia humana. La Iglesia enseña que cuando nos identificamos con los oprimidos, los necesitados, o los que padecen injusticias, somos más capaces de comprender su situación y de crear cambios para mejorar sus vidas, y al mundo en su conjunto.

Un Momento De Enseñanza

¿En qué difiere la solidaridad de la justicia social? La solidaridad es una virtud cristiana que se centra en compartir no sólo los bienes materiales, sino las riquezas espirituales de la fe.

La ley moral

Ahora veremos las leyes, y comenzaremos con la ley moral. Pero antes, cuando piensas en el concepto de la ley, lo que acude a nuestras mentes probablemente sea lo que debemos y no debemos hacer para estar por fuera de los tribunales y de la cárcel, o lo que se conoce como "la ley civil". Las leyes aplicadas por agentes de policía y por los tribunales realmente son una modalidad de las leyes explicadas en el Catecismo; sin embargo, es importante entender que toda ley es un producto de la ley moral. Entender la ley moral y todas sus modalidades es algo que nos acerca a los Diez Mandamientos, por lo que este debate allanará el camino para una mejor comprensión de lo que sigue.

La ley moral es definida por la Iglesia como la "obra de la divina Sabiduría", lo que significa que es la enseñanza de Dios. Si nos atenemos a la ley moral, nos acercaremos más a nuestra felicidad eterna y nos alejaremos de los males que nos separan de nuestro creador. (1950) Este tipo de ley es como una brújula moral, que nos guía y nos impide hacer cosas malas, animándonos a hacer cosas buenas. A veces puedes hacer algo simplemente porque es lo que hay que hacer, no porque quieras una recompensa o desees evitar un castigo. La ley moral es hacer lo correcto delante de Dios, independientemente de lo que puedas ganar o perder debido a tu decisión.

Todas las otras leyes tienen su principio y su fin en la ley moral, y la ley moral se expresa en una serie de modalidades relacionadas entre sí: la ley eterna, la ley natural, la ley revelada, el derecho civil y el derecho eclesiástico (Iglesia). (1952)

Pedagogía es una palabra elegante para la enseñanza o educación.

La ley natural

La ley natural es el sentido moral para saber la diferencia entre el bien y el mal. Se encuentra en el corazón de cada persona, y está "establecida por la razón". Cuando las personas siguen la ley natural, reconocen y respetan la dignidad y los derechos de otras personas. (1954-1956) No tenemos que hacer nada para obtener la ley natural, ya que es una ley universal que existe para todas las personas a través de todos los tiempos. El Catecismo explica que la ley natural es "inmutable", lo que significa que no se puede cambiar y es permanente. Incluso si las personas rechazan la ley natural, lo que significa que van en contra del bien, éste no se extinguirá ni se destruirá en el corazón de la humanidad. "Resurge siempre en la vida de los individuos y las sociedades", dice el Catecismo. (1958)

La ley natural sirve como base para la ley moral escrita, y como base para la ley civil, las leyes del día a día que vivimos en la sociedad. Las leyes civiles son las que nos mantienen a raya. Funcionan explicando las consecuencias y los castigos en que incurriríamos si nos comportamos de cierta manera. Si vas 100 millas por la carretera, podrías recibir una fuerte multa por exceso de velocidad. Si matas a tu vecino, podrías recibir una condena de 20 años a cadena perpetua en prisión. La ley civil no espera que hagamos las cosas sólo por razones morales, sino que hagamos las cosas porque no queremos terminar en la cárcel.

Desafortunadamente, debido a que los seres humanos somos criaturas pecadoras, no siempre apreciamos o reconocemos el derecho natural con la rapidez deseable. (1958) La conclusión es que la ley natural se aplica a todas las personas en todos los ámbitos y es algo que podemos entender simplemente debido a nuestra naturaleza humana. La ley natural se deriva de la "ley eterna", que tiene a Dios como su fuente. La ley eterna es básicamente el orden racional del universo tal como Dios lo creó, y parte de ese orden racional es nuestra capacidad de entender y obedecer la ley natural. (1952)

La ley antigua

A continuación, llegamos a lo que se conoce como la ley antigua, y particularmente a la Ley de Moisés, en cuyo núcleo están los Diez Mandamientos o *Decálogo*. La ley antigua es la primera etapa de lo que la Iglesia enseña que es la "ley revelada". La ley revelada nos dice a los seres humanos aquello que es "contrario al amor de Dios y del prójimo". El Catecismo llama a los Diez Mandamientos una luz "ofrecida a la conciencia de cada hombre". Se dice que San Agustín afirmó que, "Dios escribió en las tablas de la Ley lo que los hombres no leían en sus corazones". (1962)

Así que la ley antigua amplía la ley natural sin dejar de ser fiel a ella. Nos da una lista de las cosas que debemos hacer y no hacer, incluyendo algunas importantes —no matar, no robar, no cometer adulterio—, que son las leyes naturales expresadas con claridad en caso de que alguien no le prestara suficiente atención a lo que su corazón le decía.

El Catecismo explica que la tradición cristiana considera a los Diez Mandamientos como "santos, espirituales, y buenos", aunque imperfectos, porque no les dan a las personas la fuerza y la gracia para cumplir con lo que se espera de ellas. Eso sólo se encuentra en la ley nueva.

Decálogo significa literalmente "diez palabras", y es otro nombre para los Diez Mandamientos dados por Dios a Moisés en el Monte Sinaí. En la Iglesia Católica, el Decálogo constituye la esencia de la ley antigua, que se cumple en la ley nueva de Jesucristo, quien nos enseñó a amarnos unos a otros como él nos ama, y a amar a nuestro prójimo como a nosotros mismos.

La ley nueva

La ley nueva es la ley del Evangelio, que se basa en las enseñanzas de Jesucristo, específicamente en lo que él dijo durante el Sermón de la Montaña (ver las bienaventuranzas en el Anexo C sobre la oración). La ley nueva es la "perfección, aquí en la tierra, de la ley divina, natural y revelada". (1965)

El Catecismo explica que la Ley nueva no anula la verdad de los preceptos de la Ley antigua, sino que más bien "libera su potencial oculto". La ley nueva se resume en el " nuevo mandamiento" de Jesús:

> *Que se amen los unos a los otros. Así como yo los amos*
> *ustedes, así deben amarse ustedes los unos a los otros.*
> *Si se aman los unos a los otros, todo mundo se dará*
> *cuenta de que son discípulos míos. (Juan 13:34-35)*

Habla La Iglesia La ley eclesiástica es la ley que rige a una iglesia. En la Iglesia Católica, las leyes eclesiásticas y los reglamentos se han compilado en un libro titulado el *Código de Derecho Canónico*. La versión más reciente de la Iglesia se publicó en 1983.

La ley nueva también se conoce como una "ley de amor", porque a través de las gracias recibidas del Espíritu Santo, estamos llamados a actuar por amor y no por miedo. Se llama la "ley de gracia", porque a través de ella, recibimos la gracia que necesitamos para actuar sobre ella, y se llama "ley de libertad", ya que nos libera del "ritual" de la ley antigua y nos impulsa a actuar espontáneamente debido a la caridad por los demás. (1972)

Aprender a estar llenos de gracia

La Iglesia enseña que en el camino a la salvación hay algo que se llama *justificación*, que es la "labor más excelsa del amor de Dios". A través de la justificación, Dios perdona todos nuestros pecados y nos hace íntegros y santos. (1994-1995)

Nuestra justificación, explica el Catecismo, proviene de la gracia de Dios; la gracia se define como la "ayuda gratuita e inmerecida que Dios nos da". La gracia que recibimos en el bautismo se llama gracia santificante o divinizadora. La gracia que nos permite actuar en consonancia con el llamado de Dios, se llama gracia habitual porque es una "disposición permanente". (1996-2000)

También existen otros tipos de gracias. Recuerda que la gracia es un don de Dios que nos permite asociarnos con su trabajo y colaborar en la salvación de los demás. Las *gracias sacramentales* son dones del Espíritu Santo, recibidas durante la recepción de los sacramentos específicos. Las *gracias especiales*, o "carismas", son las gracias que reciben las personas tras ayudar en la edificación de la Iglesia. Hemos de edificar la Iglesia en la tierra cada vez que hagamos algo para difundir la Buena Nueva, pongamos en práctica el Evangelio, o difundamos la fe católica. Entre las gracias especiales están las *gracias de estado*, que son las gracias que recibimos en función de las responsabilidades individuales y de nuestros ministerios en la Iglesia. (2003-2004)

Debido a que la gracia es un don sobrenatural, no es algo que podamos reconocer en nosotros mismos o comprender plenamente, por lo que no podemos calcular cuándo hemos sido justificados o salvados. El Catecismo explica que podemos ver la gracia en acción cuando reflexionamos en las bendiciones de Dios y en las vidas de los santos. Cuando somos capaces de comprender esto —así como la gracia de Dios ha obrado en otros—, así también obra en nosotros. (2005)

Todos los cristianos están llamados a la santidad. Aunque algunos puedan recibir gracias especiales o signos, todos estamos llamados para avanzar hacia una "unión cada vez más íntima" con Jesucristo. (2014) El Catecismo explica que no puede haber santidad sin la "renuncia y sin la batalla espiritual". Esto significa que tenemos que entablar una gran batalla hasta que vivamos las Bienaventuranzas en paz y alegría. (2015)

La Iglesia como madre y maestra

Los cristianos cumplen con su llamado bautismal dentro de la comunidad de la Iglesia Católica. Es en ella donde los católicos escuchamos la palabra de Dios, recibimos la gracia de los sacramentos, y los ejemplos de testimonio de la santidad de María y de los santos. (2030) En otras palabras, la Iglesia ofrece alimento espiritual a su comunidad y *a través de* su comunidad.

El Catecismo dice: "La vida moral es un culto espiritual". Para los católicos, la celebración de la Eucaristía alimenta la vida moral a través de sus oraciones y enseñanzas. La Eucaristía, "fuente y cima" de toda la vida cristiana, es la fuente de la vida moral. (2031)

El Magisterio de la Iglesia (la autoridad de enseñanza) les ofrece a los creyentes la orientación que necesitan en materia moral basada en la Escritura, la Tradición y, cimentada en el credo, el Padre Nuestro y los Diez Mandamientos. (2033)

Un Momento De Enseñanza

La Iglesia enseña que hay cinco *preceptos* o leyes de la Iglesia que describen el mínimo espíritu de oración y de esfuerzo moral que necesitamos para crecer en el amor de Dios y del prójimo. Estos preceptos son: asistir a misa los domingos y los días festivos obligatorios; confesar tus pecados graves al menos una vez al año; recibir la Eucaristía por lo menos durante la Pascua; observar los días de ayuno y abstinencia señalados por la Iglesia, y apoyar económicamente a la Iglesia según tus posibilidades. (2041-2043)

Puntos esenciales

- Los cristianos alcanzan todo su potencial viviendo en el mundo y trabajando por el bien común.

- El bien común incluye elementos esenciales para todas las personas: el respeto, la dignidad, la prosperidad, la seguridad y la paz.

- La Iglesia enseña que todos los seres humanos, creados a imagen de Dios, son iguales en dignidad.

- La ley moral es la enseñanza de Dios y la base de todas las otras leyes.

- La ley antigua se refiere a la Ley de Moisés, personificada en los Diez Mandamientos; la ley nueva es la ley basada en las enseñanzas de Jesús, especialmente en el Sermón de la Montaña.

- La Iglesia es donde los cristianos cumplen con su llamado bautismal, reciben la gracia de los sacramentos, se fortalecen con la Eucaristía, y son testigos de los ejemplos de María y los santos.

capítulo 17

Los tres primeros mandamientos

Exploración de las conductas que cumplen o quebrantan el primer mandamiento

Decir promesas, blasfemias y juramentos en el segundo mandamiento

Aprender a santificar el día del Señor

Nuestra relación con el deber para con Dios tal como está expresado en los tres primeros mandamientos

Los Diez Mandamientos se pueden dividir en dos grupos: los tres primeros mandamientos, que se centran en el lugar de Dios en nuestras vidas y la reverencia que le debemos a Él, y los otros siete mandamientos, que se centran en nuestras relaciones con otras personas y el respeto que merecen.

En este capítulo, exploraremos los tres primeros mandamientos, aquellos que se centran específicamente en Dios. Aunque no conozcas el texto exacto y la ubicación de estos mandamientos del Decálogo, lo cual veremos en un minuto, probablemente sabes cuál es su esencia: Dios, quien se supone que está primero y ante todo en nuestras vidas.

Jesús tomó estos tres primeros mandamientos y los transformó con su ley de amor, es decir, con ley nueva que leímos en el capítulo anterior. Citando el Deuteronomio,

Jesús predicó la regla del amor, tal como se encuentra en ley antigua (recuerda que es la Ley de Moisés, también conocida como Ley Mosaica, cuyo núcleo son los Diez Mandamientos): "Amarás al Señor tu Dios con todo tu corazón, con toda tu alma y con toda tu mente". (Mateo 22:37) En la Última Cena, Jesús proclamó una nueva ley: "Ámense los unos a los otros como yo los he amado". (Juan 15:12.)

Jesús les da a todos los creyentes un nuevo rostro de Dios. Ya no es una figura de autoridad distante a la cual temer, sino que es un Padre amado, que merece toda nuestra devoción.

Con estos tres primeros mandamientos y con todos los siguientes, Jesús transforma la ley antigua en una ley de vida donde el amor por Dios y por el prójimo es siempre el principio general.

#1: Dios está primero, sin importar lo demás

Yo soy el Señor tu Dios, que te sacó de Egipto, donde eras esclavo. No tengas otros dioses aparte de mí. No hagas ningún ídolo ni figura de lo que hay arriba en el cielo, ni de lo que hay abajo en la tierra, ni de lo que hay en el mar debajo de la tierra. No te inclines delante de ellos ni les rindas culto. (Éxodo 20:2-5)

Este es el primer mandamiento, que puede parecer complicado, pero que simplemente nos recuerda, en el más puro estilo del Antiguo Testamento, que debemos tener un solo Dios y ningún otro. En el Nuevo Testamento, escuchamos a Jesús, cuando es tentado en el desierto por Satanás, repetir este mandamiento en una versión abreviada y más simple: "Adora al señor tu Dios, y sírvele sólo a Él". (Mateo 4: 10)

Así que este mandamiento parece muy fácil de cumplir, ¿verdad? Siempre y cuando no adoremos a otros dioses, estaremos a salvo. Pero, un minuto. ¿Qué califica como un dios según el mismo Dios? Hay algunos ejemplos más contundentes, como el famoso becerro de oro del Antiguo Testamento, el que construyeron los hebreos cuando creían que Moisés nunca bajaría del Monte Sinaí. Pero no te sorprendas al saber que en nuestra vida cotidiana hay versiones disimuladas de otros dioses que están ocultos bajo nuestras narices.

Cuando este mandamiento se refiere a evitar a "otros dioses", se está refiriendo a todo lo que se convierta en un ídolo para nosotros; esto incluye el dinero, el poder, la belleza, el trabajo, o la fama. La lista es realmente interminable.

Así que si vamos a tener otros dioses aparte de Dios, debemos entender entonces lo que significa tener a Dios, es decir, debemos entender cómo vivir nuestras vidas de tal manera que, efectivamente, lo pongamos a Él en primer lugar. Exploremos entonces lo que dice el Catecismo sobre esto.

 Cuando un joven le preguntó a Jesús qué tenía que hacer para alcanzar la vida eterna, Jesús le respondió, "Obedece los mandamientos". (Mateo 19:17) Cuando el hombre dice que él obedecía los mandamientos, Jesús lo desafió: "Si quieres ser perfecto, anda, vende lo que tienes, y dáselo a los pobres: Así tendrás riqueza en el cielo. Luego ven y sígueme". (Mateo 19:21) El Catecismo explica que los consejos evangélicos —pobreza, castidad y obediencia—, son "inseparables" de los Diez Mandamientos. (2053)

Fe, esperanza y caridad

El Catecismo explica, "el primer llamado y petición justa de Dios es que el hombre lo acepte y lo adore". (2084) Esto supone practicar las virtudes teologales de la fe, esperanza y caridad, que ya comentamos en el capítulo 15.

Estamos llamados a hacer que estas virtudes sean una parte activa de nuestras vidas en un esfuerzo para darle a Dios la debida reverencia, poniéndolo primero a él, y evitando los pecados que debilitan estas virtudes en nosotros. Vamos a ver cada una de estas virtudes en detalle, para comprender mejor sus características únicas.

La *fe* es considerada como la "fuente" de la vida moral. Los pecados contra la fe incluyen la duda voluntaria sobre la fe o el rechazo de ésta, la incredulidad, la herejía, la apostasía, que es el "rechazo total de la fe cristiana", y el cisma, que implica una ruptura con la Iglesia Católica Romana. (2087-2089) La *esperanza* es la confianza en que un día recibiremos las bendiciones divinas y veremos a Dios en el reino. Los pecados contra la esperanza incluyen la desesperación y la "presunción", que es cuando pensamos que no necesitamos a Dios para que nos salve, o cuando presumimos que entraremos al cielo a través de la misericordia de Dios, aunque no nos arrepintamos ni lo merezcamos. (2090-2092)

La *caridad* nos llama a amar a Dios sobre todas las cosas y a amar a toda su creación en Él y por Él. Los pecados contra la caridad son la indiferencia hacia la caridad de Dios, la ingratitud, la "acidia", que es la pereza espiritual; la "tibieza", que es la "vacilación o negligencia" en relación con el amor de Dios y, por último, el odio a Dios, que se basa en el orgullo. (2093-2094)

En otras palabras, la falta de fe, esperanza y caridad en sus diversas formas no ponen primero a Dios, sino a las fuerzas opuestas. Por lo tanto, guiarse por estas virtudes es cumplir el primer mandamiento.

La virtud de la religión

Luego nos encontramos con el concepto de la "virtud de la religión", que es una "actitud" que nos pone en el estado de ánimo de reverencia a Dios de una manera acorde con el Padre, el Hijo y el Espíritu. (2095) Si practicamos las virtudes teologales de la fe, esperanza y caridad, tendremos más probabilidades de practicar la virtud de la religión. Echemos un vistazo a algunas formas en que podemos practicar la virtud de la religión:

La *adoración* es "el primer acto de la virtud de la religión", dice el Catecismo. Esto implica, en primer lugar, reconocer a Dios como Creador y Salvador, como el Señor finito de todo, y como amor infinito y misericordioso. Al adorar sólo a Dios, la humanidad se mantiene alejada de la "esclavitud del pecado y la idolatría del mundo". (2096-2097)

La *oración*, explica el Catecismo, es una "condición indispensable" para obedecer los mandamientos. Nos ayuda a vivir las virtudes de la fe, esperanza y caridad, y nos permite alabar a Dios y buscar su ayuda. (2098)

El *sacrificio* es un signo externo de nuestra gratitud interior. No estamos hablando de sacrificar corderos ni otros animales, al estilo del Antiguo Testamento; estamos hablando de sacrificios personales y espirituales que nos unen al sacrificio de Cristo en la cruz. (2100)

Las *promesas y los votos* son una parte integral de una vida de fe. Los encontramos en muchos de los sacramentos —bautismo, matrimonio, confirmación, órdenes—, y las hacemos en nuestra oración personal, cuando le ofrecemos una acción o un sacrificio a Dios. (2101)

El Catecismo, citando el documento del Vaticano II sobre la libertad religiosa, así como el Código de Derecho Canónico, dice que todas las personas están "obligadas" a buscar la verdad sobre Dios y la Iglesia, y a "acogerlas". Los cristianos tienen el deber "social" de despertar en otros el "amor a la verdad y al bien", y hablarles sobre la fe católica y apostólica. Sin embargo, nadie debe ser obligado a actuar en contra de su conciencia, y a nadie se le debe impedir la adhesión a su fe en público o privado. (2104-2106)

Un Momento De Enseñanza

Un voto es una "promesa deliberada y libre hecha a Dios". Cuando profesamos un voto, le prometemos algo a Dios o nos dedicamos a Él de un modo especial. (2102)

La superstición y la magia

Cuando el primer mandamiento habla de honrar a Dios sobre todas las cosas, también prohíbe cualquier cosa que le atribuya capacidades o poderes a algo distinto de Dios. Esto incluye cosas como la superstición, la idolatría, la adivinación o la magia, donde la esperanza de un resultado o evento en particular no se basa en Dios, sino en otra fuente de poder.

Cuando confías en la *superstición*, por ejemplo, en vez de depositar tu confianza en Dios, la depositas en un presagio, en una señal, en un amuleto de la buena suerte, o en una actividad particular que realizas siempre en un momento determinado con el fin de influir —al menos en tu mente—, en cierto resultado. El Catecismo dice algo importante en este sentido: cuando pensamos que la simple ejecución externa de oraciones o de los signos sacramentales son eficaces, alejados de las disposiciones interiores que ellos exigen, caemos en la superstición. (2111)

La *idolatría*, aunque pueda parecer un término antiguo, tiene mucha vigencia en nuestra sociedad moderna. El primer mandamiento prohíbe el politeísmo, que es la creencia de que hay otros seres divinos, además del Dios uno y trino. Eres culpable de idolatría no sólo cuando pones a otro ser en el lugar de Dios, sino también cuando pones a otra cosa —de nuevo, al dinero, poder, o fama—, por delante de Dios. El Catecismo dice que la idolatría es "una perversión del sentido religioso innato del hombre". (2114)

La *adivinación* es cuando recurres a alguien o a algo diferente de Dios para suministrarte información sobre el futuro y darte una especie de poder sobre el tiempo. Esto implica prácticas tales como acudir a Satán, pero en ocasiones puede incluir cosas tan inofensivas en apariencia como los horóscopos y cartas del tarot, o los videntes y médiums. El Catecismo dice que la adivinación está en contradicción con el "honor, el respeto, y el amor temeroso que le debemos solamente a Dios". (2116)

La *magia* o *hechicería* es un intento por "domesticar poderes ocultos" con el fin de utilizarlos para tener poder sobre otras personas o cosas. Incluso el uso de la magia con buenos propósitos no está permitido porque es "contrario a la virtud de la religión". (2117)

Rechazar a Dios

El primer mandamiento también prohíbe la *irreligión*. Esta categoría de pecado incluye *tentar a Dios*, que es cuando le pones algún tipo de prueba a Dios; un *sacrilegio*, que es cuando profanas algún aspecto de la fe, especialmente la Eucaristía; y la *simonía*, que es la compra y venta de los bienes espirituales, como cuando un obispo acepta dinero para ordenar a un pastor como sacerdote, una persona laica que trata de "comprar" un bautismo, boda u otro sacramento mediante el pago a un sacerdote para que le administre un sacramento que no debe administrar. (2118-2121)

En la lista prohibida también figura, por razones obvias, el ateísmo, que es un rechazo o negación completa de la existencia de Dios (2125), y el *agnosticismo*, que no niega la existencia de Dios, pero dice que es imposible demostrarla. Mientras que el agnosticismo puede incluir la búsqueda de Dios, con mayor frecuencia "equivale al ateísmo práctico", según dice el Catecismo. (2128)

Un Momento de Enseñanza

El primer mandamiento prohíbe la adoración de "ídolos". En el Antiguo Testamento, esto se refería a cualquier representación de Dios hecha por el hombre. Sin embargo, la Iglesia Católica enseña que Jesús, el Verbo encarnado, marcó el comienzo de una nueva "economía de las imágenes", lo que significa que no sólo Cristo, sino también María y los santos, pueden ser reproducidos y venerados. Estas imágenes no son "ídolos" porque no son adoradas como si adoraras a Dios; más bien, son objeto de honor y devoción por la forma en que son testigos del amor de Dios para con nosotros. (2129-2132)

#2: No tomarás el nombre del Señor en vano

No tomarás el nombre del Señor tu Dios, en vano. Porque el Señor no dejará sin castigo al que tome su nombre en vano. (Éxodo 20:7)

El segundo mandamiento es muy claro. Se supone que debemos respetar y honrar el nombre de Dios, y todas las variantes de su nombre, incluyendo el nombre de Jesucristo. También se supone que debemos respetar los nombres de María y de los santos. (2146)

El Catecismo explica que no debemos utilizar el nombre de Dios en nuestro discurso a menos que sea expresamente para "bendecir, alabar y glorificar" a Dios. Al respetar su nombre, respetamos el "misterio mismo de Dios" y evocamos el "sentido de lo sagrado". (2143-2144)

Honrar el segundo mandamiento también significa mantener las promesas que hemos hecho en nombre de Dios. Romper una promesa como esta es un "mal uso del nombre de Dios" y, según el Catecismo, esto hace como Dios fuera un "mentiroso". (2147)

La *blasfemia* es cuando hablamos o actuamos de una manera que se opone directamente a Dios o a algo que sea sagrado. La blasfemia incluye el odio, el desprecio, o el desafío expresado por Dios, la Iglesia y los santos. La blasfemia también incluye matar, torturar o cometer un delito en nombre de Dios. (2148)

También es un pecado grave contra el segundo mandamiento profesar un falso juramento en nombre de Dios o cometer perjurio, que es cuando prometes decir la verdad sin intención de cumplirla. Esto es pedirle a Dios que sea testigo de una mentira. (2150-2152)

Jesús explicó y amplió el segundo mandamiento:

También han podido ustedes que se dijo a los antepasados: 'No dejes de cumplir lo que hayas ofrecido al señor bajo juramento'. Pero yo les digo que no juren por ninguna razón. No juren por el cielo, porque es el trono de Dios; ni por la tierra, que es el estrado de sus pies; ni por Jerusalén, porque es la ciudad del gran rey. Ni juren ustedes tampoco por su propia cabeza, porque no pueden hacer blanco o negro ni un solo cabello. Si dicen 'sí', que sea sí; si dicen 'no', que sea no, pues lo que se aparta de esto es malo (Mateo 5:33-37)

La Iglesia enseña que la enseñanza de Jesús sobre los juramentos no excluye aquellos hechos "por motivos serios y adecuados" (por ejemplo, en los tribunales. Sin embargo, se debe ejercer discreción, al invocar el nombre de Dios como testimonio de la verdad de lo que decimos. (2154)

Para los cristianos, el Sabbath, o Día del Señor, se celebra el domingo, porque es el día de la resurrección de Cristo. Es el "primer día", recordando la primera creación de Dios, y el "octavo día", simbolizando la "nueva creación" que comienza con la resurrección de Cristo. (2174)

#3: Santificarás las fiestas

Acuérdate del día reposo, para consagrarlo al Señor. Trabaja seis días y haz en ellos todo lo que tengas que hacer, pero al séptimo día es de reposo consagrado al señor tu Dios. No hagas ningún trabajo en ese día, ni tampoco tu hijo, ni tu hija, tu esclavo o tu esclava, ni tus animales, ni el extranjero que viva contigo. Porque el señor hizo en seis días el cielo, la tierra, el mar y todo lo que hay en ellos, y descansó el día séptimo. Por eso el señor bendijo el día de reposo y lo declaró día sagrado.(Éxodo 20:8–11)

El tercer mandamiento se centra en la santidad de las fiestas, recordando que Dios descansó el séptimo día después de la creación del universo y lo santificó. El Catecismo explica que la Biblia también "revela en el día del Señor un memorial de la liberación de Israel de la esclavitud en Egipto". Dios les dijo a los israelitas que santificaran el día domingo, ya que este es un día de protesta contra las servidumbres del trabajo y el culto al dinero. (2168-2171)

Ahora, Jesús toma la premisa original de la ley antigua y le añade un significado más profundo a la misma. "El día de reposo se hizo para el hombre, y no el hombre para el día de reposo. Por esto, el Hijo del Hombre tiene autoridad también sobre el día de reposo". (Marcos 2:27-28) Jesús, en un acto de compasión, declara que el domingo es el día del Señor de las misericordias, un día para hacer el bien en lugar del mal. (2173) El significado aquí es que el día creado por Dios para descansar de tu trabajo no significa que puedas descansar de tu fe, y, además, que es un día en que debes hacer el bien.

Obligaciones del domingo

Santificar el día del Señor se traduce en algunas cosas muy concretas para los católicos. En primer lugar, significa participar en la misa, ya sea el domingo o en la *vigilia* del sábado, y en los días de precepto. Sin embargo, la obligación del domingo consiste en algo más que en que te perforen tu boleto. Consiste en celebrar la Eucaristía los domingos tal como se ha transmitido mediante la tradición apostólica. (2177)

No asistir deliberadamente a misa un domingo o un día santo es considerado un "pecado grave", a menos que hayas sido excusado por una razón seria (por ejemplo, si estás enfermo o cuidando a un niño) o te han dado una dispensa. (2181)

Habla La Iglesia

La Misa de Vigilia es una misa celebrada la noche anterior a un día de fiesta o de solemnidad. Si participas en una Misa de Vigilia en la víspera de un día de obligación, cumplirás con tu obligación de participar en la misa del día siguiente. Por ejemplo, los católicos pueden asistir a una misa la noche del sábado a las 5 p.m. para cumplir con su obligación del domingo. Lo mismo se aplica para los días festivos.

Descansa, por amor a Dios

Los domingos no sólo son para asistir a misa. También está destinado a ser un día de descanso, lo que significa que se supone que debemos descansar de nuestra rutina habitual.

No sólo estás obligado a ir a misa, sino también a relajarte, lo que no significa que tengas que sentarte tranquilamente en casa. Los domingos son para realizar actividades familiares, y para eventos culturales o sociales, así como religiosos. (2184)

"El domingo es un día de reflexión, de silencio, para cultivar la mente y meditar, lo que fomenta el crecimiento de la vida interior cristiana", dice el Catecismo. (2186)

La Iglesia recomienda que es importante que los domingos y los días festivos sean reconocidos como fiestas civiles y para que los cristianos sirvan de ejemplo público de oración, respeto y la alegría. Los cristianos también deben "defender sus tradiciones como una contribución preciosa a la vida espiritual de la sociedad". Incluso si tienes que trabajar, deberás sacar un día de la semana "y ese día, sin embargo, debe ser vivido como el día de nuestra liberación ...". (2188) En otras palabras, si tienes que trabajar los domingos, esto no debe impedir que saques tiempo para Dios ni para ir a misa.

Puntos esenciales

- El primer mandamiento prohíbe la adoración de otros dioses diferentes del Dios uno y trino, así como la superstición, la magia, la adivinación y la idolatría.

- El amor al dinero, al poder, a la belleza, o a la fama, son ejemplos de lo que puede usurpar el lugar de Dios en nuestras vidas tal como está prohibido por el primer mandamiento.

- El segundo mandamiento ordena respetar y honrar no sólo el nombre de Dios en todas sus variantes, sino también los nombres de Jesucristo, María y los santos.

- Romper una promesa hecha en nombre de Dios, hacer un falso juramento, o cometer perjurio son delitos contra el segundo mandamiento.

- El tercer mandamiento les exige a los católicos santificar el día del Señor, participar en la misa los domingos y días festivos, y sacar un tiempo el día domingo para descansar y participar en actividades de ocio.

capítulo 18

#4: Honrarás a tu padre y a tu madre

Entender la familia y la autoridad en el primero de los mandamientos, que está centrado en las personas

Cómo se vive el cuarto mandamiento en la vida cristiana

Los deberes de los padres, los niños, y los ciudadanos

El debido respeto a los que tienen autoridad, y el respeto de éstos

Al comenzar con el cuarto mandamiento, pasaremos de los mandamientos basados en Dios, a los mandamientos basados en el prójimo. Los siguientes siete mandamientos se centran en cómo tratamos a las personas que nos rodean, desde las personas con las que vivimos, hasta los vecinos y personas de todo el mundo.

Jesús dijo: "Amarás a tu prójimo como a ti mismo". (Marcos 12:31) Nuestro prójimo no es sólo la persona que recibe nuestro correo cuando estamos de vacaciones. Nuestro prójimo es cualquier persona que encontramos en el camino de la vida, e incluso aquellos con quienes no nos encontramos, pero con los que compartimos nuestra dignidad humana en común.

En este capítulo, empezaremos por nuestros hogares, donde construimos nuestras primeras relaciones, que muchas veces son las más cercanas. Veremos cómo deben tratarse los padres y los hijos, y cómo juntos, en calidad de iglesia doméstica, la familia sirve al bien común.

Es un asunto de familia

Honra a tu padre y a tu madre, para que vivas una larga vida en la tierra que te da el Señor tu Dios. (Éxodo 20:12)

El cuarto mandamiento —el primero después de los mandamientos centrados en Dios y el único que contiene una promesa—, se centra en los padres. Después de Dios, estamos llamados a honrar a nuestros padres, que nos dieron la vida y el conocimiento, y que merecen nuestro honor y respeto. Por otra parte, el Catecismo dice que también estamos obligados a honrar y a respetar a todos aquellos a quienes Dios, por nuestro bien, ha investido con su autoridad. El Catecismo explica que este mandamiento es uno de "los fundamentos de la doctrina social de la Iglesia". El cuarto mandamiento introduce los otros mandamientos que se ocupan del respeto a la vida, el matrimonio y las posesiones materiales. (2197-2198)

Aunque este precepto parece estar dirigido directamente a los niños, se aplica a otros miembros de la familia, así como a las personas que ocupan varias posiciones: maestros, empleadores y líderes de países. "Esto requiere honor, afecto y gratitud hacia los ancianos y los antepasados", dice el Catecismo. El Catecismo aclara que las obligaciones propuestas por el cuarto mandamiento no es una vía de un sólo sentido: el mandamiento "incluye y presupone los deberes de los padres, profesores, maestros, líderes, magistrados, los que gobiernan, y de todos los que ejercen autoridad sobre otros o sobre una comunidad de personas".(2199)

Para entender este mandamiento por completo, tenemos que empezar con la estructura y el significado de la unidad familiar. La familia comienza con el matrimonio, y éste comienza con el consentimiento de ambos cónyuges. Un hombre y una mujer, unidos en matrimonio, forman una familia junto con sus hijos. El Catecismo dice que esta estructura de la familia debe ser "considerada como la referencia normal por la cual han de ser evaluadas las diferentes formas de las relaciones familiares". (2202)

La familia cristiana está destinada a ser "signo e imagen" de la comunión que existe dentro de la Santísima Trinidad. Al procrear y educar a sus hijos, los padres reflejan la obra del Padre. Al participar en la oración y en la misa, la familia comparte el sacrificio de Cristo. La familia tiene una "tarea evangelizadora y misionera". (2205)

El Catecismo dice que las relaciones dentro de una familia traen consigo una serie de sentimientos muy fuertes, todo lo cual debería surgir del respeto mutuo que los miembros de la familia tienen el uno por el otro. La familia es llamada "comunidad privilegiada". (2206)

La familia es conocida también como "la célula original de la vida social". ¿Qué significa esto? Pues bien, el Catecismo señala que la familia es la "sociedad natural" y explica que la autoridad, la estabilidad y las relaciones que se encuentran dentro de una familia, sientan las bases para la libertad, la seguridad, y la fraternidad común de la sociedad en su conjunto. Está dentro de nuestras familias que primero aprendemos a distinguir el bien del mal y a obtener la base de nuestra moral y fe. "La vida familiar es una iniciación a la vida en sociedad". (2207)

Ser parte de una familia significa algo más que cuidar de quienes se sientan frente a ti en la mesa. Esto significa mirar más allá de tu puerta para cuidar a toda tu familia y a la familia humana en su conjunto, en especial a aquellos que necesitan un poco de ayuda adicional: los ancianos, los enfermos y los pobres. Y esto significa involucrarse en la promoción o en la defensa de "medidas sociales" que tengan un impacto en la sociedad. (2208-2209)

verdaderas confesiones

Aunque no hace ninguna declaración específica sobre protecciones civiles para uniones del mismo sexo, el Catecismo señala que la Iglesia Católica se opone a los llamados "matrimonios del mismo sexo". Esto se debe a que la Iglesia se refiere a la unión de un hombre y una mujer en el matrimonio como fundamento de la sociedad que está basado en la ley natural y la ley moral. La Iglesia dice, en *Gadium et Spes,* que las autoridades civiles tienen la "seria obligación" de reconocer la "verdadera naturaleza del matrimonio y de la familia", y "proteger y promover" las dos. (2210)

Deberes de los hijos y los padres

En el mensaje básico de este mandamiento, es bastante obvio que los hijos tienen ciertos deberes para con sus padres. Primero están el honor y el respeto. Los hijos deben respetar a sus padres, no por temor, sino como una muestra de gratitud por el don de la vida y por toda la gracia de los padres para ayudarles a crecer "en estatura, sabiduría y gracia". (2215)

Obviamente, este respeto se muestra a través de la obediencia. El Catecismo dice que los hijos que viven en casa con sus padres deben obedecerles cuando éstos les pidan algo que beneficie tanto al hijo en particular como a la familia en su conjunto. Lo mismo puede decirse de las "orientaciones razonables" de los profesores. Sin embargo, los hijos no tienen por qué obedecer nada que sea moralmente incorrecto. (2217)

Cuando los hijos han crecido y abandonado el hogar, aún tienen deberes para con sus padres. Es probable que ya no tengan que obedecerles, pero todavía deben respetarlos, y la Iglesia enseña que los niños deben ayudar a sus padres con "apoyo material y moral" cuando estén viejos, enfermos o solitarios. (2218)

La armonía en la familia no se limita a padres e hijos, sino que debe existir entre los hermanos. La interacción respetuosa entre hermanos también muestra respeto por los padres, lo que fomenta la unidad familiar. "El respeto hacia los padres llena la casa con luz y calor". (2219)

Además, los hijos no son los únicos que tienen deberes en la relación familiar. La Iglesia les pide a los padres tratar a sus hijos como "hijos de Dios" y "respetarlos como seres humanos". (2222)

El derecho y la responsabilidad de educar a los niños les pertenece, en primer lugar, a los padres. Esto se hace a través de un entorno hogareño lleno de amor, donde "la ternura, el perdón, el respeto, la fidelidad y el servicio desinteresado (lo que significa cuidar y criar a los hijos sin preocuparse por las consecuencias) sean la regla". El hogar es donde los niños aprenden las virtudes que moldearán su carácter y guiarán su juicio más adelante. Es donde los niños aprenderán que las posesiones materiales no son tan importantes como la fortaleza espiritual, y donde los niños aprenden a defender lo correcto, y a evitar aquello que degrada a otros o amenaza a la sociedad. (2223-2224)

Los padres no sólo tienen el derecho y la responsabilidad primordial de atender las necesidades espirituales y físicas de sus hijos, sino también el derecho de elegir para ellos una escuela que reafirme la las bases cristianas que les están inculcando. Además, los padres deben ofrecer consejo, apoyo y asesoramiento a sus hijos cuando llegue el momento de elegir una profesión, un estado en la vida, o a su futura pareja, sin ejercer una influencia indebida sobre ellos. (2229-2230)

El Catecismo dice que aunque los lazos familiares son importantes, no son "absolutos", lo que significa que los padres deben respetar y apoyar cualquier vocación que Dios llame a sus hijos a seguir, incluso si esto significa que no sean médicos o abogados. (2232).

Un Momento De Enseñanza

Jesús dijo: "Porque cualquiera que hace la voluntad de mi Padre es mi hermano, mi hermana y mi madre". (Mateo 12:49) Esto significa que todas las personas están llamadas a ser miembros de la familia de Dios y a vivir de acuerdo con su enseñanza, amándose unos a otros, sirviendo el uno al otro, y, con esto, haciendo la voluntad del Padre de Jesús. (2233)

Ciudadanos del mundo

El honor descrito en el cuarto mandamiento no termina en la familia inmediata y extendida. También incluye el debido respeto a las autoridades civiles y sus funciones, así como el respeto que deben tener quienes detentan la autoridad por su posición y sus ciudadanos.

Las figuras de autoridad

El Catecismo dice que los que tienen autoridad deben verse a sí mismos como siervos, y hace hincapié en que ninguna figura con autoridad puede "ordenar o establecer" algo que esté en oposición a la ley natural o a la dignidad inherente del ser humano. Los que tienen autoridad deben gobernar según las necesidades e intereses de la comunidad, y no según sus propias necesidades o deseos personales. (2235-2236)

Las autoridades políticas, en particular, están "obligadas a respetar los derechos fundamentales de la persona humana", prestando especial atención a los derechos de las familias y los "desfavorecidos". (2237)

Por lo tanto, el Catecismo nos enseña que el cuarto mandamiento ofrece una base para que las autoridades públicas estén motivadas y orientadas en su servicio.

Por Dios y la patria

¿Cuáles son los deberes de los ciudadanos comunes? La Iglesia enseña que los ciudadanos deben "considerar a quienes tienen autoridad como representantes de Dios", mientras que al mismo tiempo, expresen "críticas justas" sobre cualquier cosa que amenace la dignidad humana y el bien de la comunidad. (2238)

Los ciudadanos están llamados a colaborar con la autoridad "por el bien de la sociedad", y a amar y servir a su país. Compartir el bien común de un país significa pagar impuestos, ejercer el derecho al voto, y defender al país. (2239-2240)

En esta sección, el Catecismo explica también que "las naciones más prósperas" están "obligadas" a acoger a los inmigrantes que buscan la seguridad y un "medio de vida" que no estén disponibles en sus países de origen. Estos "huéspedes" deben ser respetados y protegidos, y, a su vez, deben respetar el país que los acoge y obedecer sus leyes. (2241)

verdaderas confesiones

La Iglesia enseña que los ciudadanos están obligados a *no* obedecer a las autoridades civiles cuando sus exigencias estén en oposición con el orden moral, los derechos fundamentales del individuo, o las enseñanzas del Evangelio. "La resistencia armada" a la opresión política, sin embargo, sólo se justifica cuando existen ciertas condiciones: si se presentan violaciones "graves y prolongadas" de los derechos humanos; si se han agotado todos los demás esfuerzos para rectificar la situación; si no se "provocaran desórdenes peores"; si hay una esperanza real para el éxito; y si no hay una mejor solución a la vista. (2242-2243)

Puntos esenciales

- El cuarto mandamiento nos obliga a respetar y a honrar a nuestros padres (que tienen el segundo lugar después de Dios) por el don de la vida, el amor y la orientación que nos dan.

- El respeto y el honor también se deben a los hermanos y miembros de la familia, así como a las autoridades civiles que actúan en nombre del bien común.

- Las autoridades son servidores que deben respetar los derechos fundamentales de las personas que atienden.

- Los ciudadanos están llamados a colaborar con las autoridades por el bien de la sociedad, a amar y servir a su país, a pagar impuestos, a votar y a defender a su país.

- Nadie está obligado a obedecer a una autoridad civil que exija algo que esté opuesto al orden moral.

Capítulo 19

#5: No matarás

El respeto y la defensa de toda la vida tal como se define en este mandamiento

Cuando se incluyen el aborto, la eutanasia y el suicidio

Los límites de la investigación científica

Las reglas de la guerra

El quinto mandamiento en contra del asesinato parece bastante sencillo. Pero este mandamiento no es sólo acerca de los actos de homicidio y asesinato, sino del respeto por toda la vida humana.

El Catecismo se refiere a la Congregación para la Doctrina de la Fe, con el fin de explicar que la Iglesia considera la vida como "sagrada" porque toda la vida comienza con "la acción creadora de Dios" y está siempre conectada con Dios. Nadie tiene derecho a destruir una vida humana inocente. (2258)

En este capítulo, exploraremos este mandamiento y lo que los teólogos han llamado el enfoque de "la prenda sin costuras", que significa que toda la vida está entretejida en la trama de esta enseñanza. Toda la vida humana, desde su concepción hasta su fin, ha de ser defendida, protegida y valorada.

Cuando el Papa Juan Pablo II publicó su encíclica Evangelium Vitae (*El Evangelio de la Vida*) en 1995, el lenguaje en contra de la pena de muerte era tan fuerte que el futuro Papa Benedicto XVI, quien era el director de la Congregación para la Doctrina de la Fe en ese momento, dijo que la próxima edición del Catecismo debería reflejar las enseñanzas más fuertes contra la pena capital. Tanto la edición latina de 1997, como la versión inglesa de la segunda edición, publicada en 2000, reflejan el lenguaje más fuerte.

Crimen y castigo

No matarás. (Éxodo 20:13)

El Señor dijo: "¿Por qué has hecho esto? La sangre de tu hermano, que has derramado en la tierra, me pide a gritos que yo haga justicia. Por eso, quedarás maldito y expulsado de la tierra que se ha bebido la sangre de tu hermano, a quien tú mataste. Aunque trabajes la tierra, no volverá a darte sus frutos. Andarás vagando por el mundo, sin poder descansar jamás". (Génesis 4:10) En otras palabras, Caín vivirá para siempre con las consecuencias de sus actos y dejará de vivir en la presencia de Dios.

El Catecismo explica que la ley contra el asesinato es "universalmente válida", y se aplica a todas las personas y en todas las épocas. El Antiguo Testamento ordenaba: "No condenes a muerte al hombre inocente y sin culpa, porque yo no declararé inocente al culpable". (Éxodo 23:7) En el Sermón de la Montaña, Jesús amplía este mandamiento, diciéndoles a sus discípulos que eviten la ira y la venganza, que pongan la otra mejilla, y que amen a sus enemigos. (2261-2262)

La Iglesia enseña que el Estado o las autoridades civiles tienen derecho a "detener la propagación de la conducta" que tenga el potencial de dañar a las personas o a la sociedad en su conjunto. También enseña que "la autoridad legítima de la sociedad" tiene el derecho y el deber de evitar que el agresor pueda causar perjuicios, así como de infligir castigos según la gravedad del delito cometido. El principal efecto del castigo es "resarcir" o remediar el daño causado por la infracción. En otras palabras, el castigo debe ser "medicinal" en el sentido en que debe contribuir "a la corrección del culpable". (2266)

La pena de muerte no está totalmente fuera de límites, según las enseñanzas de la Iglesia. Sin embargo, su uso de una forma moralmente aceptable es muy limitado. La pena de muerte se debe imponer cuando sea la única manera de defender a las personas de un agresor en particular. Si "los medios no letales" están disponibles y son suficientes para proteger la seguridad de las personas, entonces las autoridades deben evitar el uso de la pena de muerte de acuerdo con "la dignidad de la persona humana". (2267)

El Papa Juan Pablo II, en su encíclica *Evangelium Vitae* (*El Evangelio de la Vida*), dijo que en la época moderna, los casos en que el Estado es incapaz de proteger a la población por medios no letales "son muy raros, por no decir prácticamente inexistentes". (2267)

El quinto mandamiento considera cualquier "muerte directa o intencional" como un "pecado grave", y menciona la "gravedad especial" de pecados como el infanticidio, el asesinato de hermanos o padres, y de un cónyuge. El mandamiento prohíbe también cualquier acto intencional que conduzca indirectamente a la muerte de una persona, incluyendo las "hambrunas asesinas". El Catecismo señala que la "muerte involuntaria" no es tan imputable como un "homicidio", pero no exonera a quien lo cometa de un "delito grave" si ha actuado de manera irresponsable y causado la muerte de otra persona, incluso si no tuviera la intención de matar. (2268-2269)

> **Un Momento De Enseñanza**
>
> El quinto mandamiento no te prohíbe defenderte a ti mismo ni a otras personas contra una amenaza inminente. La Iglesia enseña que "es legítimo insistir en el respeto de la propia vida", y que alguien que mata a otro en defensa propia no es culpable de asesinato, incluso si "se ve obligado a darle un golpe mortal a su agresor". El Catecismo dice que alguien que sea responsable por la vida de otras personas, no sólo tiene el derecho sino el "serio deber" de defender a sus protegidos contra un "agresor injusto". (2264-2265)

La prenda sin costuras

Ahora llegamos a algunos asuntos controvertidos en lo que a la sociedad se refiere, pero que no necesariamente tienen que ver con la Iglesia, en torno al concepto de las prenda sin costuras que mencionamos anteriormente. En cuanto a la enseñanza de la Iglesia, el respeto a la vida es una enseñanza constante y sin fisuras que es absoluta, inmutable y universal.

Aunque la Iglesia se opone a todos los "abortos directos," hay pocos casos en que la Iglesia no condene un procedimiento que provoque de manera indirecta la muerte de un feto con el fin de salvar la vida de una madre. Por ejemplo, una mujer que tenga un embarazo ectópico, el cual es fatal si no es tratado, podría sufrir la extirpación de las trompas de Falopio, aunque esto tenga como consecuencia la muerte de su feto mediante lo que se conoce como "efecto secundario". En otras palabras, este tipo de procedimiento sólo es aceptable si el resultado deseado no es la muerte del bebé, y su muerte es en cambio un efecto secundario y no deseado de un procedimiento necesario.

El aborto

La Iglesia enseña que la vida humana comienza en el momento de la concepción, y que no hay absolutamente ninguna excepción. Esto significa que cada concepción única es una vida que vale la pena proteger, sin importar cómo haya surgido, en qué condiciones, o quién esté involucrado. El Catecismo dice: "Desde el primer momento de su existencia, el ser humano debe ver reconocidos sus derechos como persona". (2270)

Desde el primer siglo, la enseñanza de la Iglesia ha prohibido "el aborto directo" (es decir, un aborto que se procura para lograr un fin determinado, o como un medio para lograr un fin), pues se opone gravemente a la ley moral. Además, cooperar voluntariamente en un aborto también se considera un "delito grave". Si te practicas un aborto, realizas un aborto, o ayudas de buena gana en la ejecución de un aborto, cometerás una violación grave de la ley moral. Esto podría ser algo tan aparentemente inocente como llevar a tu amiga a una clínica de abortos y acompañarla en la sala de espera, aunque te opongas al aborto e intentes persuadirla. El Canon 1329 § 2 de la ley canónica dice que este tipo de persona es un "cooperador necesario". Si ayudas a un aborto de cualquier manera, estarás excomulgado automáticamente de la Iglesia por el acto en sí mismo. Sin embargo, si estás verdaderamente arrepentido y confiesas el pecado en el sacramento de la reconciliación, la sanción puede ser levantada. (2271-2272)

La Iglesia enseña que cada ser humano, desde el momento de la concepción, tiene un "derecho inalienable a la vida" y, por lo tanto, merece la protección y el respeto de la sociedad civil. Refiriéndose al documento *Vitae de la Fe Donum* (respeto por la vida humana) de la Congregación para la

Doctrina de la Fe, el Catecismo explica que cuando la ley prive a los seres humanos de cualquier tipo de protección, el Estado "estará negando la igualdad de todos ante la ley". Sin una protección para todos, incluidos a los que no han nacido, los fundamentos de la ley se ven socavados. (2273)

El Catecismo dice: "Puesto que debe ser tratado desde su concepción como una persona, el embrión deberá ser defendido en su integridad, cuidado y sanado, en la medida de lo posible, al igual que cualquier otro ser humano". Esto afecta no sólo la decisión de abortar, sino también las decisiones sobre diagnósticos prenatales y los esfuerzos para manipular genéticamente los embriones. La Iglesia enseña que el diagnóstico prenatal es aceptable si se respeta la integridad del embrión y está "dirigido a la protección y la sana acción como individuo". En otras palabras, no deberías hacerte una prueba de amniocentesis ni de otro tipo para determinar si vas a abortar a tu hijo debido a un defecto de nacimiento. (2274)

Habla La Iglesia	La eutanasia es decidir e intentar poner fin a la vida de un una persona discapacitada, enferma, o anciana, ya sea a través de un acto directo o por medio de la omisión de un acto. Es una violación del quinto mandamiento.

La eutanasia

El quinto mandamiento prohíbe estrictamente el uso de la *eutanasia* o del suicidio con asistencia médica para terminar artificialmente con la vida de alguien que esté gravemente enfermo, discapacitado, anciano, o agonizando.

El Catecismo explica que la eutanasia es "moralmente inaceptable", sin importar el motivo ni los medios. "Las personas enfermas o con discapacidad deben ser ayudadas a llevar una vida lo más normal posible", dice el Catecismo. Incluso si se cometen mediante un "error de juicio", esto no cambia la naturaleza de este "acto criminal", que siempre debe ser prohibido y excluido. (2276-2777)

Esto no significa, sin embargo, que una persona que esté agonizando deba mantenerse viva mediante un tratamiento "excesivamente ferviente". La Iglesia enseña que la vida es un viaje, y que la muerte no es algo que debe evitarse a toda costa. Por lo tanto, está dentro de los límites morales rechazar o eliminar todo tratamiento que sea "oneroso, peligroso, extraordinario o desproporcionado al resultado esperado". En este caso, no se tiene la intención de causar la muerte o de matar por acción u omisión, sino de permitir simplemente que la vida y la muerte sigan su curso normal. Esto no permite la eliminación del "cuidado normal", que incluyen la alimentación y la hidratación, en la mayoría de los casos. (2278-2279)

Los cuidados paliativos, o el uso de analgésicos para aliviar el sufrimiento, no sólo son permitidos, sino que son bienvenidos siempre y cuando no se utilicen específicamente para poner fin a la vida. Aunque el uso de analgésicos suponga el riesgo de acortar la vida de un moribundo, su uso está permitido como una forma de "caridad desinteresada" que esté en consonancia con la protección de la dignidad humana. (2279) La caridad desinteresada se refiere a un acto caritativo que se hace sin tener en cuenta ningún beneficio personal. En otras palabras, le ofreces cuidados paliativos a tu padre o madre enfermo terminal, simplemente porque quieres que estén libres de dolor, y no porque no quieras prestarles otras formas de atención o esperes que los medicamentos aceleren su muerte.

El suicidio

Todas las personas están obligadas a "aceptar la vida con gratitud y a preservarla" por el honor de Dios. La Iglesia enseña que no somos los dueños de nuestras vidas, sino los "guardianes de nuestras vidas", lo que significa que somos simplemente los conserjes de Dios, que tiene los documentos de propiedad. Y como con todo lo que prestas, alquilas, o pides en préstamo, estás obligado a mantenerlo en buenas condiciones y no se te permite tirarlo a la basura. (2280)

El Catecismo explica que el suicidio, "contradice esta inclinación natural… a preservar y perpetuar la vida". Además, el suicidio no sólo es contrario al "amor justo por sí mismo" y al amor por Dios, sino que también es contrario al amor por el prójimo porque "rompe los lazos de solidaridad" con los de nuestras familias y la comunidad en general. (2281) En otras palabras, las consecuencias del suicidio no afectan sólo a la persona que comete el acto, sino también a la familia de esa persona, y a los amigos y a la comunidad. Aunque el suicidio es un acto realizado en forma aislada, sus ramificaciones están lejos de ser aisladas.

La presencia de "graves perturbaciones psicológicas" disminuye la culpabilidad de alguien que se suicida. (2282) Esto significa que si una persona con una enfermedad mental grave se suicida, no es responsable moral por dicho acto.

Estás
Absuelto
si ...

Podrías pensar que la Iglesia Católica le niega la sepultura cristiana a una persona que se suicide. Pero en una carta del 29 de mayo de 1973, dirigida a las conferencias episcopales del mundo, la Congregación para la Doctrina de la Fe decretó que a las personas que no estén casadas por la Iglesia, o que hayan cometido suicidio, *no se les puede* negar un entierro cristiano.

La dignidad humana

El quinto mandamiento no sólo nos impide hacerles daño a los demás, sino que también nos ordena preservar y promover nuestro propio bienestar y el de los demás. Se supone que debemos cuidar nuestra salud física, y respaldar aquellas medidas sociales que protejan la salud de todos los ciudadanos. (2288)

Aunque estamos obligados a respetar nuestro cuerpo, nos prohíbe la promoción de algo que la Iglesia llama el culto al cuerpo, que es una obsesión por la perfección física y el éxito deportivo. También se espera que practiquemos la templanza con respecto a cualquier tipo de exceso, ya sea comida, alcohol, tabaco o medicamentos. "Incurren en culpa grave quienes, por la embriaguez o el amor por la velocidad, ponen en peligro su propia seguridad y la de los demás en las carreteras, en el mar o en el aire", dice el Catecismo. (2289-2290)

La Iglesia toma nota particular del consumo de drogas y el daño que a esto le hace a la vida humana. El uso de drogas es un "delito grave", excepto cuando se hace con fines terapéuticos. La producción y el tráfico de drogas se considera "escandaloso" y constituye "cooperación directa con el mal". (2291)

En nombre de la ciencia

Muchas personas probablemente piensan que la fe y la ciencia son diametralmente opuestas, y sin embargo, la Iglesia considera la investigación científica "una expresión significativa del dominio del hombre sobre la creación", y dice que la ciencia y la tecnología son "recursos valiosos" cuando sirven a la humanidad y promueven el desarrollo de todos. Incluso la experimentación científica en seres humanos puede ser aceptable cuando contribuye a la "curación de los enfermos y al avance de la salud pública". Sin embargo, la investigación científica debe estar siempre "al servicio de la persona humana, de su derecho inalienable". (2292 -2294)

Toda investigación o experimentación que sea una ofensa contra la ley moral o la dignidad humana está prohibida, incluso si el resultado tiene como fin mejorar la dignidad de la vida de otra persona, o incluso salvarla. (2295) Los juicios de Nuremberg, que fueron los juicios de los aliados a los criminales de guerra nazis tras la Segunda Guerra Mundial, reveló experimentación con seres humanos y una serie de ofensas a la dignidad humana que se hizo en nombre del "avance del conocimiento médico". Para los católicos, un ejemplo moderno de este tipo de delito es el de las investigaciones con células madre embrionarias. Esto se remonta a lo que discutimos en el capítulo anterior sobre la ley moral: el fin nunca puede justificar los medios.

Un Momento De Enseñanza

La Iglesia considera que la donación de órganos es "noble y meritoria", y nos invita a practicarla como "una expresión de solidaridad generosa". La ley moral se mantiene siempre y cuando el bien que se busca sea mayor que el riesgo para el donante. El donante o su representante deben dar su "consentimiento expreso", y no se debe hacer nada para poner fin o acelerar la muerte de un donante con el fin de recolectar sus órganos. (2296)

Respetar el cuerpo

La dignidad humana prohíbe ciertos actos graves que la mayoría de las personas reconocen fácilmente como nocivos y contra la ley moral. Estos incluyen el secuestro, la toma de rehenes, el terrorismo y las torturas. Además, la Iglesia también prohíbe —salvo por "razones médicas de orden estrictamente terapéutico"—, amputaciones, mutilaciones o esterilizaciones a personas inocentes. (2297)

El respeto por los moribundos también es de suma importancia. La Iglesia enseña que las personas que mueren merecen el tipo de atención y cuidado que les ofrezcan "paz y dignidad" en sus últimos días o momentos. Este cuidado incluye oraciones y el acceso a los sacramentos por última vez. (2299)

El Catecismo explica que los muertos deben ser tratados con "respeto y caridad" en espera de la resurrección. La Iglesia considera que el entierro de los muertos como una "obra de misericordia corporal". (2300) Las autopsias pueden permitirse para investigaciones judiciales o científicas, y la donación "voluntaria" de órganos puede ser "meritoria". La cremación también está permitida, siempre y cuando esta opción no esté basada en un esfuerzo por negar la creencia en la resurrección del cuerpo. (2301)

Un Momento De Enseñanza

La intimidación es un tema candente en la actualidad. Las escuelas ofrecen clases especiales para prevenir el acoso escolar y enseñar a los niños cómo responder cuando se encuentran en el lado equivocado de la rabia de un matón. La Iglesia considera que la intimidación no ocurre sólo en el patio o en los salones. Puede suceder en el internado, en los dormitorios, y en cualquier lugar de una institución educativa. La intimidación es una ofensa contra la igualdad de oportunidades y debe ser evitada por todos.

La guerra y la paz

En cuanto al tema de la guerra, antes de llegar a la parte de la verdadera batalla, tenemos que hablar sobre el tipo de cosas que conducen a la guerra en primer lugar. El quinto mandamiento, según lo enseñado por Jesús, exige algo más que simplemente no matar a otro ser humano: nos obliga a evitar la ira y el odio, y a trabajar por la paz.

La ira, dice el Catecismo, es "un deseo de venganza" y el odio es "contrario a la caridad". Ambos son pecados graves cuando se convierten en el desearle el mal a otra persona, o que le pase algo grave. (2303-2303)

La Iglesia enseña que la paz es "no es simplemente la ausencia de guerra" y que "no se limita a mantener un equilibrio entre fuerzas opuestas". La paz exige la salvaguardia de los bienes (no en un sentido de pertenencias, sino de los derechos) de las personas, la libre comunicación entre los individuos y el respeto a todas las personas. El Catecismo cita las siguientes palabras de San Agustín: "La paz es la tranquilidad del orden". Es la obra de la justicia y el efecto de la caridad. (2304)

"Todos los ciudadanos y todos los gobiernos están obligados a trabajar para evitar la guerra", dice el Catecismo. (2308) Sin embargo, la "legítima defensa mediante la fuerza militar", se justifica cuando todas las siguientes condiciones están presentes, y es sopesada por quienes tienen la responsabilidad por el bien común:

- El daño infligido a un país o una comunidad por un agresor es "duradero, grave y cierto".

- Todos los esfuerzos pacíficos para poner fin a la agresión han sido "poco prácticos" o "ineficaces".

- Existen "serias posibilidades" de éxito.

- El uso de armas, especialmente de destrucción masiva, no producirá un mal y un desorden peor que el mal que será eliminado. (2309)

El Catecismo explica que las autoridades públicas tienen el derecho y el deber de "imponer a los ciudadanos las obligaciones necesarias para la defensa nacional", y que aquellos que sirven en las fuerzas armadas contribuyen al bien común y al "mantenimiento de la paz" si cumplen honorablemente con su deber. (2310)

Así que, ¿cómo podemos evitar la guerra en la realidad? Creo que recibiríamos el premio Nobel de la Paz si pudiéramos responder a esta pregunta. La Iglesia enseña que para evitar la guerra, las naciones deben evitar la "acumulación de armas". El Catecismo explica que en lugar de eliminar las causas de la guerra, la carrera armamentista "corre el riesgo de agravarla". (2315)

Se reconoce que la producción y venta de armas "se refiere al bien común" de las naciones y de las comunidades en todo el mundo, y por lo tanto, debe ser regulada por las autoridades públicas. Evitar la guerra exige esta regulación, pero requiere también un esfuerzo concertado para acabar con las injusticias, el exceso de los desequilibrios económicos y sociales, la envidia, la desconfianza y el orgullo. "Todo lo que se haga para eliminar estos desórdenes contribuye a construir la paz y evitar la guerra", explica el Catecismo. (2316-2317)

La ley moral debe cumplirse incluso en tiempos de guerra. El conjunto de reglas para la conducción de la guerra justa se denomina *ius ad bellum,* que en latín significa "la justicia de la guerra". Esto significa que los civiles, los soldados heridos y los prisioneros deben recibir un trato humano. El Catecismo dice que las medidas que son "deliberadamente contrarias al derecho internacional y a los principios universales "son delitos que no deben cometerse a través de "la obediencia ciega". El exterminio de un pueblo, de una nación o de una minoría étnica es especialmente grave y "debe ser condenado como un pecado mortal". La Iglesia enseña que las personas están "moralmente obligadas" a resistirse a las órdenes para cometer genocidios. (2313)

Puntos esenciales

- El quinto mandamiento consiste tanto en no matar como en lo que se refiere a la presencia de la paz.

- Toda la vida inocente debe ser protegida desde el momento de la concepción hasta su fin natural.

- El aborto, la eutanasia, el suicidio y la investigación científica que exploten la vida humana están prohibidas.

- Se deben cumplir una serie de condiciones específicas para justificar una acción militar armada.

- La acumulación de armas y una gran disparidad económica se encuentran entre las causas de la guerra que deben evitarse.

capítulo 20

6: No cometerás adulterio

Una interpretación moderna del sexto mandamiento

Castidad versus adulterio, lujuria, y otras ofensas

La enseñanza de la Iglesia sobre la homosexualidad

Las razones detrás de la prohibición del control de la natalidad y del divorcio

Es posible que este sea uno de los primeros capítulos que viste luego de comenzar a leer este libro. Pues bien, este es el capítulo que llamó mi atención cuando empecé a escribir este libro. Tal vez tenga algo que ver con el hecho de que todo lo relacionado con el sexo despierta nuestra curiosidad natural. O tal vez tenga que ver más con el hecho de que en este capítulo se tratan algunos de los temas más polémicos de nuestra época.

El sexto mandamiento, como habrás adivinado, es mucho más que engañar a tu cónyuge. La Iglesia interpreta este mandamiento en el sentido de abarcar todos los aspectos de la sexualidad humana, y sostiene que la castidad es la meta para todas las personas, independientemente de su estado en la vida. Esto significa que si eres soltero o casado, heterosexual o gay, la castidad tiene un lugar en tu relación con los demás y en tu relación con Dios.

En nuestra sociedad excesivamente sexualizada, con frecuencia se cree que la Iglesia está en contra del sexo. Sus posiciones en todo, desde el matrimonio al control de la natalidad, son generalmente vistas como anticuadas y opresivas. Pero la verdad es que, una vez que profundices en este capítulo, descubrirás que las enseñanzas de la Iglesia sobre la sexualidad realmente son cualquier cosa menos opresivas, y en realidad son muy hermosas, siempre y cuando el sexo sea parte de un matrimonio que esté abierto al don de la vida.

El adulterio son las relaciones sexuales voluntarias entre una persona casada y alguien que no sea su cónyuge. La Iglesia enseña que el sexto mandamiento va mucho más allá de la simple prohibición de las conductas que se ajusten a esos parámetros, e impide muchas otras actividades relacionadas, desde la pornografía a la masturbación.

Enseñanza sobre la sexualidad católica

"No cometerás adulterio." (Éxodo 20:14)

El sexto mandamiento parece muy fácil de entender, ¿verdad? No engañar a tu esposa o esposo. Sin embargo, el adulterio, en su definición básica, es en realidad una visión muy limitada de este mandamiento, así que vamos a echar un vistazo más de cerca para ver todo el alcance que tiene esta ley.

La Iglesia no está inventando este mandamiento a la hora de interpretar el sexto mandamiento. Ella mira directamente hacia Jesús y las palabras que pronunció durante el Sermón de la Montaña: "Ustedes han oído que antes se dijo, 'No cometan adulterio'. Pero yo les digo que cualquiera que mira con deseo a una mujer, ya ha cometido adulterio con ella en su corazón". (Mateo 5:27-28)

Esas son palabras mayores, ¿verdad? Estamos hablando de pensamientos, y no sólo de actos, y ese es más o menos el punto de partida de este mandamiento. De lo que se trata es de ver la sexualidad humana como parte de una visión más amplia. La Iglesia considera que la sexualidad afecta todos los aspectos de la persona humana, desde el evidente amor y la procreación a lo esotérico, hasta nuestras relaciones con otras personas.

Cada hombre y cada mujer se considera que ha sido creado a imagen de Dios, con la misma dignidad que se vive de diferentes maneras. Cuando se trata de la sexualidad, la Iglesia ve la unión de un hombre y de una mujer en el matrimonio como una forma de "imitar en la carne la generosidad y la fecundidad del Creador". (2335)

Habla La Iglesia

La fecundidad viene de la palabra latina *fecundus,* que significa la capacidad de producir crías en abundancia.

La castidad no es una palabra vulgar

Cuando el Catecismo habla sobre la castidad, no se está refiriendo a la au-sencia de la sexualidad, sino más bien a un equilibrio correcto de vivir la sexualidad. El Catecismo se refiere a la castidad como a la "integración exitosa de la sexualidad en el interior del individuo, y por lo tanto, en la unidad interior del hombre en su ser corporal y espiritual". (2337)

En realidad, hay una gran diferencia entre la actividad sexual y la sexu-alidad; las dos palabras no son sinónimos en el Catecismo. La actividad sexual es exactamente lo que parece ser: los actos físicos. Por otro lado, la sex-ualidad es ese aspecto de tu ser que incluye no sólo tus deseos sexuales, sino también tu identidad sexual, que son todas las cualidades innatas que hacen de ti un hombre o una mujer, incluyendo las semejanzas espirituales y las diferencias complementarias a nivel físico, moral y espiritual. Por ejemplo, la sexualidad de la mujer, que incluye su instinto maternal y su feminidad. (2333)

La conclusión es que vivir la virtud de la castidad significa cosas diferentes para diferentes personas, pero el resultado final debe ser el mismo: integridad y unidad.

Un matrimonio vive la castidad al comprometerse con la *castidad conyugal*, que puede verse obstaculizada por una gran cantidad de ofensas que veremos más adelante con mayor detalle. Es probable que no pensemos que el matrimonio y la castidad sean complementarios, pero la Iglesia considera la castidad en el matrimonio como un fundamento básico que da fuerza a la unión entre marido y mujer.

Una persona soltera vive la castidad absteniéndose de toda actividad sexual; una persona comprometida vive la castidad absteniéndose de mantener relaciones sexuales hasta que contraiga matrimonio. (2350) Tal vez esto no sea muy popular en estos días, pero la Iglesia no se preocupa demasiado por la popularidad, y no hace excepciones con las personas que están próximas a casarse y que creen que tener relaciones sexuales un par de semanas o de meses antes de la boda no tiene importancia. Lo cierto es que sí tiene importancia.

> **Habla La Iglesia**
>
> La fidelidad conyugal es cuando los cónyuges se entregan totalmente el uno al otro en una alianza irrevocable establecida en virtud de Dios por su consentimiento personal e irrevocable. (2364) Esto se deriva de la famosa frase de Jesús: "Lo que Dios ha unido no lo debe separar el hombre". (Marcos 10:9)

Aquellos que han hecho votos de castidad o de celibato en calidad de sacerdotes, hermanos y hermanas religiosas, viven este voto absteniéndose de toda actividad sexual con el fin de entregarse sólo a Dios con un "corazón íntegro". (2349)

Aunque no lo parezca a primera vista, resulta que la castidad, aunque siempre trata sobre la sexualidad, no lo hace con frecuencia sobre el sexo. De hecho, el Catecismo habla del hecho de que la castidad también puede ser expresada en la amistad, bien sea entre personas del mismo sexo o del sexo opuesto.

¿Cómo está relacionada la castidad con la amistad? Bueno, si estamos viviendo de acuerdo con nuestra sexualidad individual y verdadera, entonces llevaremos algunos elementos de la sexualidad a cualquier relación, pero sobre todo a una estrecha amistad. Tal vez le demos un sentido femenino de la crianza o un sentido masculino de la protección. Si estamos viviendo una vida verdaderamente casta, una vida que ponga a la pureza, a Dios y al amor al prójimo por delante del egoísmo, entonces, lo que comienza como una simple amistad, puede convertirse en una relación espiritual íntima, aunque platónica. (2347)

El Catecismo dice que cuando la castidad se vive correctamente dentro de una amistad, puede conducir a una "comunión espiritual" que beneficia a todas las partes involucradas. (2347)

Un Momento De Enseñanza

Aprender a llevar una vida casta debe incluir un "aprendizaje del dominio de sí". (2339) Hacemos esto para aprender a usar nuestra libertad de manera positiva y para dominar las pasiones que amenazan con controlarnos, o incluso con esclavizarnos. El dominio de sí mismo nunca se logra totalmente de forma permanente. A lo largo de nuestras vidas, y a medida que crecemos y cambiamos, tenemos que redescubrir continuamente nuestro ser interior y dominar de nuevo las pasiones que se interponen en nuestro camino.

Ofensas contra la castidad

Hemos hablado mucho sobre lo que es la castidad. Ahora es el momento de hablar sobre lo que no es la castidad. El Catecismo contiene una larga lista de ofensas contra la castidad. Abarca todas las cosas que seguramente esperas, y otras que pueden sorprenderte.

Repasemos la lista y veamos qué nos llama la atención. Las ofensas son: la lujuria, la masturbación, la fornicación, la pornografía, la prostitución y la violación.

Bueno, no creo que tengamos que explicar realmente por qué la prostitución y la violación son delitos contra la castidad. El Catecismo las califica respectivamente como "pecado grave" y "mal intrínseco", pero para el ciudadano promedio, es probable que le preocupen particularmente uno o más de los otros temas de esta lista. (2355-2356)

Comencemos con la lujuria. ¿Qué tiene de malo? Se remonta a lo que dijimos al principio de este capítulo. Se supone que la sexualidad humana es parte integral de un individuo. No podemos separar nuestro deseo de actividad sexual de las otras partes de nuestro ser: nuestros espíritus, nuestros cuerpos, nuestras mentes. Sin embargo, la lujuria no consiste en esto, sino en el deseo sexual por el deseo en sí mismo. No consiste en la unidad entre un hombre y una mujer ni en procrear hijos. La lujuria es, por ejemplo, cuando un hombre le dice a una chica, "Te amo", pero lo que realmente quiere decir es, "Me amo a mí mismo, y quiero que me complazcas". Así que la lujuria realmente consiste en sexo, sexo, y sexo, lo cual está realmente mal. (2351)

El Catecismo entiende que la masturbación es "la excitación voluntaria de los órganos genitales para obtener placer sexual". Basta con decir que la Iglesia tiene un gran problema con la masturbación y la considera "gravemente desordenada", porque separa la actividad genital para efectos de placer, de la relación sexual del matrimonio que se traduce en amor unitivo y procreador. (2352) Sola o en colaboración con otra persona, la masturbación está estrictamente fuera de límites para los católicos.

Entonces, ¿en qué sentido es diferente la fornicación? La fornicación es la "unión carnal" entre un hombre y una mujer, que una vez más separa una relación sexual de una relación matrimonial, lo que la convierte en un acto lujurioso y contrario a la dignidad de las personas involucradas. (2353)

Por último, está la pornografía. Es difícil saber por dónde empezar con esta desviación, teniendo en cuenta lo saturada que está nuestra cultura de imágenes sexuales, desde los puestos de revista a los programas de televisión, pasando por el cine. En este caso, la Iglesia habla de la exhibición deliberada de desnudez o de actos sexuales reales o simulados. La pornografía está prohibida, no sólo porque "pervierte el acto conyugal" entre marido y mujer, sino también porque lesiona la dignidad de las personas involucradas en su producción. (2354) El Catecismo considera a la pornografía un "delito grave" que debe ser prevenido por las autoridades civiles.

Enseñanza sobre la homosexualidad

Cuando el Catecismo habla sobre la homosexualidad, se refiere a las relaciones sexuales entre dos personas del mismo sexo, algo que la Iglesia considera "contrario a la ley natural", cerrado al don de la vida, y por lo tanto, inaceptable en cualquier circunstancia. (2357)

Al mismo tiempo, la Iglesia reconoce que hay muchos hombres y mujeres con "profundas tendencias homosexuales", y que estos hombres y mujeres deben ser aceptados con "respeto, compasión y delicadeza" y estar libres de "discriminación injusta". (2358)

Lo que la Iglesia dice sobre la homosexualidad es consistente con lo que dice acerca de cualquier relación sexual por fuera de los límites de un matrimonio sacramental. Se espera que los homosexuales lleven una vida casta, así como se espera que los heterosexuales casados y no casados lleven una vida casta. Están llamados al dominio de sí mismos, así como todos los católicos también están llamados al dominio de sí mismos.

verdaderas confesiones

La Iglesia ha sido objeto de controversias por su posición sobre la homosexualidad. "Depravación grave" e "intrínsecamente desordenada" son los términos que utiliza el Catecismo para describir los actos homosexuales. Aunque esto puede parecer muy duro para nuestras mentes progresistas, estas clasificaciones siguen el mismo conjunto de reglas estrictas que aplica la Iglesia a cualquier conducta sexual —homosexual o heterosexual—, que se incluya en la categoría "moralmente desordenada", así como la lujuria y la masturbación. El Catecismo no dice que las *personas* homosexuales sean "intrínsecamente desordenadas", sino los actos homosexuales. Si hay una cosa que debamos aprender de la lectura de esta sección del Catecismo, es la importancia de mantener las cosas en su contexto adecuado. (2357)

El sexo en el matrimonio

Los viejos chistes sobre la culpa católica y el placer sexual, —o la ausencia de éste—, quedan abolidos finalmente gracias a esta sección del Catecismo. Aquí es donde descubrimos que la Iglesia cree que el sexo está bien. De hecho, la Iglesia piensa que el sexo, cuando no es desordenado, está más que bien. Va tan lejos que se refiere a él como "noble y honorable" y una "fuente de alegría y de placer". (2362)

Así que si la Iglesia realmente aprueba el sexo, ¿cómo llegó a tener tan mala fama entre el público? Bueno, ahí está el problema. La Iglesia dice que el sexo sólo puede ser verdadero y bueno cuando es parte de una relación amorosa y matrimonial.

Lee esta frase del párrafo inicial del Catecismo sobre el amor conyugal: "En el matrimonio, la intimidad corporal de los esposos se convierte en un signo y en una garantía de comunión espiritual". (2360) Esta es la opinión de la Iglesia sobre un matrimonio ideal, una unión física que es llevada a un nivel espiritual a través de la intimidad. ¿Quién habría pensado que podría encontrar semejante romance en el Catecismo? Y sin embargo, ahí está, en blanco y negro.

El matrimonio se eleva al nivel de la realidad religiosa y del bien espiritual de la Iglesia Católica debido a que un hombre y una mujer que vivan en la fidelidad mutua y con Dios, son testigos del mismo tipo de fidelidad que Dios tiene hacia su pueblo y que Jesucristo tiene hacia su Iglesia. Una y otra vez, el Catecismo pone el amor conyugal y la procreación en estrecha colaboración con la divinidad.

Para explicar mejor este tipo de unión, el Catecismo se basa en las palabras de San Juan Crisóstomo, obispo del siglo IV y Doctor de la Iglesia, que es citado diciendo que los jóvenes esposos deberían decirles a sus esposas: "Te he tomado en mis brazos, y te amo y te prefiero a mi vida. Porque la vida presente no es nada, y mi deseo más ardiente es pasarla contigo de tal manera que podamos tener la certeza de no estar separados en la vida que nos está reservada". (2365) ¿Han visto una propuesta de matrimonio más romántica que ésta?

Un Momento De Enseñanza

En la *Gaudium et Spes* (Gozo y Esperanza), un documento del Concilio Vaticano II, a las parejas casadas se les dice que "consideren que su misión es transmitir la vida humana y educar a sus hijos", comprendiendo que, al hacerlo, están "cooperando con el amor de Dios Creador y que son, en cierto sentido, sus intérpretes". (2367) Esta es una descripción sumamente extraordinaria de la labor de las mamás y de los papás.

El control de la natalidad

En esta sección tenemos que volver a la "fecundidad" y a la capacidad y voluntad de los cónyuges para procrear de una manera generosa y amorosa. Son tantas las personas que tienen n problemas con este concepto, que es poco probable que tenga un trato justo, incluso si lo explicamos a fondo, pero nos esforzaremos al máximo.

Cuando el Catecismo habla sobre el matrimonio y la actividad sexual dentro del matrimonio, considera que su propósito tiene dos facetas: unitiva y procreadora. Esto significa que la relación conduce al marido y a la mujer a la unicidad o unidad, mientras que al mismo tiempo están abiertos a una nueva vida, o a la procreación. (2366)

De hecho, el Catecismo lo expresa de una forma mucho más poética, diciendo que las parejas casadas están llamadas a participar en el "poder creativo y en la paternidad de Dios". Esto supone un giro bastante fuerte, ¿verdad? No sólo estamos hablando de tener una prole de hijos, sino también de participar en el poder creador de Dios. (2367)

Los hijos son el resultado de que los cónyuges se "entreguen mutuamente", haciendo que la procreación sea una parte integral de la relación como un todo. Por lo tanto, la procreación no se puede separar de la Ley del matrimonio, así como la unidad no se puede separar de él. Esto significa que en el desempeño de la relación matrimonial, no puedes levantar un muro entre hacer el amor y engendrar un bebé. (2366)

Esto nos lleva al tema de la anticoncepción. Y antes de abordar el tema del control artificial de la natalidad, tenemos que mirar primero lo que dice la Iglesia en general acerca de tener hijos. El Catecismo dice que los hijos deben espaciarse desde el punto de vista de la paternidad responsable. La razón para hacer esto no debe basarse en el deseo de tener más bienes materiales, más tiempo, ni más nada. La paternidad consiste en el desinterés en contraposición con el egoísmo. (2368)

Así que si la Iglesia está diciendo que existe una manera responsable de espaciar a los hijos, ¿cómo puede la Iglesia decir también que no se deben utilizar métodos anticonceptivos para controlar dicho espaciamiento? Bueno, la Iglesia no dice exactamente eso. Dice que se permite regular el tener hijos utilizando métodos que se basen en la abstinencia periódica y en la vigilancia de los días fértiles e infértiles de la mujer durante cada mes. El Catecismo dice que tales métodos no sólo respetan el cuerpo de los cónyuges, sino que también "fomentan el afecto" entre ellos. (2370)

Citando la encíclica papal *Humanae Vitae*, el Catecismo continúa diciendo cualquier acto que intente impedir la procreación, ya sea antes, durante o después del acto sexual, es "intrínsecamente malo". (2370) Esto significa que la esterilización o cualquier otro dispositivo anticonceptivo o píldora están prohibidos.

Puedes haber pensado que Iglesia Católica sanciona sólo el "método del ritmo" como un método aceptable para espaciar el nacimiento de los hijos. De hecho, la Iglesia promueve y enseña la planificación familiar natural, un método en el que las parejas calculan los períodos fértiles e infértiles mediante la lectura de la temperatura corporal basal y de otros signos de la ovulación, y al abstenerse de relaciones sexuales en los días fértiles. Cuando se sigue correctamente, este método puede ser efectivo en un 99 por ciento.

El regalo de los hijos

La Iglesia considera a los hijos una bendición y un regalo, y no un derecho o un pedazo de propiedad. Todo hijo tiene derecho a conocer a sus padres, dice el Catecismo, y que cada uno debe ser respetado desde el momento de la concepción.

De acuerdo con este punto de vista, la Iglesia dice que se deben "alentar" los esfuerzos científicos para reducir la esterilidad en las parejas infértiles. Sin embargo, la Iglesia prohíbe todos los esfuerzos que disocien al esposo y a la esposa entre sí, y a los aspectos unitivos y procreativos del matrimonio con el fin de concebir. (2376)

Esto significa que las técnicas de inseminación artificial que reemplazan a la naturaleza en lugar de ayudarla —la fertilización in vitro, las madres de alquiler, y la donación de esperma o de óvulos—, se consideran gravemente inmorales e inaceptables. Incluso las técnicas que sustituyen a la naturaleza y que sólo incluyen el esperma y los óvulos de la pareja casada sin donantes externos, aunque son menos ofensivas que otros métodos, son sin embargo moralmente inaceptables a los ojos de la Iglesia. (2376-2377)

Entonces, ¿qué debe hacer una pareja infértil? ¿No deberían tener también la oportunidad de compartir la gran bendición de la paternidad? La Iglesia dice que sí, y el Catecismo sugiere que esto podría ser a través de la adopción de un niño huérfano o abandonado. (2379)

Sobre las ofensas

Aunque ya hemos visto una serie de ofensas contra la castidad en general, el Catecismo detalla a continuación las ofensas específicas a la "dignidad del matrimonio". Obviamente, y basado en la esencia del mandamiento, la ofensa principal y más grave que figura en el Catecismo es el adulterio.

El adulterio

El adulterio es la infidelidad conyugal. Cuando dos personas, una de las cuales está casada, tienen relaciones sexuales fuera del matrimonio, cometen adulterio. Es algo muy claro. Si tienes relaciones sexuales con alguien que no sea tu cónyuge, o si tienes relaciones sexuales con el cónyuge de otra persona, estarás cometiendo adulterio. Recuerda que Jesús dijo que pensar incluso en alguien con lujuria es cometer adulterio con el corazón.

El adulterio es considerado una "injusticia", algo que no sólo daña el vínculo matrimonial y pisotea los derechos de la persona herida, sino que daña también a la sociedad y a los hijos, quienes "dependen de la unión estable de sus padres". (2381)

La conclusión es: no te acuestes con nadie, sino con tu cónyuge. De hecho, ni siquiera *pienses* en acostarte con nadie, salvo con tu cónyuge.

Estás Absuelto si …

Seguramente creías que estar divorciado significaba que no podía recibir los sacramentos o que estabas permanentemente separado de la Iglesia en algún sentido. El divorcio en sí no te impedirá recibir la comunión ni participar plenamente en la vida de la Iglesia. Pero el hecho de volver a casarse por fuera de la Iglesia convierte a la tragedia del divorcio en un obstáculo para recibir los sacramentos.

Actas de divorcio

Aquí llegamos a otro tema candente: el divorcio. La Oficina del Censo de EE.UU. dice que aproximadamente el 50 por ciento de todos los matrimonios terminan en divorcio, lo cual explica la gran cantidad de católicos divorciados. Pero, ¿qué significa el divorcio para los católicos que no pueden permanecer casados pero quieren seguir siendo fiel a la Iglesia?

Bueno, según la Iglesia, los que han sido bautizados y han llegado a un matrimonio sacramental y consumado, no pueden deshacer su consentimiento matrimonial por ningún motivo hasta que la muerte los separe. Esto es muy difícil de entender en los tiempos actuales, ¿verdad?

El Catecismo dice que el divorcio es "una grave ofensa contra la ley natural" y que intenta violar un contrato que no puede ser quebrantado. (2384) Volverse a casar, incluso si está reconocido por las autoridades civiles, hace más daño que bien, pues crea un "adulterio público y permanente".

El divorcio también es considerado inmoral por la forma en que trastorna a una familia y traumatiza a los hijos. El Catecismo llama a un divorcio una "plaga social". (2385)

El Catecismo tiene compasión por lo que se refiere a la "víctima inocente" del divorcio civil, diciendo que hay una gran diferencia entre la persona que decide salir del matrimonio y la persona que es abandonada. También dice que a veces los matrimonios llegan a su fin, no porque uno de los cónyuges sea bueno o malo, sino simplemente porque el matrimonio no puede funcionar. (2386)

Cuando un matrimonio aparentemente válido adolece de algún tipo de defecto por parte de un cónyuge o en el consentimiento para casarse, a veces la Iglesia puede declarar la nulidad del matrimonio, lo que significa que la unión era incapaz de elevarse al nivel de lo que el matrimonio estaba destinado a ser. Esto requiere un proceso formal conocido como "anulación", que explicamos con mayor detalle en el capítulo 14.

Otras ofensas graves

El Catecismo contiene una bolsa de sorpresas de otras ofensas contra el matrimonio, que incluyen la poligamia, el incesto y la "unión libre". Mientras que las dos primeras son bastante sencillas, la última puede pasar casi por desapercibido, pero es una ofensa grave.

La "unión libre" sería aplicable a cualquier persona que tenga relaciones sexuales íntimas a largo plazo con otra sin consumar el rito social del matrimonio. En otras palabras, la "unión libre" incluye a todos los que viven juntos antes del matrimonio o que deciden vivir juntos sin tener intenciones de casarse. (2390)

El Catecismo dice que este tipo de situaciones "destruye la idea misma de la familia" y debilita la fidelidad. (2390) La Iglesia se opone particularmente a lo que denomina "matrimonios de prueba", diciendo que la unión sexual de un hombre y una mujer sólo puede existir dentro de un matrimonio por medio del cual los cónyuges se entreguen completamente el uno al otro. (2391) En otras palabras, la convivencia no es una opción, sin importar cuánto dinero puedas ahorrar por concepto de alquiler.

Puntos esenciales

- Engañar a un cónyuge se considera adulterio y es la base de este mandamiento.

- Toda persona, ya sea casada o soltera, heterosexual o gay, está llamada a vivir la castidad.

- La intimidad física del matrimonio es una señal de la comunión espiritual entre los cónyuges.

- Espaciar los hijos a través de métodos naturales que incluyen la abstinencia periódica, es aceptable, pero la anticoncepción artificial está prohibida.

- El divorcio suele ser inmoral porque destruye a la familia, traumatiza a los hijos, e intenta romper un contrato que sólo se puede romper con la muerte.

- Vivir juntos antes del matrimonio o en lugar del matrimonio, algo conocido como "unión libre", es considerado un pecado grave.

capítulo 21

#7: No robarás

Exploración de todo, desde que el robo material a la justicia económica

Cómo el cuidado por la creación se ajusta a este mandamiento

Trabajar por salarios justos para todos

Entender el compromiso con los pobres

Llegamos al séptimo mandamiento, que trata sobre el robo. Como pronto lo verás en este capítulo, las prohibiciones mencionadas en este mandamiento van más allá de robar. Este mandamiento no consiste simplemente en no hacer cosas malas, sino también en hacer cosas buenas de manera activa.

En las páginas siguientes, exploraremos de qué manera el séptimo mandamiento, aunque prohíbe directamente tomar las cosas materiales que no sean tuyas, es también un llamado a la justicia y a la caridad. (2401)

En el Nuevo Testamento, escuchamos la historia de Zaqueo, el publicano rico que busca a Jesús. La gente se sorprendió cuando Jesús pide quedarse en casa de Zaqueo. Hay que recordar que los recaudadores de impuestos eran considerados extorsionadores corruptos y colaboradores de los ocupantes romanos, y que eran por lo tanto odiados por todos. Pero nos cuentan que Zaqueo le dijo a Jesús:

> *"Mira, Señor, voy a dar a los pobres la mitad de todo lo que tengo; y si le he robado algo a alguien, le devolveré cuatro veces más. Y Jesús le dijo: "Hoy ha llegado la salvación a esta casa, porque este hombre también es descendiente de Abraham. Pues el Hijo del Hombre ha venido a buscar y a salvar lo que se había perdido"*.(Lucas 19:8-10)

Aquí vemos que no basta con no robar. Los errores cometidos deben enmendarse, y la generosidad y la justicia deben convertirse en el corazón de esta ley.

La administración en el sentido bíblico o eclesiástico significa cuidar y preservar lo que se te ha dado. Para los cristianos, esto significa cuidar los recursos de la tierra, al prójimo, y a sus comunidades, incluyendo su Iglesia. En sus parroquias, los católicos suelen escuchar que la administración se divide en tres modalidades del acto de dar: tiempo, talento y tesoro. Esto significa no sólo dar donaciones monetarias (tesoro), sino también servir a la Iglesia como voluntarios (tiempo) y compartir sus dones y capacidades dados por Dios (talentos).

La propiedad privada, las promesas públicas

No robarás. (Éxodo 20:15)

Empezamos nuestra discusión de este mandamiento con una comprensión básica de la enseñanza de la Iglesia sobre la *"administración* común" de la tierra. Recuerda que en el principio, Dios creó la tierra y sus recursos para el bien de la humanidad, y les confió a los seres humanos el cuidado de su creación, y compartirla entre ellos. Después de la caída de la gracia, la división de bienes y mercancías no sólo se hizo previsible, sino incluso necesario para garantizar la libertad y la dignidad de todas las personas. (2402)

Las personas tienen derecho a la propiedad privada, siempre y cuando se haya "adquirido o recibido de una manera justa". Sin embargo, los derechos de todas las personas de cubrir sus necesidades básicas —comida, ropa, vivienda, atención médica—, siempre están en primer lugar, muchas veces incluso antes que el derecho a la propiedad privada. La Iglesia enseña que Dios creó la tierra y sus recursos para todas las personas, por lo que todos debemos tener acceso a las cosas que dignifican la vida básica. Este principio se conoce como el "destino universal de los bienes". (2403)

El séptimo mandamiento nos lleva de nuevo a un par de virtudes fundamentales que se explican en el Catecismo. La *templanza* en materia económica es clave en la búsqueda de la dignidad humana. Esto significa que no puedes apegarte demasiado a tus posesiones materiales. La *justicia* es necesaria para asegurarte de que tu vecino cubra sus necesidades y reciba lo que "le corresponde", y la *solidaridad* tiene que ser practicada, ya que si tratamos a los demás como queremos ser tratados, podremos comprender, respetar y amar a los que tienen menos que nosotros y necesitan no sólo nuestra ayuda material, sino también nuestra compañía espiritual. (2407)

Bueno, hemos hablado mucho sobre derechos, justicia y caridad, pero ¿qué pasa con el robo? ¿No es esto en lo que consiste este mandamiento? La respuesta es sí. El séptimo mandamiento dice rotundamente que no puedes tomar nada que no te pertenezca. No sólo eso, sino que tampoco puedes quedarte con las cosas que has pedido prestadas, pagar salarios injustos a tus trabajadores, timar a tu sitio de trabajo, o aprovecharte de otra persona que pueda estar dispuesta a pagar mucho más por algo debido a su ignorancia o desesperación. (2409)

El Catecismo deja claro que debes cumplir las promesas que haces, así como todos los contratos que firmes, siempre y cuando no sean inmorales. Si tomas algo que no es tuyo, tendrás que restituirlo. ¿Recuerdas a Zaqueo? Él dijo que pagaría cuatro veces lo que había tomado injustamente. (2410-2412)

El séptimo mandamiento no sólo consiste en tomar *cosas* injustamente, sino también en usar a las *personas* injustamente. Eso significa que cualquier acto que conduzca a una especie de esclavitud es "un pecado contra la dignidad de las personas." (2414)

La Iglesia enseña que los juegos de azar no son "contrarios a la justicia" en sí mismos. Sin embargo, surgen inquietudes de tipo moral cuando alguien llega a un punto donde comienza a utilizar el dinero necesario para cubrir sus necesidades básicas o las de su familia con el fin de mantener su adicción al cuerpo. El Catecismo dice que la "pasión por el juego" puede convertirse en "esclavitud." (2413)

El cuidado por la Creación

Puede parecer sorprendente que este mandamiento incluya también los temas ambientales y el cuidado de la naturaleza. Esto data del momento en que Dios nos nombró administradores de su creación. Esto significa que no sólo estamos obligados a tratar a los demás y a sus pertenencias con respeto, sino también a los animales y a toda la creación. "El uso de los recursos minerales, vegetales y animales del universo no puede separarse del respeto a las exigencias morales", explica el Catecismo. Esto significa que aunque somos administradores de la creación, no somos sus dueños absolutos, ya que es una propiedad de Dios. Nuestra labor consiste en proteger y preservar la creación de Dios, no sólo para nosotros y nuestro prójimo, sino para nuestros hijos y sus hijos. (2415)

Los animales son especialmente dignos de respeto y amabilidad, porque son "criaturas de Dios" y están rodeadas por su "cuidado providencial". El Catecismo explica que debido a que Dios nos dio los animales, es "legítimo" utilizarlos como alimento, ropa, para el trabajo, y como mascotas domésticas. Su uso es aceptable incluso para investigaciones médicas o científicas si "contribuyen a preservar o salvar vidas humanas". (2416-2417)

Sin embargo, no es aceptable hacer que los animales sufran o "mueren innecesariamente". Tampoco es aceptable gastar cantidades exorbitantes de dinero en tus animales, cuando ese dinero podría ser mejor gastado para aliviar el sufrimiento humano. "Se puede amar a los animales, pero no se debe desviar hacia ellos el afecto debido únicamente a las personas", dice el Catecismo. (2418)

San Francisco de Asís es conocido por su amor a los animales y a toda la creación de Dios. Nacido en una familia rica alrededor de 1.181 en Asís, Italia, Francisco renunció a todas sus pertenencias para seguir a Cristo, predicar el Evangelio, y cuidar a los demás. Fundó la Orden Franciscana y murió el 3 de octubre de 1.226 en Asís. Su fiesta se celebra el 4 de octubre, un día en que muchas parroquias católicas "bendicen a los animales".

Justicia económica

La "doctrina social" de la Iglesia, o enseñanza sobre la dignidad humana afectada por cuestiones económicas y sociales, tiene sus raíces en el Evangelio. Cuando la Iglesia hace una declaración sobre asuntos económicos y sociales -como en las encíclicas papales *Rerum Novarum* (Condición de Trabajo) y *Centesimus annus* (que marca el centenario de la *Rerum Novarum*)-, lo hace basándose en su entendimiento de la justicia tal como se ha revelado en Jesucristo. La Iglesia no responde ni basa sus enseñanzas en lo que puedan ser las filosofías políticas más populares de la actualidad. Por ejemplo, los últimos papas han sido conocidos por hablar en contra tanto de los males del comunismo como de los excesos del capitalismo.

Cualquier sistema político que ponga los factores económicos por encima de los seres humanos, se opone a la doctrina social de la Iglesia. La Iglesia rechaza las ideologías totalitarias y ateas, así como los regímenes comunistas o socialistas que se derivan de esas ideologías. La Iglesia tampoco aprueba ciegamente al capitalismo, y dice que "el individualismo y la primacía absoluta de la ley del mercado sobre el trabajo humano" privilegia los beneficios materiales por encima de los seres humanos, dejando muchas necesidades insatisfechas y no abordadas por el "mercado". (2425)

El derecho al trabajo

Aunque muchos de nosotros vemos el trabajo como algo que debemos evitar o, al menos, soportar, la Iglesia nos dice otra cosa. Para aquellas personas llamadas por Dios a ser administradores de la creación, el trabajo es un derecho y un "deber", algo que nos permite contribuir a la labor de la creación y honrar a nuestro creador.

"Todo el mundo debería ser capaz de sacar del trabajo los medios para sustentar su vida y la de su familia, y de servir a la comunidad humana", explica el Catecismo. (2428)

Todas las personas tienen el "derecho de iniciativa económica", lo que significa que tenemos derecho a ganarnos la vida y a utilizar nuestros talentos para contribuir al bien común. La Iglesia también enseña que todas las personas deben tener "acceso al empleo" sin discriminación por su sexo, raza o discapacidad. La sociedad, dice el Catecismo, debe ayudar a las personas a encontrar empleo. (2429-2433)

Un Momento De Enseñanza

La Iglesia enseña que el Estado tiene la responsabilidad de proporcionar un entorno seguro con un sistema monetario estable y unos servicios públicos adecuados para que los trabajadores puedan disfrutar de los "frutos de su trabajo". Corresponde también al Estado —por iniciativa de los individuos, grupos y asociaciones que conforman la sociedad—, asegurarse de que los derechos humanos sean respetados en el lugar de trabajo.

Salarios justos

Según la enseñanza de la Iglesia, es una "grave injusticia" negarle un *salario justo* a un trabajador. *Gadium et Spes* afirma que un salario justo debe permitir que un trabajador tenga un medio de vida "digno para él y para familia a nivel material, social, cultural y espiritual, teniendo en cuenta el papel y la productividad de cada uno, el estado del negocio, y el bien común". El hecho de que un trabajador acepte un salario bajo, no significa que eso sea moralmente justificable. (2434)

Aunque las directivas no quieran oír esto, la Iglesia enseña que el derecho de los trabajadores a la *huelga* es "moralmente legítimo" cuando sea absolutamente necesario para lograr un "beneficio proporcional". Sin embargo, las huelgas que incluyan la violencia o un intento de obtener beneficios no relacionados con las condiciones de trabajo, no son aceptables. (2435)

Finalmente, la Iglesia llama al *desempleo* una condición que "hiere" la dignidad de una persona y "pone en peligro el equilibrio de su vida" y la de su familia. (2436)

Solidaridad mundial

Veamos ahora el concepto de justicia económica a nivel internacional, donde es evidente que existen brechas enormes en las condiciones económicas de las distintas poblaciones. Recordando el espíritu del séptimo mandamiento, la Iglesia enseña que "debe haber solidaridad entre las naciones", en un esfuerzo por llevar recursos a los países con dificultades y por ayudar a equilibrar la balanza económica mundial. (2437-2438)

"Las naciones ricas tienen una seria responsabilidad moral con las que sean incapaces por sí mismas de garantizar los medios para su desarrollo o hayan sido impedidas de realizarlo por acontecimientos históricos trágicos", explica el Catecismo. (2439)

Aunque sea "apropiado" que los países ricos ofrezcan "ayuda directa" en casos de desastres naturales, epidemias u otros eventos catastróficos, esto no es suficiente para "brindar una solución duradera". Los esfuerzos para reformar las políticas económicas internacionales y las instituciones, son necesarios para la mejoría a largo plazo de las naciones con dificultades. (2440)

En consecuencia, el dinero y las reformas no son suficientes. Tienes que tener a Dios con el fin de tener el "pleno desarrollo de la sociedad humana", explica el Catecismo. Cuando las personas tienen un mayor sentido de Dios y de sí mismos, son más propensas a ayudar a los demás, a esforzarse para reducir la pobreza, y a respetar a los demás, independientemente de su origen cultural. (2441)

Todos los cristianos laicos están llamados a hacer esfuerzos "concretos" para mejorar el bien común, basándose en la enseñanza del Evangelio y de la Iglesia para animar la vida en este mundo con su compromiso cristiano, y de paso, para mostrarse a sí mismos como agentes de la paz y la justicia. (2442)

Amar a los pobres

Jesús, que nació en la pobreza, predicó sobre la necesidad de amar y de dar a los pobres. Visto a la luz del Evangelio, el séptimo mandamiento insta a los creyentes a cuidar de aquellos que están hambrientos, desnudos y solos de un modo práctico y real. La Iglesia llega incluso a decir que uno de los "motivos" del derecho y del deber de trabajar es que quienes lo hagan, puedan darles a los que están necesitados. (2443-2444)

La Iglesia ofrece las obras de misericordia para guiar a los fieles en el cuidado de sus hermanos y hermanas que sufren. Las *obras espirituales* de *misericordia* incluyen instruir, aconsejar, consolar, confortar, perdonar, y soportar los actos malos con paciencia. Las *obras corporales de misericordia* incluyen alimentar al hambriento, albergar al que no tiene hogar, vestir al desnudo, visitar a los enfermos y a los presos, y enterrar a los muertos. Por encima de todos ellos, sin embargo, la Iglesia enumera las donaciones a los pobres como uno de los "principales testigos" de la caridad y la justicia. (2447)

Habla La Iglesia El amor preferencial por los pobres (a veces llamada opción preferencial por los pobres) se refiere a los constantes esfuerzos de la Iglesia, "desde los orígenes, y a pesar de los fallos de muchos de sus miembros", para servir a los pobres a través de varios programas de caridad. Este trabajo tiene su fundamento en las enseñanzas de Jesucristo, que se identificó con los más pobres entre los pobres. (2448)

Puntos esenciales

- El séptimo mandamiento prohíbe el robo, el engaño, el fraude, la esclavitud de otros, las prácticas injustas de negocios, y aprovecharse de las dificultades de los demás.

- La justicia y la caridad —hacer el bien—, también son componentes del séptimo mandamiento.

- Como administradores de la tierra de Dios, los seres humanos estamos llamados a mostrar respeto por toda la creación, en especial por los animales.

- Toda persona tiene el derecho y el deber de trabajar, y merece acceso al empleo con un salario justo y sin discriminación.

- Las naciones ricas tienen la obligación de ayudar a las naciones más pobres con contribuciones directas durante los eventos catastróficos y mediante reformas económicas para una mejoría a largo plazo.

- Los cristianos están llamados a amar a los pobres como lo hizo Jesús, ayudándoles por medio de obras espirituales y corporales de misericordia, pero sobre todo, dando donaciones como un signo de caridad y justicia.

Capítulo 22

Los tres últimos mandamientos

Entender la mentira y el secreto en el octavo
mandamiento: No darás falso testimonio
contra tu prójimo

Ser puro de corazón en el noveno mandamiento:
No codiciarás la mujer de tu prójimo

Evitar la codicia y la envidia en el décimo mandamiento:
No codiciarás los bienes ajenos

La aplicación de los últimos tres mandamientos
a la vida moderna

A primera vista, los tres últimos mandamientos del Decálogo pueden parecer un poco anticuados. Dar falso testimonio, y codiciar la mujer del prójimo parecen anticuados en cierto sentido. Así que puedes preguntarte qué tienen que ver estos mandamientos con la vida en el mundo moderno.

Bueno, resulta que estos mandamientos son más relevantes para la vida hoy en día de lo que podrías imaginar. Si eliminas el lenguaje más antiguo y vago —al menos para nuestras mentes modernas—, encontrarás que estamos hablando de la mentira y del chisme, de la lujuria y de la falta de modestia, de la avaricia y de la envidia. Parece la base para los argumentos de muchas series de televisión.

En este capítulo, veremos el significado que tienen estos mandamientos en la vida real, y lo que la Iglesia nos enseña que es la respuesta adecuada al vecino que siempre parece tener el auto más bonito, la casa más grande, el mejor trabajo, los hijos más inteligentes...

#8: Decir la verdad

No darás falso testimonio contra tu prójimo. (Éxodo 20:16)

El octavo mandamiento tiene que ver con la verdad y las ofensas contra la verdad. El Catecismo dice que "falsear la verdad", ya sea a través de nuestras palabras o acciones, es un pecado contra Dios", quien es la verdad y quiere la verdad". (2464)

Además, Jesús dijo: "Yo soy el camino, la verdad y la vida". (Juan 14:6) Si los creyentes siguen a Jesús, vivirán en el "espíritu de la verdad". (2466)

El Catecismo explica que los seres humanos se inclinan "por naturaleza a la verdad" y que son impulsados, por su dignidad dada por Dios, a buscar la verdad y a vivir según la verdad una vez la conozcan. (2467)

> **Habla la Iglesia**
>
> La veracidad es la virtud que nos hace querer decir la verdad y mostrar que somos fieles a los demás en obras y palabras, así como evitar la hipocresía. Se trata de la honestidad en todas las cosas, pero también sobre la "discreción" cuando sea el caso. Sí, siempre debemos decir la verdad, pero también debemos saber cuándo hay que guardar un secreto de buena fe. (2468-2469)

Este mandamiento consiste en algo más que en *no* dar falso testimonio en contra de un vecino; también consiste en "dar testimonio de la verdad". Para los cristianos, esto significa permanecer firmes y ser testigos de la fe mediante las palabra y el ejemplo de sus vidas. En casos extremos, dar testimonio de la verdad ha significado el *martirio*, que es cuando ser testigo de la fe le cuesta la vida a alguien. (2471-2473)

Más allá de la mentira

Cuando se trata de dar un falso testimonio, además de la mentira, el Catecismo cita una serie de infracciones específicas contra la verdad. En la parte superior de la lista están el *falso testimonio* y el *perjurio*, los cuales ponen en entredicho la justicia y la equidad en las decisiones judiciales. "El falso testimonio" es una declaración pública en contra de la verdad, mientras que el perjurio es una declaración falsa y deliberada, hecha bajo juramento. (2476)

Luego tenemos el *respeto por la reputación*, que significa evitar todo aquello que perjudique injustamente a alguien. Estos pecados incluyen el *juicio temerario*, que es cuando supones algo malo sobre alguien que es cierto sin tener ninguna prueba; el *descrédito*, que es cuando vas hablando por ahí de los "defectos y faltas" de otras personas sin tener ninguna razón; y la *calumnia*, que es cuando dices una mentira que afecta la reputación de otra persona, haciendo que los demás saquen conclusiones falsas sobre ella. (2477)

Completan la lista la *lisonja* y la *adulación*, que son especialmente malas cuando se hacen para lograr un objetivo que no es particularmente bueno, o cuando contribuyen a un vicio o pecado. *Presumir* está fuera de límites, como también lo está, sorprendentemente, la ironía, cuando se "trata de ridiculizar a alguien" al caricaturizar un comportamiento determinado. (2480-2481)

Y por último tenemos la mentira, que, por supuesto, es una ofensa muy evidente y directa contra la verdad. El Catecismo explica que si mientes, estás hablando o actuando "contra la verdad con el fin de inducir a error a alguien que tiene derecho a saber la verdad". (2483)

La Iglesia es muy clara en el tema de la mentira, pues dicen que es una "verdadera violencia cometida contra otro", y que es "destructiva de la sociedad". (2486)

Un Momento De Enseñanza

Si dices una mentira, tendrás que compensarla ampliamente. La Iglesia dice que los mentirosos deben hacer reparaciones, de ser posible en público, para rectificar la situación y restaurar la reputación de la parte afectada. (2487)

Guardar secretos

Si la verdad es una virtud y la mentira es un pecado, ¿qué hacemos cuando nos enteramos de una verdad secreta? ¿Estamos obligados a revelarla como parte de nuestro deber de dar testimonio de la verdad? No. El Catecismo explica que no existe un "derecho a la comunicación de la verdad" que sea incondicional y universal. En otras palabras, puede haber momentos en que no sea apropiado revelar información veraz pero confidencial. (2488)

¿Cómo sabemos cuándo podemos guardar un secreto y cuándo se trata de un pecado? "La caridad y el respeto a la verdad" deben determinar si algo debe mantenerse en secreto. "Nadie está obligado a revelarle una verdad a quien no tiene derecho a saberla", dice el Catecismo. (2489)

El secreto del sacramento de la confesión, que ya comentamos en el capítulo 13, es absoluto y no puede violarse nunca. Además, los "secretos profesionales", tales como información confidencial entre médico y paciente o entre abogados y sus clientes, deben mantenerse en privado a menos que produzcan un "daño muy grave". (2490-2491)

Las comunicaciones y el arte sacro

Los medios de comunicación modernos juegan un papel muy importante e influyente en nuestra sociedad, por lo que la Iglesia les hace una advertencia a todos los medios de comunicación en esta parte del Catecismo.

El Catecismo explica que la información proporcionada por los medios de comunicación debe estar "al servicio del bien común", y que la sociedad tiene derecho a esperar que la información debe basarse en "la verdad, la libertad, la justicia y la solidaridad". (2494) En concreto, llama a los periodistas a cumplir con dos obligaciones: 1) "servir a la verdad" y, 2) no "hacer ofensas contra la caridad en la difusión de la información". (2497)

La verdad, dice el Catecismo, es "hermosa en sí misma", y como tal, suele inspirar a los seres humanos para expresar la verdad a través de distintas formas artísticas. Cuando el arte se inspira en la verdad, "tiene una cierta semejanza con la actividad de Dios en lo que ha creado". El arte sacro, un arte que representa los temas sagrados o religiosos con el fin de dar gloria a Dios, puede provocar "el misterio trascendente de Dios". El Catecismo exhorta a los obispos a promover el arte sacro y a eliminar de las iglesias o de las celebraciones litúrgicas cualquier cosa que no esté en conformidad con la verdad de la fe y la "auténtica belleza", que define al arte sacro. (2500-2503)

Habla La Iglesia

La modestia es una parte importante de la pureza e influye en nuestra forma de actuar y vestir. El Catecismo dice que la modestia "preserva la intimidad de la persona" y equivale a la "decencia". (2521-2522)

#9: No codiciarás a nadie

No codiciarás la mujer de tu prójimo. (Éxodo 20:17)

Entonces, ¿de qué estamos hablando cuando nos atenemos a este mandamiento? ¿Se trata de no perseguir al ama de casa que vive frente a nosotros? ¿Acaso esto ya no está cubierto en el sexto mandamiento sobre el adulterio? No del todo. El noveno mandamiento nos obliga a luchar por la pureza y a evitar lo que la Iglesia llama la "concupiscencia de la carne", una manera muy intimidante de decir que no se puede codiciar a otra persona. Y, señoras, no crean que el lenguaje no inclusivo nos deja por fuera a nosotras. La lujuria es una vía de doble sentido y es igualmente pecaminosa si el objeto es una mujer o un hombre.

Hemos hablado mucho sobre esto en el capítulo 20, cuando vimos el adulterio. Pero a diferencia del adulterio, que es un acto pecaminoso, quebrantar este mandamiento tiene que ver principalmente con los pensamientos y deseos pecaminosos. Jesús dijo: "Todo el que mira con deseo a una mujer, ya ha cometido adulterio con ella en su corazón". (Mateo 5:28)

Son palabras muy contundentes, así que veamos lo que significan en nuestras vidas cotidianas. Este mandamiento consiste en la pureza de corazón. "Bienaventurados los de corazón humilde, porque recibirán la tierra que Dios les ha prometido", dijo Jesús en el Sermón de la Montaña. (Mateo 5:8)

El Catecismo explica que si somos "puros de corazón", nuestras mentes y voluntades estarán "sintonizadas" con las exigencias de Dios sobre la santidad, especialmente en el campo de la caridad, la castidad, el amor por la verdad y la ortodoxia de la fe. (2518) Sólo con un corazón puro podremos ver a Dios y a los que nos rodean como un reflejo de "la belleza divina". (2519)

Lograr un corazón puro requiere un cierto esfuerzo de nuestra parte. El bautismo nos da un empujón en la dirección correcta, pero incluso los bautizados no están libres de deseos desordenados. Tenemos que contar con la gracia de Dios —a través de la virtud y del don de la castidad— para obtener lo que necesitamos a fin de prevalecer y hacer que queramos tratar de cumplir con la voluntad de Dios en todo. (2520)

Esta es una proposición muy elevada y ambiciosa: llegar al punto en que podamos mantener nuestras mentes y corazones tan centrados en Dios, que nunca nos permitamos tener pensamientos lujuriosos ni codiciosos. Pero ese es el objetivo a largo plazo de este mandamiento. Si cumples el noveno mandamiento al pie de la letra, tendrás un corazón puro, centrado en Dios, y podrás soportar el tipo de tentaciones a las que sucumben tantas personas.

#10: No envidies a tus vecinos

No codiciarás la casa de tu prójimo... ni nada que le pertenezca. (Éxodo 20:17)

El décimo y último mandamiento "completa" el noveno, según nos explica el Catecismo. Mientras que el noveno mandamiento se refiere a los deseos de la carne, el décimo se refiere al deseo de las cosas materiales que puedan conducir a la codicia y a la envidia en un extremo de la balanza, y al robo y al fraude en el otro. (2534)

Desterrando la envidia y la codicia

Es normal desear cosas. Sentimos hambre y entonces deseamos alimentos. Tenemos frío y deseamos abrigo. Ese tipo de deseos son aceptables. Pero es cuando dejamos que nuestros deseos se transformen en la *codicia* por las cosas que realmente no necesitamos, o en la *avaricia*, un vicio centrado en amasar dinero y poder, cuando comienzan los problemas. (2535-2536) Estos pecados, junto con el deseo de cometer una injusticia mediante un perjuicio al prójimo en sus bienes temporales, están estrictamente prohibidos por el décimo mandamiento.

¿Qué pasa con la envidia? En algún momento u otro, seguramente todos sentimos una punzada de envidia por algo que tiene otra persona. Parece

bastante normal en nuestro mundo, ¿verdad? Bueno, normal o no, el Catecismo nos dice que la envidia puede conducir a los peores crímenes y debe
ser "desterrada del corazón humano". (2538)

La envidia, uno de los siete *pecados capitales*, se produce cuando nos sentimos mal por la buena suerte de otra persona. Seguramente has experimentado esto un par veces. El vecino compra un flamante auto deportivo, o el
compañero en el cubículo de al lado recibe la promoción que tú esperabas
recibir. Esa es la envidia en su máxima expresión. Ahora, cuando esa mala
sensación se eleva al nivel de desearle algo malo al vecino o compañero de
trabajo, se convierte en un pecado mortal. (2539)

Un Momento De Enseñanza

La envidia proviene de las cosas cotidianas que se apoderan de nuestras
mentes y nos hacen actuar de un modo que no es muy agradable: el orgullo es el gran culpable aquí. Para evitar la envidia, hay que mostrar buena
voluntad hacia los demás y "vivir en la humildad". Esto significa alegrarnos
por los logros de otra persona. (2540)

La pobreza de espíritu

Como de costumbre, no basta con evitar simplemente las cosas malas en
relación con este mandamiento. Tenemos el desafío de trabajar para des-
prendernos de las cosas materiales, y de llegar a un lugar espiritual en el que
podamos alcanzar la "pobreza de corazón" que predicó Jesús. "Cualquiera de
ustedes que no renuncie a todos sus bienes no puede ser mi discípulo", dijo
Jesús. (Lucas 14:33) Por lo tanto, si no abandonas tu ambición, no podrás
entrar en el reino de los cielos. (2544)

Pero, ¿qué significa esto para aquellos de nosotros que vivimos en el mundo
y no podemos *renunciar a todo* lo que tenemos para seguir a Jesús? No significa que no podamos seguir verdaderamente a Jesús si tenemos dinero o
pertenencias. Lo que significa es que estas cosas no pueden ser más importantes para nosotros que Jesús. Tenemos que ser pobres de espíritu, y estar
dispuestos a entregar nuestras vidas a Dios sin preocuparnos por lo que el
mañana nos depare. (2544, 2546-2547)

Jesús les dijo a sus discípulos: "No se preocupen por el día de mañana,
porque mañana habrá tiempo para preocuparse". (Mateo 6:34)

El mayor deseo

Si mantenemos nuestros ojos en Dios y nuestros deseos se centran en "la verdadera felicidad", podemos liberarnos de las ataduras mundanas que amenazan con arrastrarnos hacia abajo. Esto no quiere decir que no tengamos que luchar de vez en cuando, o dar un paso adelante y dos hacia atrás. Pero con la gracia de Dios, podemos superar esas debilidades humanas y llegar a un lugar donde el "camino de perfección" se vuelve más importante para nosotros que los bienes materiales, el poder, el éxito o la gloria. Podemos llegar al punto donde las cosas que poseemos no sean dueñas de nosotros. (2548-2550)

Puntos esenciales

- No levantar falso testimonio, tal como está proscrito por el octavo mandamiento, significa no mentir, chismorrear, cometer perjurio, destruir la reputación ajena o revelar un secreto que deba guardarse.

- En el noveno mandamiento, codiciar a la esposa de tu prójimo significa que debes evitar el fomento de deseos deliberados de la carne, como la lujuria, la inmodestia, o la impureza de pensamientos.

- El último mandamiento prohíbe la avaricia, la envidia y la sed insaciable de poder o dinero.

- No basta con evitar la codicia; hay que trabajar para ser "pobres de espíritu" y desapegarnos de las cosas materiales.

Recurrir al cielo

En esta última parte del Catecismo, dejaremos atrás las enseñanzas y las normas específicas de la Iglesia y nos concentraremos en la oración en todas sus formas. La oración es nuestra relación con Dios; consiste en las conversaciones que tenemos con nuestro Padre, a veces en voz alta y dentro de nuestra comunidad de la Iglesia, a veces en voz alta en soledad, y a veces sin palabras, sonidos o gestos. La oración puede ser tan individual como una huella digital.

En los tres capítulos siguientes, veremos en primera instancia la oración en general —por qué oramos, cómo oramos, dónde entran Jesús y María— y luego veremos tipos más específicos de la oración, incluyendo el Padre nuestro, la oración "perfecta" del cristianismo.

Capítulo 23

¿Por qué oramos?

Entender qué es la oración

Modelos de oración a través de las épocas

El papel de María en la oración cristiana

Formas esenciales de oración

Volvamos ahora al tema de la oración, lo que puede significar diferentes cosas para diferentes personas. Para algunos, es la súplica silenciosa murmurada en la oscuridad en medio de una crisis o dificultad. Para otros, se trata de una conversación diaria e incluso continua con Dios. Y para otros se trata de un ritual que precede o sigue devociones o tradiciones específicas, en un esfuerzo por alcanzar lo divino. El Catecismo dice que la oración es un don de Dios para nosotros. La oración está centrada en nuestros corazones, ya sea que oremos con gestos o palabras. (2563) Independientemente de las palabras que usemos, de si nos sentamos, arrodillamos o caminamos cuando lo hacemos, la oración consiste en una relación con Dios. Cuando oramos a Dios, bien sea que lo estemos alabando, pidiendo, dándole las gracias, o implorando su perdón, estamos elevando nuestros corazones hacia el cielo y abriéndonos al amor lleno de gracia que Dios quiere que recibamos de él.

En este capítulo, veremos la oración en el Antiguo Testamento, y luego veremos la oración expresada por Jesús.

También abordaremos el papel de la Virgen María en la oración cristiana, y hablaremos de determinados tipos de oración.

Los antiguos maestros de la oración

El Catecismo sostiene que todos los seres humanos están buscando a Dios, como lo demuestra la presencia de tantas religiones en todo el mundo y su historia. (2566) Aunque la búsqueda humana de Dios pueda ser muy importante, el Catecismo afirma que Dios es el primero en llamar a los seres humanos. Dios es incansable en su llamado aunque huyamos de él con los oídos tapados. Es probable que nos olvidemos de Dios, que lo reemplacemos con otras cosas, o que lo acusemos de abandonarnos, pero Dios sigue invitándonos a relacionarnos de nuevo con él a través de la conversación, el drama de la oración. (2567)

Hay varias personas en el Antiguo Testamento que nos demuestran la fuerza y el significado de la oración. Echemos un vistazo a algunos de ellos para ver cómo funcionaba la oración en sus corazones, y los acercaba más a Dios.

Abraham

Abraham, uno de los héroes del libro del Génesis, fue un modelo temprano de la oración para nosotros. Él tenía un corazón atento y una voluntad de someterse a Dios sin importarle nada, incluyendo el sacrificio del hijo que le había dado Dios. Y mientras que el sacrificio de su único hijo, Isaac, no llegó a ocurrir, Abraham demostró que estaba dispuesto a hacer lo que Dios le pedía. (2572)

Abraham, un "hombre de silencio," va a donde Dios lo llama. En primer lugar, Abraham expresó su oración por medio de actos: construyó un altar al Señor en cada etapa de su viaje. Después le puso palabras a su oración, que resultó ser más una queja porque Dios no había cumplido su parte del trato. Pero Abraham siguió creyendo. Fue recompensado por su creencia inquebrantable con una relación especial con Dios, que culminó con la "purificación de la fe" cuando Dios le pidió que sacrificara a Isaac. (2570-2572)

A primera vista, puede ser difícil considerar a Abraham como un modelo para la oración actual, pero no debemos concentrarnos en su disposición para sacrificar a su hijo, sino en su disposición para ir allí donde Dios lo llamó, y mantener la fe en Dios sin importar lo demás.

Moisés

Moisés fue "el ejemplo más llamativo de la oración de intercesión". (2574) Dios, en primer lugar, le habló a Moisés y le pidió que fuera su mensajero. En la conversación que Dios tuvo con él, Moisés aprendió a orar: "Él se resiste, saca disculpas, pero sobre todo, pregunta". Es en respuesta a la pregunta de Moisés que Dios revela su nombre. (2575)

Moisés, aceptando su llamado, siguió conversando con Dios, e intercedió por su pueblo, prefigurando la *intercesión* de Jesucristo, que vino a la tierra como el mediador entre Dios y la humanidad.

El Catecismo también dice que la oración de Moisés era una forma de "oración contemplativa", que puede parecer un poco confusa para los que estamos familiarizados con esa oración contemplativa y sin palabras que es la norma hoy en día. La oración de Moisés es "contemplativa" en el sentido en que se trata de una entrega completa a Dios. Moisés experimentó a Dios de una manera más profunda de lo que nadie había hecho antes de él. (2576-2577)

Habla La Iglesia

La intercesión es una oración de petición, elevada en nombre de otra persona. Las liturgias dominicales siempre incluyen una serie de intercesiones ofrecidas por la Congregación por las necesidades de la Iglesia y del mundo, y por los vivos y los muertos.

David

David, rey de Israel, de cuyo linaje desciende Jesús, fue también un modelo de oración. Siguió fielmente lo que Dios le dijo que hiciera y confió en las promesas de Dios. (2579) Vamos a empezar con lo que sabemos acerca de David. Nació en Belén y fue un pastor. Derrotó a Goliat. Fue un rey. Se le atribuye haber escrito la mayor parte del Libro de los Salmos en el Antiguo Testamento, haciendo que sea el "primer profeta" de la oración judía y cristiana. (2579)

"Su sumisión a la voluntad de Dios, su alabanza, su arrepentimiento, serán un modelo para la oración de las personas", afirma el Catecismo. (2579) David es ungido por Dios, elegido por Dios, y va allí donde Dios lo conduzca. Cuando él pecó, —y lo hizo—, se arrepintió con tanta sinceridad y aceptó su castigo con una gracia tal, que se convirtió en un modelo para todos los penitentes.

Elías

Por último tenemos a Elías, el "padre de los profetas". Elías era un profeta durante el reinado de Acab, el rey israelita. Acab "cometió pecados a los ojos del Señor, más que cualquiera de sus predecesores" (1 Reyes 16:30), y su pecado más grave fue que se convirtió, bajo la influencia de su esposa Jezabel, a la adoración de Baal. Elías se convirtió en la conciencia de Israel durante este tiempo, y fue famoso por desafiar a 450 profetas de Baal a un concurso en el Monte Carmelo: Elías y los profetas levantarían un altar, sacrificarían un toro y verían a qué altar le prendía fuego el Señor. No le sucedió nada al altar de los profetas de Baal, pero el sacrificio de Elías se incendió y se convirtió en un holocausto que le agradó al Señor. Durante este sacrificio, Elías ora, "Respóndeme, Señor, respóndeme" (1 Reyes 18:37), y le pide al Señor que prenda fuego a su sacrificio y le demuestre que es el verdadero profeta del Señor (18:37).

Elías espera y confía en el Señor para que su plegaria se cumpla, aunque fuera una voz solitaria, y las probabilidades parecían estar en su contra. En los profetas, vemos que es posible sacar fuerzas de Dios mediante la oración, incluso cuando las cosas son difíciles. El Catecismo nos recuerda que algunas veces los profetas discutieron con Dios o se quejaron en sus oraciones, pero éstas siempre eran intercesiones ofrecidas a la espera de la venida del Salvador. (2582-2584)

Un Momento De Enseñanza

Los Salmos son considerados la "obra maestra" de la oración en el Antiguo Testamento. Es aquí donde la palabra de Dios se convierte en la oración de la humanidad. El Catecismo explica que los salmos son tanto personales como comunitarios. Incluso cuando un determinado salmo refleja un acontecimiento del pasado, aún posee una simplicidad directa que le permite ser rezado por personas de todas las épocas y condiciones. (2585-2589)

Jesús nos enseña

Tal como lo comentamos al principio de este libro, Jesús es totalmente humano y totalmente divino. Entonces, ¿qué significa esto para tu vida de oración? ¿Jesús tuvo que aprender a orar como el resto de nosotros, o sabía cómo orar desde el primer momento porque él es el Hijo de Dios? El Catecismo dice que Jesús, a fin de orar con su corazón humano, aprendió la fórmula y las palabras de la oración de su madre y de las tradiciones de la fe judía. Sin embargo, Jesús también tuvo una "fuente secreta", que fue revelada por primera vez cuando, a los doce años, permaneció en el templo de Jerusalén después de que sus padres se habían ido. La "fuente secreta" es su condición de Dios y su conexión íntima con el Padre. En la plenitud del tiempo, la oración de Jesús se revela como la oración de un niño a su Padre, una oración que el Padre espera de todos sus hijos, una oración que, al final, será vivida por el único Hijo en su humanidad, con y para todas las personas. (2599)

En los Evangelios, vemos a Jesús orando antes de los momentos decisivos de su vida, incluyendo su bautismo y Pasión, y antes de los momentos importantes en la vida y misión de sus apóstoles. En Jesús, reconocemos la importancia de la oración en nuestras vidas, al ver cómo se retiró en soledad para orar en secreto. En su oración, Jesús incluyó a todas las personas, pues tomó a la humanidad y nos ofreció a todos nosotros al Padre cuando él se ofreció a sí mismo. (2600-2602)

A través de Jesús, aprendemos no sólo las palabras de la oración —tales como el Padrenuestro, que discutiremos en detalle en el capítulo 25—, sino también la *actitud* de oración. No es sólo lo que decimos, sino cómo lo decimos. (2607)

Jesús espera en primer lugar una "conversión del corazón" por parte de sus discípulos, lo que significa que tenemos que perdonar, amar y buscar a Dios sobre todas las cosas.

Esa conversión nos lleva a orar de tal manera que nos dirigimos al Padre esperando de lleno que nos oiga. Pero esto no significa que siempre obtendremos el resultado que deseamos. (2608-2610) Significa que cuando oramos, incluso si lo hacemos por algo en concreto, entendemos que Dios va a contestarnos del modo que estime conveniente, y nos disponemos a la oración para cooperar con el plan de Dios para nosotros. (2611)

Jesús reveló a sus primeros discípulos y a nosotros que, una vez que regresara a su Padre, nosotros tendríamos que orar, pidiendo "en su nombre". La fe en el Hijo tiene como consecuencia la certeza de que nuestra oración será escuchada porque se basa en la oración de Jesús. (2614)

María: la nueva Eva

María tiene un papel distinto, en el que nos enseña el significado de la oración, que es totalmente abierta a la voluntad del Padre. ¿Recuerdas su *fiat*, del que hablamos anteriormente en este libro? Es cuando, durante la anunciación, el ángel Gabriel le dijo a ella que daría a luz a Jesús, hijo de David e Hijo de Dios, y ella respondió: "He aquí, yo soy la esclava del Señor. Hágase en mí según tu palabra".(Lucas 1:38) Así, en María, vemos una verdadera cooperación con el Padre, siendo completamente de Él, porque Él es completamente nuestro. (2618)

Más tarde, durante el ministerio de Jesús, vimos a María en la escena de uno de los primeros milagros de Jesús, la transformación del agua en vino en las bodas de Caná. La Escritura nos da este maravilloso intercambio entre madre e hijo:

Cuando se acabó el vino, la madre de Jesús le dijo: "Ya no tienen vino". Y Jesús le contestó: "Mujer, ¿por qué me dices esto? Mi hora no ha llegado todavía". "Ella dijo a los que estaban sirviendo:" hagan todo lo que Él les diga". (Juan 2:3-5)

Ahora, esto podría parecer a primera vista simplemente una madre que le dice su hijo lo que debe hacer, pero es mucho más que eso. Es María haciendo exactamente lo que Jesús les dijo a sus discípulos que hicieran: pide lo que quieras en la oración y se te concederá. Ella no dudó ni un minuto que Jesús haría lo que ella le había pedido en nombre de otra persona. Y lo que ella pidió en la fiesta de bodas de Caná se remitía a otra fiesta: la Eucaristía, la boda del Cordero de Dios que da su cuerpo y sangre, a petición de su Esposa, la Iglesia. (2618)

Cuando Jesús miró a su madre y al discípulo amado a los pies de la cruz, le dijo a ella: "Mujer, ahí tienes a tu hijo", y le dijo al discípulo : "Ahí tienes a tu madre". (Juan 19: 26) En ese momento, Jesús transformó a María en la "nueva Eva", proclamando que ella es la madre de todos los vivientes. Lo que esto quiere decir es que podemos acudir a nuestra madre María, y pedirle que interceda por nosotros, como ella lo hizo en Caná. (2618)

Un Momento De Enseñanza

El Magnificat, también conocido como el Cántico de María, es la oración que dijo María después de saludar a su prima Isabel, que estaba embarazada de Juan el Bautista. "Proclama mi alma la grandeza del Señor, se alegra mi espíritu en Dios mi Salvador...", dijo María. (Lucas 1:46-55) El Catecismo explica que el Magnificat es no sólo el canto de María, sino también el de la Iglesia. El texto completo del Magnificat está en el apéndice de la oración católica en la parte posterior de este libro. (2619)

Fundamentos de la oración

Antes de entrar en las formas específicas de la oración, necesitamos entender el papel del Espíritu Santo en nuestra vida de oración. El Catecismo explica que el Espíritu no sólo mantiene las enseñanzas de Jesús vivas en la Iglesia de Cristo, sino que conforma también la vida de oración de la Iglesia, que se caracteriza por las siguientes características: (a) se basa en la fe apostólica, (b) es autenticada por la caridad, y (c) se alimenta de la Eucaristía. (2623-2624)

A través de la Escritura y la Tradición, la Iglesia desarrolló diversas formas de oración: las bendiciones, la adoración, la petición, la intercesión, la acción de gracias y la alabanza.

Bendiciones y adoración

La oración de bendición expresa el movimiento básico de la oración de todos los cristianos: un movimiento hacia arriba y un movimiento hacia abajo. Enviamos nuestras plegarias en el Espíritu Santo a través de Cristo, bendiciendo al Padre para que nos bendiga a nosotros. La oración de bendición también implora el movimiento descendente de la gracia del Espíritu Santo que desciende del Padre a través de Cristo, por medio del cual nos bendice el Padre. (2626-2627) Cuando le pedimos a Dios que bendiga a alguien, es como si dedicáramos esa persona al servicio de Dios o la pusiéramos bajo el cuidado de Dios. Esto significa que queremos que a esa persona le sucedan las cosas buenas.

La *adoración* "exalta" al Señor, reconociendo que él es nuestro creador y salvador. A través de la adoración rendimos de manera humilde un homenaje al Dios Trino. (2628) La Iglesia hace la adoración de la cruz el Viernes Santo, cuando los católicos conmemoran el día en que Jesús fue crucificado y la humanidad fue redimida mediante su sacrificio. Muchos católicos asisten regularmente a la Adoración del Santísimo Sacramento, que es cuando la Eucaristía es expuesta en el altar para que los feligreses puedan orarle a Cristo y adorarlo.

Peticiones e intercesiones

Las oraciones de *petición* son simplemente lo que pensabas; son las oraciones que enviamos cuando estamos en necesidad, ya sea que estemos pi-diendo algo que nos gustaría en particular, o perdón y misericordia por algo que lamentamos. En nuestra oración de petición, oramos primero por el Reino, y luego por aquello que sea necesario para acogerlo y cooperar con su venida. (2629-2632)

Las *intercesiones* son oraciones de petición en nombre de otra persona. Se supone que debemos ofrecer oraciones de intercesión, no sólo por nuestros amigos, sino también por nuestros enemigos. La oración de intercesión nos ayuda a orar como lo hizo Jesús. (2634-2635)

Acción de gracias y alabanza

Las oraciones de *acción de gracias* son la forma en que agradecemos a Dios por todo lo que nos ha dado, ya sea en general o en particular. La celebración de la Eucaristía es una oración de acción de gracias. El Catecismo explica que cada evento y necesidad en la vida de un cristiano es un motivo de acción de gracias. (2638)

Las oraciones de *alabanza* consisten en dar gloria a Dios no por lo que hace, sino simplemente porque *es* Dios. Cuando ofrecemos verdaderas oraciones de alabanza, no tenemos motivos ulteriores ni esperanzas de obtener algo para nosotros mismos. Simplemente estamos rezando porque Dios es digno de alabanza. (2639)

Puntos esenciales

- La oración se centra en nuestros corazones y es un don de Dios para nosotros.

- Jesús nos enseña a orar no sólo por medio de sus palabras. sino por la manera en que él ora, con fe, y con la plena confianza en la bondad de Dios y la confianza en su voluntad.

- María nos da un ejemplo de oración en su fiat y en el Magnificat, los cuales demuestran su total abandono a la voluntad del Padre.

- Las formas de la oración incluyen las bendiciones y la adoración, la petición y la intercesión, la acción de gracias y la alabanza.

El camino de la oración

Cuando llegamos finalmente al acto de la oración, a veces es difícil saber exactamente qué debemos hacer. ¿Tenemos que decir ciertas palabras para que la población sea válida? ¿Tenemos que estar en una iglesia? ¿Tenemos que cerrar los ojos y juntar nuestras manos? ¿Cuáles son las reglas básicas para una vida de oración? Todas estas son preguntas legítimas, y las veremos en este capítulo.

La Iglesia enseña que la oración no debe reducirse a una larga lista de pensamientos espontáneos. Debe estar formada por las Escrituras y la Tradición, y guiada por el Espíritu Santo. (2650-2651)

En este capítulo, veremos cómo orar con el Padre, el Hijo y el Espíritu Santo, y cómo orar en comunión con María. También examinaremos guías de oración, las diferentes maneras de orar, y los hábitos y las distracciones que pueden impedir o perturbar nuestras oraciones.

Las fuentes de la oración

Para los católicos, la oración surge de su experiencia con la Escritura y la liturgia, y se refuerza y profundiza con las virtudes de la fe, esperanza y caridad. La oración debe ser una parte de la vida cotidiana. (2653-2660)

La Iglesia enseña que la única manera de llegar al Padre en la oración es a través de Cristo. Es por eso que las oraciones católicas terminan a menudo con las palabras: "Te lo pedimos por Cristo nuestro Señor". Es por eso que la oración eucarística de la misa termina con "A través de él, con él, en él, en la unidad del Espíritu Santo, toda la gloria y el honor es tuyo, Dios Padre omnipotente, por los siglos de los siglos".

Dios nos ha dado un nombre para utilizarlo en la oración: "Jesús". Jesús es el nombre que lo "contiene todo", dice el Catecismo. Al convertirse en un ser humano, Jesús, el Verbo encarnado, nos dio un nombre que pudiéramos invocar y decir, un nombre que a la vez contiene a Dios, a la humanidad y a toda nuestra salvación. (2666)

Espíritu de la oración

El Espíritu Santo es considerado como el "Maestro" de la oración. Es a través del Espíritu que aprendamos a orar a Jesús, y es el Espíritu el que nos enseña a orar. Como ya comentamos en el capítulo 8, el Espíritu Santo es Dios que permanece en la tierra entre nosotros. No podemos ver al Espíritu. No podemos tocarlo. La mayoría de las veces ni siquiera podemos entenderlo, pero sabemos cuándo lo sentimos. El Espíritu nos atrae hacia Dios, nos da esa sensación de paz que reside en nuestros corazones cuando nos concentramos en nuestro creador, y nos ayuda a caminar en el camino de Cristo.

Cuando Jesús ascendió a su padre, envió al Espíritu Santo a sus discípulos, para que nunca estuvieran solos. Tiene sentido, entonces, que cuando nosotros, los discípulos actuales recurrimos a Dios en la oración, el Espíritu es el que nos orienta, tal como lo hizo en los primeros días de la Iglesia.

La Iglesia dice que hay debemos acudir diariamente al Espíritu a diario y cada vez que enfrentemos acontecimientos o decisiones importantes en nuestras vidas, porque él es el guía que nos ha dado Dios mientras estemos en la tierra. (2670-2672)

Habla
La
Iglesia
Las oraciones marianas son oraciones a María y con ella. La más común es el Ave María.

En comunión con María

María es una parte integral de la vida de oración para los católicos. Ella es considerada como el modelo de oración. Ella dijo "Sí" a Dios, incluso cuando no estaba segura de lo que significaría ese "Sí". No dejó de decirle "sí" a Dios a los pies de la cruz. Incluso ahora, le dice "sí" a Dios, como reza en la comunión de los santos. La Iglesia enseña que Jesús es el único mediador entre Dios y la humanidad, el "camino" de nuestras oraciones. María nos muestra el camino a Jesús y es el signo del camino de Jesús.

El Catecismo explica que debido a la "cooperación excepcional" de María con el Espíritu Santo, ella tiene un lugar especial en la oración cristiana. Las *oraciones marianas* hacer dos cosas: alaban a Dios por lo que ha hecho por nosotros a través de María, y al mismo tiempo, les llevan a María nuestras preocupaciones y necesidades para que ella interceda por nosotros. (2675)

El Ave María es la oración mariana más común en la Iglesia Católica (ver el Anexo C para el texto completo de esta oración). El Ave María, que comienza así: "Dios te salve María, llena eres de gracia, el Señor es contigo", refleja el saludo del ángel Gabriel a María en la Anunciación: "Te saludo, favorecida de Dios! El Señor está contigo". (Lucas 1:28)

En esta oración, que nos recuerda que María es "feliz" entre las mujeres, le pedimos a María que "ruegue por nosotros pecadores", confiando en que nos llevará más cerca de su Hijo.

Un
Momento
De
Enseñanza
El Rosario, que es una devoción popular católica a María, se desarrolló en la Edad Media como un sustituto de la Liturgia de las Horas. (En el Anexo C se incluye una explicación del Rosario). (2678)

El ritmo de la oración

Cuando los católicos oran, a menudo recurren a los santos como guías. La vida y las oraciones de los santos sirven de ejemplo para aquellos de nosotros que todavía estamos puliendo nuestros defectos en la tierra. Debido a que los católicos creen que los santos están con Dios, se considera que tienen la capacidad para interceder en oración por ellos en la tierra. (2683)

Bien, así que tenemos al Espíritu Santo, a María y a los santos como guías de oración, pero ¿cómo podemos aprender a orar? La respuesta proviene de nuestras familias, de la "iglesia doméstica" de la que hemos hablado antes. Si la Iglesia doméstica está haciendo su trabajo, la familia orará junta cada día. El resto de nuestra experiencia en la oración proviene de obispos, los sacerdotes, los diáconos, las hermanas y los hermanos religiosos, de los programas de educación religiosa en las parroquias, de los grupos de oración, y de la dirección espiritual, que una guía espiritual personalizada. (2685-2690)

Un Momento De Enseñanza

¿Se necesita una iglesia para orar? Aunque la iglesia es el lugar apropiado para la oración litúrgica y el lugar más propicio para la oración personal, no es el único lugar para la oración. Al mismo tiempo, sin embargo, el Catecismo insiste en que "un lugar favorable no es indiferente para la verdadera oración". El Catecismo dice que si no puedes ir a una iglesia, puedes crear un "rincón de oración" en tu casa con las imágenes sagradas para fomentar un espíritu de oración. También es posible que quieras buscar un monasterio cercano, donde puedas participar en la Liturgia de las Horas o rezar en soledad y en silencio. Por último, existe la opción de una peregrinación, que es cuando se visita un lugar sagrado, como un santuario, en un esfuerzo por profundizar en tu vida de oración. (2691)

La oración vocal

Expresarte a ti mismo en la oración puede ser una cosa muy personal. Hay diferentes maneras de orar, y una de las más obvias es la oración vocal. El Catecismo explica que a través de palabras bien dichas en voz alta o en nuestras mentes, nuestra "oración toma cuerpo". Lo más importante para recordar en la oración vocal es que no basta con mover tus labios; tu corazón también debe moverse. Las palabras son sólo palabras a menos que estén acompañadas de una actitud interior que transforma el aspecto exterior y el físico de la oración en un esfuerzo espiritual. El Padrenuestro es un ejemplo de la oración vocal. (2700-2702)

La meditación

El Catecismo dice que la meditación es una "búsqueda" que nos ayuda a comprender mejor los entresijos de nuestra vida como cristianos. La meditación puede centrarse en las Escrituras, los textos litúrgicos, y en otras obras de espiritualidad o iconos sagrados. Aunque hay muchas maneras de meditar, un cristiano siempre debe avanzar "con el Espíritu Santo" hacia Jesucristo. (2705-2708)

La contemplación

La contemplación consiste en concentrarse en Jesús mientras se hace silencio, con la "mirada de la fe", dice el Catecismo. Se trata de una oración interior que se ofrece en silencio. Debe ser frecuente y cimentarse en la Palabra de Dios con el objetivo de forjar una unión con la oración de Jesucristo. (2709-2719)

En el campo de batalla de la oración

Ahora bien, si alguna vez has intentado rezar —bien sea de manera vocal, meditativa o contemplativa—, es probable que hayas encontrado algunos obstáculos, esas cosas que te distraen o te sacan de la oración. El Catecismo explica que la "batalla espiritual" que acostumbramos encontrar en nuestra vida diaria, no se puede separar de la lucha que experimentamos cuando tratamos de orar.

El enemigo interior

¿Por qué es tan difícil orar? Si tenemos la voluntad de hacerlo, ¿por qué no podemos acallar nuestras mentes y cumplir nuestro deber? Bueno, eso es parte del problema. Nosotros los humanos tendemos a pensar que todo, incluyendo la oración, tiene que ser "hecho". Tal vez pensamos que no tenemos tiempo porque estamos ocupados, o creamos que se trata apenas de un simple ritual . Tal vez la naturaleza misteriosa de la oración vaya en contra de esa actitud de ver para creer que tenemos en la sociedad moderna. O tal vez sólo pensamos que podríamos utilizar nuestro tiempo de una manera más rentable. (2726-2727)

Cuando se trata de la oración, tenemos que dejar de lado nuestro orgullo herido y expectativas humanas, y entregarnos a Dios. El Catecismo nos recuerda que esto requiere " humildad, confianza y perseverancia." (2728) Más que nada, sin embargo, tenemos que recordar que es normal tener dificultades cuando intentamos orar. Incluso los más grandes santos de la Iglesia han experimentado períodos de aridez, o como dijo San Juan de la Cruz, la "noche oscura del alma". Eso es parte del camino de la oración y la fe. Así que la clave está en no perder el rumbo ni decepcionarnos . Cualquier cosa que hagamos para mejorar nuestra vida de oración es algo que vale la pena, bien sea que se trate de cinco minutos cada mañana, de una misa cada semana, o de un retiro una vez al año.

Interferencias en la oración

Una de las interferencias más comunes que encontramos en la oración es la *distracción* a secas. Podemos comenzar con nuestros pensamientos en Cristo, pero otro pensamiento se entromete fácilmente, lo que realmente "nos revela a qué estamos unidos". En lugar de concentrarnos en la distracción, debemos seguir focalizando nuestra atención. Cuando nos distraemos en la oración, deberíamos ser conscientes de lo que nos está deteniendo y fortalecer nuestra determinación para purificar nuestros corazones. (2729)

La *aridez* es uno de los grandes obstáculos para la oración contemplativa, y puede ser una experiencia desalentadora para alguien que está tratando de conectarse con Dios. Lo que quiere decir el Catecismo con la aridez es "cuando el corazón está separado de Dios, sin gusto por los pensamientos, recuerdos y sentimientos, incluso espirituales". Esto es cuando tratamos de rezar, pero no sentimos una conexión con Dios. Nos sentimos solos y desprendidos, como si estuviéramos vagando por un desierto espiritual, sin ningún refugio a la vista.

Cuando esto sucede, podríamos sentir el impulso de renunciar a la oración, pero la Iglesia no nos enseña que debemos acercarnos a Jesús con todo nuestro corazón y saber que él nos guiará en el desierto. El Catecismo se refiere de nuevo a Juan 12:24, que dice que "si un grano de trigo no cae en la tierra y muere, sigue siendo un solo grano; pero si muere, da abundante cosecha". Tenemos que atravesar la aridez y permitir que las partes espiritualmente marchitas de nosotros mueran y desaparezcan para que podamos volver a conectarnos con Dios de una manera mucho más profunda y duradera. (2731)

¿Estará funcionando?

Probablemente, una de las quejas más comunes sobre la oración es que Dios no parece estar escuchando. Oramos y rogamos, pedimos y suplicamos, y nada. O al menos eso es lo que nos parece. Pero esto realmente se reduce a nuestra visión de Dios. Es Él nuestro Padre, que sabe lo que es bueno para nosotros, o acaso es como una bodega de correo postal, que recibe nuestras peticiones y nos envía la respuesta por correo inmediato?

El Catecismo señala que cuando le damos gracias a Dios o lo alabamos, no debemos esperar necesariamente una respuesta inmediata. Sin embargo, cuando le pedimos algo concreto a Dios, a menudo esperamos resultados inmediatos. Nuestra oración debe estar motivada no por lo que podamos obtener de Dios, sino por nuestro deseo de estar más cerca de Él y de aceptar su voluntad, aunque no sea nuestra voluntad. Como dice el viejo refrán, Dios responde a todas las oraciones, pero a veces dicen "No". (2735-2737)

Orar sin cesar

¿Cómo podemos orar sin cesar? ¿De qué otra forma obtendríamos algo? La Iglesia enseña que podemos "orar sin cesar", pero no significa que debamos estar día y noche en la iglesia. Esto significa que la oración es parte del tejido de nuestros días. No sólo debemos recurrir a la oración en tiempos de crisis, sino que ella nos acerca a Cristo, bien sea que estemos haciendo fila en la tienda, en una reunión en la oficina, o de rodillas en la misa en una catedral.

El Catecismo explica que la oración es una "necesidad vital" y que la vida cristiana es "inseparable" de la vida de oración. Y por lo tanto, estamos llamados a incorporar nuestra oración a nuestra vida de trabajo, a nuestra vida en el hogar, y a toda nuestra vida. (2742-2745)

Puntos esenciales

- Para tener acceso a Dios Padre en la oración, los cristianos deben pasar por Jesucristo, con la ayuda del Espíritu Santo.

- Los católicos le rezan a la Virgen María y con ella, porque nos puede "mostrar el camino" a Jesucristo, quien es "el camino", y debido también a su colaboración única con el Espíritu Santo.

- Existen tres formas principales de expresar la oración: la oración vocal, la meditación y la contemplación.

- Es común tener que lidiar con obstáculos e interferencias durante la oración.

- Los cristianos deben aceptar la voluntad de Dios y tienen el reto de orar sin cesar.

Capítulo 25

La oración de todas las oraciones: El Padrenuestro

Entender de la Oración del Señor en su conjunto

Lo que significa llamar a Dios "Padre"

Analizando el Padrenuestro renglón por renglón

La Doxología Final: el broche de oro

Los cristianos reconocen al *Padrenuestro*, también conocido como la Oración del Señor, como la oración "perfecta". Cuando los discípulos de Jesús querían aprender a orar, les dio el Padrenuestro. Hasta el día de hoy, el Padrenuestro sigue siendo la oración central del cristianismo.

El Catecismo explica que hay dos versiones diferentes de la Oración del Señor en las escrituras. El Evangelio de Lucas nos ofrece un texto del Padrenuestro con cinco "peticiones", y el Evangelio de Mateo incluye siete peticiones (que explicaremos en detalle en un minuto). La práctica litúrgica de la Iglesia Católica utiliza el texto de Mateo.

En este capítulo, veremos la Oración del Señor en general, y luego lo analizaremos renglón por renglón, en un esfuerzo por comprender mejor el significado de esta oración.

La suma de sus partes

La redacción exacta del Padrenuestro puede variar a través de la fe cristiana, pero el significado sigue siendo el mismo. Los católicos dicen el Padrenuestro de la siguiente manera:

Padrenuestro que estás en los cielos,
santificado sea tu nombre;
venga a nosotros tu reino;
hágase tu voluntad en la tierra como en el cielo.
Danos hoy nuestro pan de cada día,
y perdona nuestras ofensas,
como nosotros perdonamos a los que nos ofenden;
No nos dejes caer en tentación,
y líbranos del mal.
Amén.

El Padrenuestro es llamado con frecuencia la Oración del Señor, o también *Oratio Dominica*, ya que fue enseñado por el mismo Señor Jesucristo. (2765)

El Catecismo, al comenzar el debate sobre el Padrenuestro, cita a Tertuliano, un escritor del siglo II, quien dijo que el Padrenuestro es un "resumen de todo el Evangelio". (2761) Esta oración, que Santo Tomás de Aquino llamó "la más perfecta de las oraciones", se encuentra en la Escritura en el Sermón de la Montaña, y les ofrece a los creyentes las principales enseñanzas del Evangelio. (2763)

Según el Catecismo (que se refiere a la *Didaché* del siglo I), el Padrenuestro era rezado tres veces al día en las primeras comunidades de la Iglesia como un sustituto de la costumbre judía de las "Dieciocho bendiciones", unas oraciones de alabanza y de súplica que buscan la sabiduría, la ayuda y el perdón. (2767) La Oración del Señor ocupa un lugar destacado en los sacramentos del Bautismo y la Confirmación, y en cada celebración de la Liturgia de la Eucaristía. En otras palabras, para los católicos, el rezo del Padrenuestro es un elemento integral en la oración personal y comunitaria, especialmente los sacramentos, la Misa y el Oficio Divino. (2768-2769)

Atreverse a llamar a Dios "Padre"

Antes de que Jesús viniera a la tierra, el Dios del Antiguo Testamento era supremamente santo, una figura más bien distante —un Dios cuyo nombre no debía ser nombrado siquiera, un Creador cuya presencia solía producir miedo y temblor. Pero Jesús, en su humanidad, nos trajo la divinidad y nos llevó a la presencia del Padre. Jesús se convirtió en el mediador entre el cielo y la tierra, lo que nos permite acudir a Dios como un Padre cercano, un protector amado a quien podemos llamar por su nombre en nuestros momentos de necesidad. (2777)

Cuando empezamos con las palabras "Padrenuestro" al comienzo de esta oración, reconocemos que nos hemos convertido en parte del nuevo pacto de Dios. Aún más, Él es "nuestro Dios". Si oramos el Padrenuestro "sinceramente", el amor que recibimos de esta oración nos liberará el tipo de "individualismo" que amenaza con alejarnos de Dios y de nuestro prójimo. (2786-2792)

El segundo renglón del Padrenuestro es el siguiente: "Que estás en los cielos". ¿Qué significa? No dice que Dios esté sentado en una especie de trono celestial. Más bien, nos habla de "una manera de ser", que significa que Dios es majestuoso. Pero Dios no está por fuera de nuestro ámbito ni más allá de nosotros. El cielo es el símbolo de la morada de Dios, y también un símbolo de la perfección del amor. Debido a que Dios está cerca de nosotros, ya estamos sentados con Dios de una manera real. (2794-2796)

Las siete peticiones

Ahora entramos en la "letra pequeña": las siete *peticiones* que componen el resto de esta famosa oración. Tal vez nunca pensamos en ellas como en las peticiones, pero el Catecismo explica que el resto de la oración incluye tres peticiones "teológicas" o bendiciones que nos conducen a Dios, seguidas de cuatro peticiones que encomiendan nuestra "miseria" a su gracia. (2803)

Santificado sea tu nombre

Cuando decimos el siguiente renglón del Padrenuestro: "Santificado sea tu nombre", estamos diciendo que adoramos a Dios y lo consideramos santo. Si no reconocemos de inmediato que el nombre de Dios es sagrado, estaremos un poco perdidos en esta oración y en la vida cristiana. Dios es santo, y esta creencia debe irradiar su luz sobre todo lo demás en nuestras vidas. El "nombre" de Dios es la declaración de quién es Dios. A pesar de que el nombre de Dios es santo, es decir, totalmente distinto y básicamente inaccesible, nuestra oración se enmarca en nuestra creencia de que el santo Dios ha querido revelar su nombre a su pueblo más plenamente en Jesús. (2807-2815)

Habla la Iglesia

Una petición es cuando le pedimos algo a Dios en la oración. En el Padrenuestro, le estamos pidiendo a Dios por las cosas concretas que nos lleven cada vez más cerca de él.

Venga a nosotros tu reino

Aunque el "reino" de Dios está a nuestro alrededor, esto nos recuerda que estamos avanzando hacia la plenitud del reino —nuestro destino final—, en el siguiente renglón: "Venga a nosotros tu reino". Esta petición del Padrenuestro se refiere principalmente a la venida definitiva del reino de Dios a través del retorno de Cristo. Esto nos recuerda que Cristo vendrá de nuevo. El reino ha estado viniendo desde la Última Cena; está presente y activo en la Eucaristía; vendrá en la gloria cuando Cristo, a su regreso, se lo entregue a su padre. Mientras tanto, entre la primera y la segunda venida de Cristo, esta petición también nos recuerda que tenemos que hacer que el reino venga cada día de nuestras vidas. (2816-2821)

Hágase tu voluntad

Luego tenemos "Hágase tu voluntad en la tierra como en el cielo". Esta es una frase difícil si piensas más de un minuto en ella. Aquí, oramos para aceptar la voluntad de Dios en nuestras vidas. Al igual que Jesús en el huerto de Getsemaní, pedimos para poder dejar a un lado nuestros propios deseos, y para que el plan del Padre para nosotros pueda llegar a buen término. No es algo fácil, pero es una parte fundamental de esta oración. Aunque esta petición es dura, también es consoladora, puesto que la voluntad de Dios, en la tierra como en el cielo, es que todos nos salvemos y podamos conocer la verdad. (2822-2827)

Danos este día

Cuando decimos la siguiente frase, "Danos hoy nuestro pan de cada día," estamos pidiendo no sólo el alimento físico y el apoyo que necesitamos para sobrevivir en la tierra, sino también el alimento espiritual necesario para ayudarnos a alcanzar la bienaventuranza. El Catecismo subraya que, al decir "nuestro" pan y no "mi" pan, le expresamos un amor al prójimo que nos lleva a compartir nuestra riqueza material y espiritual con aquellos que son pobres. Cuando pedimos que el Señor nos dé el pan de "este día", el Catecismo nos dice que pedimos no sólo por el "hoy" de nuestro tiempo mortal, sino también por el hoy de Dios, que no tiene principio ni fin. Cuando pedimos el pan de "todos los días", no sólo pedimos lo que nos mantendrá en las 24 horas siguientes, sino también el pan del día eterno del Señor, el pan del reino. (2828-2837)

Perdona nuestras ofensas

La siguiente frase completa del Padrenuestro dice: "perdona nuestras ofensas como también nosotros perdonamos a los que nos ofenden". Esta es otra enseñanza difícil. Sí, queremos el perdón de Dios por lo que hemos hecho mal, pero cuando decimos esta oración sinceramente, estamos asociando el perdón de Dios de nuestros pecados con nuestro perdón por las ofensas cometidas en contra de nosotros. Tenemos que perdonar, incluso a nuestros enemigos, si queremos que Dios nos perdone. (2839-2845)

verdaderas confesiones

El texto del Evangelio de Mateo utiliza la forma del Padrenuestro que dice: "… y perdona nuestras *deudas* así como nosotros perdonamos a nuestros deudores". (Mateo 6:12) La forma latina del Padrenuestro también utiliza el término "deudas" y "deudores" (*debita nostra/debitoribus nostris*). Los católicos, sin embargo, dicen, "… y perdona nuestras ofensas como también nosotros perdonamos a los que nos ofenden". Aunque el pasaje del Padrenuestro de Mateo utiliza el término "deuda", lo que Jesús dice en el siguiente pasaje de Mateo aclara que las deudas que deben saldarse son los pecados. "Si perdonas a los hombres sus ofensas, su Padre celestial los perdonará a ustedes". (Mateo 6:14)

No nos dejes caer en tentación

En este renglón, podrías preguntarte por qué Dios nos dejaría caer en tentación, pues a fin de cuentas, ¿no es Satanás quien hace eso? Esta frase, "y no nos dejes caer en tentación", figura como "y no nos expongas a la tentación" en Mateo 6:13. El Catecismo nos explica que parte de la confusión radica en la traducción. Las palabras griegas significan que queremos que Dios impida que "entremos" y "cedamos" a la tentación. Así que Dios no está tentando a nadie; estamos pidiendo su ayuda para que siempre impida que estemos en ese lugar. Por medio de esta oración, le pedimos a Dios que nos aleje de la tentación que está destinada a encontrarnos porque somos humanos. (2846-2849)

Líbranos del mal

El último renglón del Padrenuestro, "… y líbranos del mal", es una referencia específica a Satanás. No estamos invocando en este caso la ayuda de Dios contra cualquier tipo de mal genérico. Estamos hablando del Maligno y de todo el mal inherente que viene con él. (2850-2854) Esta línea, justo después de pedir ayuda contra la tentación, refuerza aún más la petición a Dios por su ayuda y protección de todas las cosas que nos alejan de él y de su reino.

Amén es una palabra hebrea que significa "que así sea". Suele utilizarse para terminar la oración, lo que significa una afirmación: ¡Sí! Yo creo. En verdad.

La doxología final

Para los católicos, el Padrenuestro termina aquí, con la petición de protección contra el mal. Durante la misa, el sacerdote dice una oración que amplía el "Líbranos del mal", que es seguido por lo que se llama la "doxología final". Dice así: "Porque tuyo es el reino, tuyo el poder y la gloria ahora y por siempre Señor". Para los protestantes, esta doxología es recitada al final de la oración del Padrenuestro, y se suele rezar así: "Porque tuyo es el reino, el poder y la gloria por siempre. Amén".

El Catecismo explica que la doxología final refuerza las tres primeras peticiones del Padrenuestro: la glorificación del nombre de Dios, la venida del reino de Dios, y el poder de la voluntad salvífica de Dios. Sólo que ahora estas oraciones son "proclamadas como adoración y acción de gracias". El "Amén" final lo afirma todo. (2855-2856)

La doxología final, recitada como parte de un Padrenuestro por los protestantes y como una oración separada de la liturgia católica de la Eucaristía, no era parte de la oración real en los primeros textos del Evangelio de Mateo. La doxología se encuentra en algunos de los manuscritos posteriores (como el usado en la traducción de la Biblia realizada por el rey Jaime) y también se puede encontrar, en una variante, en la Didaché del siglo I, considerado por algunos como el primer catecismo no oficial.

Puntos esenciales

- El Padrenuestro es considerada "la más perfecta de las oraciones", y es fundamental para el cristianismo.

- El Padrenuestro, enseñado por Jesús a sus discípulos en el Sermón del Monte, se considera un resumen del Evangelio en la tradición de la liturgia católica.

- Al convertirse en un ser humano, Jesús les dio a los creyentes una visión real y cercana de Dios, un salvador para ser conocido y amado en lugar de un creador que no puede ser abordado.

- El Padrenuestro contiene siete peticiones, que se encuentran en el Evangelio de Mateo, y nos acercan más a Dios.

Glosario

absolución   El acto por el cual un sacerdote, a través del poder dado a la Iglesia por Jesucristo, perdona los pecados de un penitente en el sacramento de la reconciliación.

Adviento   El período de cuatro semanas dedicado a la preparación espiritual para la Navidad; es el día que ce-lebra el nacimiento de Jesucristo.

alma   La parte espiritual del ser humano que vive después de la muerte del cuerpo.

Amén   Una palabra hebrea que significa "que así sea", dicha al final de la mayoría de las oraciones.

ángel   Una criatura espiritual e intelectualmente libre que nunca tuvo un cuerpo mortal, y que sirve como mensajero y siervo de Dios.

anulación   Una declaración de la Iglesia de que un matrimonio es inválido o "nulo" porque uno o ambos cónyuges no tienen la capacidad de cumplir con las obligaciones del matrimonio, o por un obstáculo particular impidió que fuera el verdadero pacto que Dios quiere que sea el matrimonio.

Anunciación   El momento en que el ángel Gabriel se apareció a la Santísima Virgen María y le anunció que daría a luz al niño Jesús a través del poder del Espíritu Santo.

Ascensión   En el momento en que Jesús resucitado ascendió en cuerpo y alma al cielo.

Asunción   Una enseñanza de la Iglesia de que la Virgen María fue llevada al cielo en cuerpo y alma al final de su vida terrenal. El día de la fiesta que conmemora este evento es el 15 de agosto.

bautismo   El primero de los siete sacramentos, el bautismo libera a los creyentes del pecado original y actual, les da el nuevo nacimiento, los une a Cristo de modo permanente, y los incorpora a la Iglesia.

Bienaventuranzas   Una serie de enseñanzas que dio Jesús en el Sermón de la Montaña (Mateo 5:3-12). La palabra bienaventuranza significa "felicidad" o "bendición".

Buenas Nuevas   El significado de la raíz de la palabra "evangelio", se refiere principalmente a la historia de la vida, enseñanzas, muerte y resurrección de Jesús, como se encuentran en los libros de Mateo, Marcos, Lucas y Juan, en el Nuevo Testamento. El término también se refiere a la reflexión sobre la vida y muerte de Jesús en los demás libros del Nuevo Testamento.

catecismo   Un manual de la doctrina utilizado para enseñar la fe.

católica   Con "c" minúscula, esta palabra significa "universal". Las Iglesias ortodoxas orientales y algunas denominaciones protestantes usan la palabra "católica" en sus credos.

Comunión   El cuerpo y la sangre de Jesucristo recibidos por los católicos en la Misa y durante las celebraciones sacramentales.

confesión   La parte del sacramento de la Reconciliación (Sacramento de la Penitencia), cuando un penitente confiesa sus pecados. A veces se utiliza para describir el sacramento de la reconciliación a través del cual todos los pecados que se han cometido desde el bautismo son perdonados por la absolución de un sacerdote.

confirmación   Un sacramento por el cual los bautizados continúan su camino de iniciación cristiana, se enriquecen con los dones del Espíritu Santo, y están más estrechamente vinculados a la Iglesia. Como resultado de este sacramento, y marcados con el sello indeleble del Espíritu Santo, los que se confirman se hacen fuertes y se comprometen con mayor firmeza con Cristo mediante la palabra y obra, y para difundir y defender la fe.

credo   Una declaración en las creencias de una comunidad, también conocido como un símbolo de la fe.

Credo de los Apóstoles   Una profesión de fe o "símbolo de la fe", que resume las creencias de la Iglesia Católica en forma de oración, recitada en el sacramento del bautismo y en la renovación de las promesas bautismales.

Credo de Nicea   Una profesión de fe que fue iniciada por el Concilio Ecuménico de Nicea en 325 y es recitada por los fieles durante la Misa.

Cuaresma   La temporada de 40 días de preparación espiritual antes de la Pascua, generalmente marcada por la oración, el ayuno y las obras de caridad.

Decálogo   Otro nombre para los diez mandamientos dados a Moisés en el Monte Sinaí.

derecho canónico   Las leyes y las reglas oficiales de la Iglesia Católica, que incluyen el Código de Derecho Canónico, los decretos de la Santa Sede (Vaticano), y las leyes y decretos de los obispos y superiores religiosos.

diácono   Un miembro del clero ordenado que tiene la capacidad para bautizar, oficiar bodas, distribuir la Comunión, proclamar la Palabra de Dios, la homilía en la liturgia, celebrar la Bendición con el Santísimo Sacramento, y presidir funerales. No puede celebrar Misa, confesar, administras las órdenes ni la unción a los enfermos. Los diáconos transitorios son los hombres que se preparan para el sacerdocio; los diáconos permanentes
son hombres que son diáconos por el resto de sus vidas. A diferencia de los sacerdotes, los diáconos permanentes pueden estar casados.

diócesis   Una parte del Pueblo de Dios en un área geográfica específica, encabezada por un obispo.

discípulo   Un seguidor de Jesucristo.

Encarnación   La doctrina de que la segunda persona de la Trinidad, asumió la carne humana y, en Jesucristo, fue al mismo tiempo hombre verdadero y Dios verdadero.

Encíclica   Una carta escrita por el Papa y distribuida a la Iglesia universal y con frecuencia en todo el mundo, a fin de transmitir la enseñanza de la Iglesia sobre un asunto en particular.

Escritura   Los escritos contenidos tanto en el Antiguo como en el Nuevo Testamento.

Espíritu Santo   La tercera persona de la Santísima Trinidad. Cuando Jesús sube a su Padre, él, junto con el Padre, envía el Espíritu, —también conocido como el Paráclito y el Consolador— para habitar en los corazones de los creyentes y en la Iglesia.

Eucaristía   Uno de los siete sacramentos, la Eucaristía es el memorial del sacrificio de la cruz, una cena en la que el cuerpo y la sangre de Jesucristo están presente bajo la apariencia del pan y del vino. Se considera la "fuente y cima" de la fe cristiana. También se refiere a la forma del pan bendito y del vino en el que el Señor Jesús está verdadera, real y sustancialmente presente.

Evangelio   El relato de la vida, enseñanzas, muerte y resurrección de Jesucristo como se revela en los libros de Mateo, Marcos, Lucas y Juan en el Nuevo Testamento.

evangelización   Es anunciar el Evangelio con el fin de traer a otros a Jesucristo.

excomunión   Una pena que excluye a un católico de la comunión con la Iglesia, prohibiéndole participar en la Eucaristía y demás sacramentos, debido a una grave ofensa contra la fe.

gracia   Un don sobrenatural que Dios les concede a los hombres y a las mujeres para que puedan participar en la vida divina, para que puedan vivir como hijos de Dios, y para que puedan alcanzar la salvación eterna.

Hechos   Cuando el Espíritu Santo descendió sobre los apóstoles. La solemnidad del Pentecostés se celebra 50 días después de Pascua. liturgia el culto de adoración pública y oficial de la Iglesia, que lo separa de la oración privada. La Misa y los sacramentos son ejemplos de la liturgia.

Inmaculada Concepción   El término empleado para el dogma católico que dice que la Santísima Virgen María estuvo, desde el primer instante de su concepción, preservada del pecado original en previsión del papel que jugaría en traer al Hijo de Dios al mundo. El día de la fiesta para este evento es el 8 de diciembre. Esta doctrina, que se refiere a la concepción de María, se confunde a menudo con la forma en que Jesús fue concebido virginalmente.

Los Diez Mandamientos   La esencia de la "ley antigua" dada por Dios a Moisés en el Monte Sinaí. También conocido como el Decálogo.

Magisterio   La autoridad magisterial de la Iglesia, que se basa en la autoridad de los primeros apóstoles y que actualmente descansa en el Papa y el colegio de obispos.

matrimonio   Uno de los sacramentos de compromiso o de servicio, en referencia a la relación de alianza establecida entre un hombre y una mujer. La alianza del matrimonio sirve al bienestar de los esposos y a la procreación y la crianza de los hijos. Para ser un sacramento, el matrimonio debe ser entre dos cristianos bautizados.

Misa   Una acción litúrgica en la que los católicos se reúnen para rezar, recibir la Palabra de Dios y celebrar la Eucaristía.

obispo   Un sucesor de los apóstoles y un miembro del Colegio de los Obispos que suele ser la cabeza de una diócesis en particular, o de una iglesia local, asignada por el Papa.

órdenes   Uno de los sacramentos de compromiso o de servicios, cuando un hombre es ordenado obispo, sacerdote o diácono.

pacto   Un acuerdo solemne que contiene promesas, pero también impone obligaciones.

Palabra de Dios   Todas las revelaciones de Dios a la humanidad tal como están expresadas con palabras humanas en el Antiguo Testamento y en el Nuevo Testamento. También es una referencia a Jesús.

Papa   El obispo de Roma y director del colegio de los obispos y sucesor de San Pedro, el primer Papa. Es el vicario de Cristo en la Tierra y el pastor y jefe de la Iglesia universal.

Pasión   Se refiere a los sufrimientos y a la muerte padecidos por Jesucristo, desde la Última Cena hasta su crucifixión.

pecado original   Se refiere, en primer lugar, al pecado de desobediencia orgullosa de Adán y Eva, los primeros padres de la humanidad, en el Jardín del Edén, y en segundo lugar, a la consecuencia del pecado en nosotros. Todos los seres humanos (excepto Jesús y la Virgen María) heredan este pecado, que es limpiado en el bautismo.

Penitencia   Otro nombre para el sacramento de la reconciliación. En este sacramento, los fieles confiesan sus pecados a un sacerdote y se arrepienten de ellos, reciben a Dios por medio de la absolución dada por el sacerdote, el perdón de los pecados que han cometido después del Bautismo, y se reconcilian al mismo tiempo con la Iglesia. La penitencia es también la palabra utilizada para describir ya sea una disposición interior o exterior de la acción que aleja a una persona del pecado y de sus consecuencias, y la acerca a Dios.

Pentecostés   Conmemora el día que se describe en el libro de los Hechos, cuando el Espíritu Santo descendió sobre los apóstoles. La solemnidad del Pentecostés se celebra 50 días después de Pascua.

profeta   Alguien enviado por Dios para proclamar la palabra de Dios y hablar en nombre de Dios.

purgatorio   Un lugar de purificación para aquellos que han muerto en la gracia y amistad de Dios, pero que necesitan ser purificados un poco más con el fin de entrar en el cielo.

reconciliación   Otro término para el sacramento de la penitencia o confesión. (Ver penitencia.)

Resurrección   Con "R" mayúscula, se refiere a la resurrección de Jesucristo de entre los muertos tres días después de su crucifixión. Con "r" minúscula, se refiere a la resurrección de todas las personas después de la muerte. La resurrección de la carne significa que nuestros cuerpos mortales serán incorruptibles y se reunirán con nuestras almas a través del poder de la resurrección de Jesús.

Rosario   Una oración a María, compuesta por una serie de avemarías y padrenuestros y otras oraciones recitadas de manera repetida. También se refiere a la cadena con cuentas utilizada para contar las oraciones.

sacerdote   Un hombre ordenado por un obispo a través del sacramento de las Órdenes para servir a la Iglesia. Participa en las tareas obispales de enseñar, orientar, y santificar al pueblo de Dios.

sacramentos   Los siete sacramentos, instituidos por Cristo y confiados a la Iglesia, que son signos y medios con los cuales se expresa y fortalece la fe: bautismo, confirmación, eucaristía, reconciliación o penitencia, unción de los enfermos, Órdenes, y el matrimonio.

Santísimo Sacramento Otro nombre para la Eucaristía, que es el Cuerpo y la Sangre de Cristo bajo la apariencia del pan y del vino. Suele referirse a la Eucaristía reservada que está en el tabernáculo para la adoración de los fieles.

santo Una persona santa que ha llevado una vida ejemplar de fe en la tierra y ahora reside en el cielo con Dios por toda la eternidad. Los santos sirven como modelos de la vida cristiana y como intercesores ante Dios por sus hermanos cristianos. El Papa puede canonizar a una persona fallecida como un santo de la Iglesia, pero cualquier persona fallecida que está en los cielos es un santo, bien sea que la Iglesia lo declare o no oficialmente.

señal de la cruz Una oración cristiana que reconoce y honra a la Santísima Trinidad. Una persona hace la cruz tocándose la frente, el corazón y cada hombro; primero el izquierdo y luego el derecho, con la mano derecha mientras dice las siguientes palabras: "En el nombre del Padre y del Hijo y del Espíritu Santo".

Tradición Con "T" mayúscula, se refiere a la fe viva que no está contenida necesaria-mente en la Escritura, sino que se transmite de generación en gene-ración, inicialmente por los apóstoles, y ahora por sus sucesores, los obispos.

Transfiguración El momento en que Jesús se transformó y apareció entre Elías y Moisés en presencia de los discípulos Pedro, Santiago y Juan. Una voz del cielo habló, revelando no sólo la divinidad de Jesús y su papel como la palabra divina de la revel-ación, sino también su papel como el siervo sufriente de Dios.

transubstanciación El término utilizado para describir la transformación del pan y del vino en el cuerpo y la sangre de Jesucristo durante la celebración eucarística.

Trinidad La doctrina central cristiana acerca de Dios, afirmando que hay tres perso-nas en un solo Dios: Padre, Hijo y Espíritu Santo. Cada persona de la Trinidad ha exis-tido desde antes de los siglos y cada una es completamente divina y distinta de las otras, y sin embargo son una.

Unción de los enfermos Uno de los siete sacramentos, un sacramento de curación que les brinda consuelo y fortaleza espiritual a quienes están gravemente enfermos o en peligro de muerte.

Virgen María La Madre de Jesucristo, quien fue elegida por Dios para engendrar a su hijo a través del poder del Espíritu Santo. Es conocida por muchos nombres, entre ellos Santa María y Madre de Dios.

vocación El "llamado" de una persona, que tiene su origen en Dios. La Iglesia enseña que cada persona tiene una vocación, que es parte del plan de Dios.

Recursos adicionales

Libros de referencia

- *The Companion to the Catechism of the Catholic Church: A Compendium of Texts Referred to in the Catechism of the Catholic Church*. San Francisco: Ignatius Press, 1994, 2002.

- Hardon, John A. *Pocket Catholic Dictionary,* abridged edition of *Modern Catholic Dictionary*. New York: Doubleday, 1985.

- Libreria Editrice Vaticana. *Compendium of the Catechism of the Catholic Church*. Washington, D.C.: USCCB Publishing, 2005.

- Livingstone, E.A. *Concise Dictionary of the Christian Church*. New York: Oxford University Press, 2006.

- *The New American Bible for Catholics*. New Jersey: World Catholic Press, 1990.

Lecturas espirituales y libros de oraciones

- Bishops' Committee on the Liturgy. *Catholic Household Blessings & Prayers*. Washington, D.C.: USCCB Publishing, 1988.

- Buckley, Michael (ed.) *The Catholic Prayer Book*. Ann Arbor, MI: Servant Publications, 1986.

- Haase, Albert. *Swimming in the Sun: Discovering the Lord's Prayer with Francis of Assisi and Thomas Merton*. Cincinnati, OH: St. Anthony Messenger Press, 1993.

- Martin, James. *My Life with the Saints.* Chicago: Loyola Press, 2006.
- Papa Juan Pablo II. *Cruzando el umbral de la esperanza.* New York: Alfred A. Knopf, 1995.
- Ratzinger, Joseph (Papa Benedicto XVI). *Jesús de Nazareth.* New York: Doubleday, 2007.
- Scaperlanda, Maria Ruiz. *The Complete Idiot's Guide to Mary of Nazareth.* Indianapolis, IN: Alpha, 2006.
- _____ . *The Seeker's Guide to Mary.* Chicago: Loyola Press, 2002.

Sitios web

Santa Sede

www.vatican.va

Sitio oficial del Vaticano, disponible en seis idiomas, ofrece diversos enla-ces, desde encíclicas papales y mensajes, hasta noticias, fotos y archivos.

Conferencia de Obispos Católicos de los Estados Unidos

www.usccb.org

Ofrece declaraciones de los obispos de EE.UU. sobre temas de política pública, enlaces con las diócesis católicas de América, la Nueva Biblia Americana, y muchos otros recursos.

Conferencia Canadiense de Obispos Católicos

www.cccb.ca

Incluye acceso a documentos y declaraciones de los obispos de Canadá, así como enlaces con las diócesis de Canadá.

EE.UU. Obispos Católicos de la Oficina para el Catecismo

www.usccb.org/catechism

Un sitio web dedicado al Catecismo de la Iglesia Católica, su historia, preguntas frecuentes, artículos, y mucho más.

Biblia, motores de búsqueda

www.usccb.org/nab/bible

Este sitio web te permite buscar la versión "Nueva Biblia Americana" de la Biblia, incluyendo los libros deuterocanónicos de la Biblia católica.

www.biblegateway.com

Este sitio web te permite buscar en la Biblia según el libro, el tema, el versículo, el idioma y las versiones de la Biblia. (Los libros deuterocanónicos de la Biblia católica no están incluidos).

Enciclopedia Católica

www.newadvent.org/cathen

Una herramienta útil para aquellos que buscan más información en profundidad sobre las personas, temas y hechos relacionados con temas católicos.

Católico Online

www.catholic.org

Este sitio web es un centro de intercambio de noticias y reportajes provenientes de diversas revistas católicas de todo el país.

Lecturas diarias de la Escritura

www.usccb.org/nab

Las lecturas bíblicas para cada día en el ciclo litúrgico católico se ofrecen aquí en la traducción "Nueva Biblia Americana".

Horario de Misas para viajes

www.masstimes.org

Encuentra los horarios de las Misas de cualquier parroquia en los Estados Unidos o en todo el mundo por código postal, ciudad y/o país.

Espacio Sagrado

www.sacredspace.ie

Este sitio web ofrece diariamente la oración guiada en línea desde el Centro de comunicaciones Jesuita en Irlanda.

El tesoro de las oraciones católicas

Oraciones tradicionales

Señal de la Cruz

En el nombre del Padre y del Hijo y del Espíritu Santo. Amén.

El Padrenuestro

Padre nuestro que estás en los cielos,
santificado sea tu nombre;
venga a nosotros tu reino;
hágase tu voluntad en la tierra como en el cielo.
Danos hoy nuestro pan de cada día,
y perdona nuestras ofensas,
como nosotros perdonamos a los que nos ofenden;
no nos dejes caer en tentación,
y líbranos del mal.
Amén.

Ave María

Dios te salve María, llena eres de gracia,
el Señor es contigo.
Bendita tú eres entre las mujeres,
y bendito es el fruto de tu vientre, Jesús.
Santa María, Madre de Dios,
ruega por nosotros pecadores,
ahora y en la hora de nuestra muerte.
Amén.

Gloria al Padre
Gloria al Padre
y al Hijo,
y al Espíritu Santo,
como era en el principio,
ahora y siempre,
por los siglos de los siglos.
Amén.

Credo de los Apóstoles
Creo en Dios Padre todopoderoso,
creador del cielo y de la tierra.
Creo en Jesucristo, su único Hijo, nuestro Señor.
Fue concebido por obra y gracia del Espíritu Santo
y nació de la Virgen María.
Padeció bajo el poder de Poncio Pilato.
Fue crucificado, muerto y sepultado.
Descendió a los infiernos.
Al tercer día resucitó de entre los muertos.
Subió a los cielos,
y está sentado a la diestra de Dios Padre.
Desde allí ha de venir a juzgar a vivos y muertos.
Creo en el Espíritu Santo, la santa Iglesia católica,
la comunión de los santos, el perdón de los pecados,
la resurrección de los muertos,
y la vida eterna. Amén.

Acto de contrición
Jesús, mi señor y redentor, yo me arrepiento de todos los pecados que he cometido hasta hoy, y me pesa de todo corazón porque con ellos he ofendido a un Dios tan bueno. Propongo firmemente no volver a pecar y confío en que por tu infinita misericordia, me has de conceder el perdón de mis culpas, y me has de llevar a la vida eterna. Amén.

La oración de Jesús
Señor Jesucristo, Hijo de Dios, ten misericordia de mí, pecador.
Oración al Espíritu Santo
Ven, Espíritu Santo,
llena los corazones de tus fieles,
y enciende en ellos el fuego de tu amor.

Envía tu Espíritu y todo será creado.
Y renovarás la faz de la tierra.
Roguemos al Señor.
Oh Dios, que ha enseñado a los corazones
de los fieles por la luz del Espíritu Santo,
Concede, por el don del Espíritu es el mismo
que puede ser verdaderamente sabio y siempre
nunca nos alegraremos en su consuelo.
Te lo pedimos por Cristo nuestro Señor.
Amén.

Dios te salve, Reina

Dios te salve, Reina y Madre de misericordia, vida, dulzura y esperanza nuestra,
Dios te salve. A ti clamamos los desterrados hijos de Eva. A ti suspiramos gimiendo
y llorando en este valle de lágrimas. Ea, pues, Señora, abogada nuestra: vuelve a
nosotros esos tus ojos misericordiosos. Y después de este destierro, muéstranos a
Jesús, fruto bendito de tu vientre. Oh clemente, oh piadosa, oh dulce Virgen María.
Ruega por nosotros, Santa Madre de Dios, para que seamos dignos de las promesas
de Cristo. Amén.

El Magnificat

Proclama mi alma la grandeza del Señor, se alegra mi espíritu en Dios, mi salvador;
porque ha mirado la humillación de su esclava. Desde ahora me felicitarán todas
las generaciones, porque el Poderoso ha hecho obras grandes por mí: su nombre es
santo, y su misericordia llega a sus fieles de generación en generación. Él hace proezas
con su brazo: dispersa a los soberbios de corazón, derriba del trono a los poderosos
y enaltece a los humildes, a los hambrientos los colma de bienes y a los ricos los
despide vacíos. Auxilia a Israel, su siervo, acordándose de la misericordia -como
lo había prometido a nuestros padres- en favor de Abrahán y su descendencia por
siempre.(cf Lucas 1:46–55)

El Memorare

Acordaos, ¡oh, piadosísima Virgen María!, que jamás se ha oído decir, que ninguno
de los que han acudido a vuestra protección implorando tu auxilio, haya sido
desamparado. Animado por esta confianza, a Vos acudo, Madre, Virgen de la
vírgenes, y gimiendo bajo el peso de mis pecados me atrevo a comparecer ante
Vos. Madre de Dios, no desechéis mis súplicas, antes bien, escuchadlas y acogedlas
benignamente. Amén.
— San Bernardo

Angel de Dios
Ángel de Dios,
que eres mi custodio,
pues la bondad divina
me ha encomendado a ti,
ilumíname, guárdame, defiéndeme
y gobiérname.
Amén.

Oración por la paz (Oración de San Francisco)
¡Señor, haz de mí un instrumento de tu paz:
donde haya odio, que yo lleve el amor,
donde haya ofensa, que yo lleve el perdón,
donde haya discordia, que yo lleve la unión,
donde haya duda, que yo lleve la fe,
donde haya error, que yo lleve la verdad,
donde haya desesperación, que yo lleve la esperanza,
donde haya tristeza, que yo lleve la alegría,
donde haya tiniebla, que yo lleve la luz.
Oh, maestro, haz que yo nunca busque
ser consolado, sino consolar,
ser comprendido, sino comprender,
ser amado, sino yo amar.
Porque es dando como se recibe,
es perdonando, como se es perdonado,
y muriendo se resucita a la vida eterna.
Amén.

Cómo rezar el Rosario

1. Sosteniendo la cruz en las cuentas de su rosario, haga la señal de la cruz y rece el Credo de los Apóstoles.

2. En la primera cuenta separada rece el Padre Nuestro.

3. En cada uno de las tres cuentas siguientes rece un Ave María.

4. En la siguiente cuenta separada (o medalla, dependiendo de las cuentas de su rosario), anuncie el primer misterio y diga un Padre Nuestro.

5. En los próximas 10 cuentas, diga un Ave María en cada cuenta. Termine la decena de la cuenta siguiente con un Gloria al Padre.

6. Repita este proceso con las cuatro decenas siguientes, o cuarenta cuentas: anuncie el misterio, luego diga el Padre Nuestro, el Ave María, el Gloria al Padre, hasta que le haya dado vuelta a todas las cuentas. Mientras avanza por cada decena y dice cada oración, reflexione o medite sobre la historia del misterio principal (fijando la historia o la imagen en su mente).

7. Termine con un Salve María.

Misterios Gozosos (recitados el lunes y el sábado)

La Anunciación

La Visitación

La Natividad del Señor

La Presentación en el Templo

El encuentro del Niño Jesús en el Templo

Misterios Luminosos (recitado el jueves)

El Bautismo en el Jordán

Las Bodas de Caná

La Proclamación del Reino de Dios

La Transfiguración

La Institución de la Eucaristía

Misterios Dolorosos (recitados los martes y viernes

La Agonía en el Huerto

La Flagelación del Señor

La Coronación de Espinas

La realización de la Cruz

La Crucifixión

Misterios Gloriosos (recitados los miércoles y domingos)

La Resurrección

La Ascensión del Señor

La Venida del Espíritu Santo

La Asunción de Nuestra Señora a los Cielos

La Coronación de la Santísima Virgen María

Las estaciones de la cruz

Las estaciones de la Cruz, o el Camino de la Cruz, se refiere a una devoción que conmemora la Pasión de Jesucristo. Por lo general se hace frente a una serie de 14 cuadros o esculturas en una iglesia, templo o jardín, donde se representan las escenas de los eventos finales de la vida de Jesús. Antes de cada estación se recita la siguiente oración:

Te adoramos, oh Cristo, y te alabamos. Porque por tu santa cruz has redimido al mundo.

Primera Estación:	Jesús es condenado a muerte.
Segunda Estación:	Jesús carga su cruz.
Tercera Estación:	Jesús cae por primera vez.
Cuarta Estación:	Jesús se encuentra con su madre.
Quinta Estación:	Simón de Cirene ayuda a Jesús a cargar su cruz.
Sexta Estación:	La Verónica limpia el rostro de Jesús.
Séptima Estación:	Jesús cae por segunda vez.
Octava Estación:	Las mujeres de Jerusalén lloran por nuestro Señor.
Novena Estación:	Jesús cae por tercera vez.
Décima Estación:	Jesús es despojado de sus vestiduras.
Undécima Estación:	Jesús es clavado en la cruz.

Duodécima Estación: Jesús muere en la cruz.

Decimotercera Estación: Jesús es bajado de la cruz.

Decimocuarta Estación: Jesús es colocado en la tumba

Fundamentos católicos

Los Diez Mandamientos

1. Yo soy el Señor tu Dios. Yo te saqué de la tierra de Egipto; no tendrás dioses ajenos delante de mí.
2. No tomarás en falso el nombre del Señor tu Dios.
3. Santificarás las fiestas.
4. Honrarás a tu padre y a tu madre.
5. No matarás.
6. No cometerás adulterio.
7. No robarás.
8. No darás falso testimonio contra tu prójimo.
9. No desearás la mujer de tu prójimo.
10. No codiciarás los bienes ajenos.

El "Nuevo" Mandamiento de Jesús

Amarás al Señor tu Dios con todo tu corazón, con toda tu alma y con toda tu mente, y amarás a tu prójimo como a ti mismo.

Las Bienaventuranzas

Bienaventurados los pobres de espíritu,
porque de ellos será el reino de los cielos.
Bienaventurados los que lloran,
porque ellos serán consolados.
Bienaventurados los mansos,
porque ellos heredarán la tierra.
Bienaventurados los que tienen hambre y sed
de justicia,
porque ellos serán saciados.

Bienaventurados los misericordiosos,
porque ellos alcanzarán misericordia.
Bienaventurados los limpios de corazón,
porque ellos verán a Dios.
Bienaventurados los pacificadores,
porque ellos serán llamados hijos de Dios.
Bienaventurados los que sufren persecución por lo que Dios
exige,
porque de ellos será el reino de los cielos.
Bienaventurados ustedes cuando la gente los insulten y los
maltrate,
y cuando por causa mía los ataquen en toda clase de
mentiras.
Alégrese, estén contentos, porque van a recibir
un gran premio en el cielo. (Mateo 5:3-12)

Las obras de misericordia corporal

1. Alimentar a los hambrientos.

2. Dar de beber al sediento.

3. Vestir al desnudo.

4. Dar refugio a los desamparados.

5. Visitar a los enfermos.

6. Visitar a los presos.

7. Enterrar a los muertos.

Las obras de misericordia espiritual

1. Enseñar al que no sabe.

2. Dar un buen consejo al que lo necesita.

3. Corregir al que se equivoca.

4. Consolar a los afligidos.

5. Perdonar las ofensas.

6. Soportar con paciencia los defectos del prójimo.

7. Rezar por los vivos y los difuntos.

índice

J

K–L

W–X–Y–Z